FÉDÉRATION NATIONALE

DES

COOPÉRATIVES DE CONSOMMATION

Siège Social : 85, Rue Charlot, PARIS (3°)

5ᵉ Congrès National

Tenu à GRENOBLE

Salle de l'Amphithéâtre Marcel REYMOND

Les 17, 18, 19 et 20 MAI 1928

AMIENS

IMPRIMERIE NOUVELLE (Coopérative Ouvrière)

28-30, Rue des Vergeaux, 28-30

1928

QUINZIÈME CONGRÈS NATIONAL

Tenu à GRENOBLE

Salle de l'Amphithéâtre Marcel REYMOND

Les 17, 18, 19 et 20 MAI 1928

FÉDÉRATION NATIONALE

DES

COOPÉRATIVES DE CONSOMMATION

Siège Social : 85, Rue Charlot, PARIS (3⁰)

15e CONGRÈS NATIONAL

Tenu à GRENOBLE

Salle de l'Amphithéâtre Marcel REYMOND

Les 17, 18, 19 et 20 MAI 1928

Fédération Nationale des Coopératives de Consommation

85, Rue Charlot, PARIS (3e)

QUINZIÈME CONGRÈS NATIONAL

Tenu à GRENOBLE

PREMIÈRE SÉANCE, JEUDI 17 MAI 1928 (matin)

La séance est ouverte à 9 h. 15, salle de l'Amphithéâtre Marcel Reymond.

OUVERTURE DU CONGRÈS

Poisson. — Au nom du Conseil Central, je déclare ouvert le XVe Congrès National des Coopératives de Consommation.

Le Conseil Central vous propose comme bureau, pour ce matin : M. Charles Gide comme président ; et comme assesseurs : M. Chiousse, président de la Fédération des Coopératives des Alpes et Savoies, et M. Affre, président de la Société où s'est tenu le dernier Congrès, conformément à nos traditions.

M. Charles Gide. — Je donne la parole à M. Chiousse, Président de la Fédération des Alpes et Savoies.

Discours de M. CHIOUSSE

Messieurs et chers Camarades,

Un usage consacré par une tradition déjà ancienne, confère à celui qui a accepté la tâche d'organiser la partie matérielle du Congrès national de nos groupements, l'agréable mission d'accueillir par des paroles de bienvenue les délégués accourus de tous les points du pays pour prendre part à ses travaux.

C'est pourquoi j'ai pris la parole pour vous remercier de l'honneur que vous avez fait à notre Cité en la désignant comme siège du XVe Congrès National des Sociétés Coopératives de Consommation.

Messieurs et chers Camarades,

Au nom de la Coopération Dauphinoise, comme au nom de nos Concitoyens, j'ai le grand plaisir de vous souhaiter la plus cordiale bienvenue.

Soyez les bienvenus dans la capitale des Alpes, ville de travail et de progrès, que dominent les glaciers éternels des Alpes majestueuses.

Le Congrès National qui s'ouvre aujourd'hui nous rappelle celui qui a tenu ses assises dans notre ville en 1893, il y a de cela 35 ans.

Deux ou trois seulement de ceux qui y ont assisté sont encore là aujourd'hui et je suis heureux de saluer à la tête de cette phalange si réduite, notre maître à tous, M. le professeur Charles Gide.

Le président de ce Congrès avait comme assesseurs M. le député Doumer, aujourd'hui Président du Sénat, et M. le sénateur Lourtiès, tous deux rapporteurs de la Loi Coopérative au Parlement.

Je n'ai pas l'intention de mêler, si peu que ce soit, de l'amertume au rappel de mes souvenirs, mais si le projet de loi Coopératif était il y a 35 ans à l'ordre du jour des délibérations du Parlement, je dois constater qu'il n'y est plus aujourd'hui et qu'il n'a jamais été voté.

L'intérêt que présentent les questions inscrites à l'ordre du jour était à coup sûr très suffisant pour vous décider à vous imposer les fatigues d'un long voyage, mais j'ai quelque idée aussi que pour la plupart d'entre vous, le désir de faire connaissance avec notre belle ville de Grenoble et le cadre magnifique des belles montagnes qui l'entourent a dû vous déterminer à répondre à l'appel de la Fédération.

Laissez-moi espérer que le beau temps aidant, non seulement vous ne regretterez pas votre voyage, mais qu'en nous quittant vous ne partirez pas sans un esprit de retour.

En venant visiter Grenoble, vous avez pénétré au sein d'une population où la courtoisie, les manières aimables et le bien parler sont de tradition.

Malgré la brièveté de votre séjour parmi nous, vous pourrez vous convaincre que ce portrait n'est pas exagéré et que les habitants de notre pays méritent quelque peu le bien que l'on dit d'eux.

Le Dauphiné est le pays des grandes initiatives et dans tous les domaines de la science, de l'industrie, de la politique, il a tenu à occuper une place d'honneur sur la liste des provinces françaises.

Demain, lorsque, répondant à la gracieuse invitation de notre municipalité, vous serez réunis sur la terrasse de l'Hôtel de Ville, vous pourrez lire sur la plaque commémorative en marbre noir fixée sur la façade de notre palais municipal qui fut, il y a plusieurs siècles, la maison de ville du duc de Bonne, Connétable de Lesdiguières, une inscription qui rappelle aux générations qui se succèdent le souvenir du drame formidable au cours duquel la France subit la grande transformation politique qui lui a donné le cadre dans lequel elle se meut aujourd'hui.

Cette inscription est ainsi conçue :

« Ce jour, 14 juin 1788, à 10 heures du matin, le Corps Municipal
« assemblé à l'Hôtel de Ville, avec les principaux citoyens de Grenoble,
« a pris la délibération mémorable qui a préparé l'Assemblée de Vizille
« et a ouvert la Révolution Française. »

Dans sa concision, cette phrase constitue la plus belle page de gloire dont s'enorgueillit l'histoire de Grenoble et du Dauphiné.

La Coopération, la Mutualité, les Institutions de solidarité sociale de toute nature ont été largement répandues dans notre pays Dauphinois.

A Grenoble même, la mutualité a donné la vie à 169 sociétés.

C'est à Grenoble qu'un homme de grand cœur a pris l'initiative de la création des Caisses de Compensation des allocations familiales.

Grenoble possède par centaines des sociétés amicales de formes diverses qui, toutes, ont pour but principal l'entraide mutuelle.

Notre ville a compté jusqu'à six Sociétés Coopératives, d'un effectif total de 11.500 membres, soit une quarantaine de mille de consommateurs groupés.

Enfin, au point de vue agricole, c'est également par centaines que nous comptons dans notre département les Caisses de Crédit agricole, les Syndicats agricoles, les Caisses d'assurances contre l'incendie et la mortalité du bétail, qui constituent l'armature sociale de ce pays.

Parmi les progrès réalisés dans notre pays de hautes montagnes, les Dauphinois citent avec fierté la découverte et l'utilisation d'une force nouvelle que son créateur a dotée d'un nom qui a fait fortune, je veux parler de la « Houille Blanche », captée et disciplinée par Aristide Bergès.

Les expériences de transport à distance de force électrique que fit Marcel Deprez en 1883, entre Vizille et Grenoble, sur une longueur de 14 kilomètres, furent une révélation et firent faire un progrès immense à l'industrie.

Je pourrais, je devrais peut-être vous dire quelques mots encore sur les industries les plus florissantes de notre ville et de notre région, mais je ne dois pas oublier que les meilleurs discours ne sont pas toujours les plus longs, et qu'après un voyage qui, pour pas mal d'entre-vous, s'est déroulé sur quelques centaines de kilomètres, il serait cruel de vous imposer, par surcroît de fatigue, la fatigue d'un discours d'un intérêt trop souvent contestable.

Pour remplir nos devoirs de cordiale hospitalité à votre égard, nous avons tâché de vous loger de notre mieux. Ça n'a pas toujours été facile parce que la saison touristique est déjà commencée et que les chambres disponibles deviennent rares.

Si de ce côté vous rencontrez quelques imperfections, ne vous en plaignez pas trop et, en raison de notre bonne volonté, accordez-nous toute votre indulgence.

Nous avons pensé, d'autre part, qu'après le labeur social que vous allez accomplir, il convenait de vous procurer quelques instants de détente et nous avons organisé à votre intention des excursions en montagne pour dimanche prochain.

Ce jour-là, dans des voitures confortables, pilotées par des as du volant, vous pourrez à votre choix aller dans les forêts de sapins gigantesques de la Grande-Chartreuse, visiter le célèbre Monastère ou escalader la route des Alpes jusqu'au col du Lautaret, formidable belvédère du haut duquel, à 2.000 mètres d'altitude, vous pourrez admirer le géant des Alpes, la redoutable Meije, qui dresse sa tête altière couronnée d'énormes glaciers, à 4.000 mètres, et goûter à l'ivresse des sommets.

Nous souhaitons bien sincèrement que vous trouviez dans ces courses le plaisir que nous désirons vous procurer et qu'en vous donnant les moyens de pénétrer plus intimement les mystères de la haute montagne, nous fassions naître en vous le désir naturel et légitime de revenir nous visiter et faire une connaissance plus complète avec notre magnifique pays.

C'est dans ces sentiments, Messieurs et chers Camarades, qu'au nom de la Fédération des Alpes, j'adresse le salut le plus cordial aux Coopérateurs français et étrangers venus plus nombreux que jamais pour assister au Congrès annuel de la Fédération Nationale des Sociétés Coopératives Françaises de Consommation.

Dans la capitale des Alpes françaises, soyez tous les bienvenus !

Discours de M. Charles GIDE

Cher et vieux Camarade, c'est vrai que voilà trente-cinq ans, plus d'un tiers de siècle, que nous avons fait connaissance ici ! Et sans la Coopération, probablement nos deux existences, engagées dans des voies différentes, ne se seraient jamais rencontrées. Remercions-la de nous avoir procuré à l'un et à l'autre le bienfait d'une si longue et si durable amitié.

Mais, si nous sommes présents au poste tous les deux, ce n'est pas sans une certaine mélancolie que nous constatons, comme vous l'avez fait tout à l'heure, combien de camarades nous ont quittés. Dans ces vingt ou vingt-cinq Congrès qui se sont réunis depuis, nous avons vu venir des jeunes, nous avons vu partir des anciens, quoique moins anciens que nous. Il en est un qui ne sera pas aujourd'hui au rendez-vous, c'est Henri Ponard. Je l'ai connu depuis presque autant de temps que vous, car c'est trois ans après le Congrès de Grenoble, en 1896, que j'ai été à Saint-Claude, non pas pour voir la Fraternelle de Saint-Claude, qui était alors tout à fait inconnue, mais pour visiter une association de production de diamantaires ; c'est là que j'ai découvert Ponard et sa *Fraternelle*. Et depuis lors, l'un et l'autre, ensemble, ont grandi. Ponard est arrivé député à la Chambre, la *Fraternelle de Saint-Claude* est devenue un des types les plus caractéristiques de la Coopération française. Si elle n'a pas eu, malgré le nom que nous lui avons donné d'Ecole de Saint-Claude, beaucoup d'imitateurs, c'est parce qu'elle demande précisément à ses membres un effort héroïque qu'il n'est pas facile d'obtenir dans toute autre Société. S'il y a ici, comme je le pense, des délégués de la Société de Saint-Claude, qu'ils veuillent bien apporter là-bas l'expression de nos regrets pour ce vaillant coopérateur, qui ne parla pas beaucoup durant sa vie, mais dont l'action fut grande, et tout notre espoir pour que son œuvre dure. C'est à cela qu'on reconnaît les bons ouvriers, quand leur œuvre leur survit.

C'est un pays de montagnes, la ville de Saint-Claude ; c'est aussi un pays de montagne que la ville de Grenoble. En effet, c'est un bon terrain que la montagne pour former des initiatives et des vaillants coopérateurs.

Vous avez énuméré tout à l'heure, mon cher Chiousse, tout ce que, non pas seulement la Coopération mais l'économie générale et la Révolution Française elle-même, doivent à la ville de Grenoble. Dans l'énumération que vous avez faite et dont il faudrait beaucoup retenir, ne serait-ce que le système des allocations familiales qui, aujourd'hui, rayonnent dans le monde entier et qui sont parties en effet d'ici, je ne veux retenir que ce que vous avez dit de la houille blanche. C'est vrai, c'est la puissance du jour et quiconque vient ici rend hommage à cette jeune reine ; nous devons le faire d'autant plus qu'elle nous a prêté son Palais pour notre Exposition Coopérative.

Il y a deux ans, notre Congrès se réunissait dans une des capitales de la houille noire, à Lille. Aujourd'hui nous sommes dans la capitale de la houille blanche, à Grenoble. Sans vouloir rien dire de déplaisant à nos camarades du Nord, je dirai que les Coopérateurs doivent préférer la houille blanche à la houille noire. Non pas seulement parce que l'une est blanche tandis que l'autre est noire, non pas seulement parce que l'une descend du ciel tandis que l'autre monte de l'enfer, mais parce que la houille noire est une chose morte, plus que morte, fossile ! et qui ne peut être utilisée qu'à la condition d'être brûlée, réduite en cendres, tandis que la houille blanche est une force vivante. Ce n'est pas pour rien qu'on dit « l'eau vive » ! Elle fait son travail joyeusement, en dansant sur la roue, en chantant dans la turbine, et se retrouve après, telle quelle, toute prête à recommencer, pourvu qu'on lui laisse assez d'espace pour reprendre son élan. Elle se donne sans cesse sans se dégénérer, symbole admirable de ce que devrait être le travail humain, non pas tel qu'il est aujourd'hui, hélas ! mais tel que nous voudrions qu'il fût !

Elle est libératrice aussi. La houille noire est exclusivement au service du capitalisme et elle-même a à son service ces travailleurs noirs qui portent sa livrée et qui sont le mineur et le chauffeur. La houille blanche ne salit pas et on peut servir la turbine en portant une combinaison blanche immaculée.

Elle n'est pas enfermée dans l'usine, Elle va, comme vous l'avez dit, dans les campagnes, dans les villages, chez des artisans. Elle se fait tour à tour familière, libératrice. Elle sert aussi les Coopératives : dans notre Midi les caves coopératives sont desservies par les Centrales électriques. Quand est-ce que la Fédération de Grenoble aura sa petite cascade ? Je souhaite que ce soit pour le prochain Congrès.

Nous avons donc ici beaucoup à voir, et même on m'avait annoncé que nous verrions ici quelque chose de très intéressant, pour moi surtout, une Ecole de vendeurs, à laquelle répondrait, comme le berger à la bergère, une Ecole des acheteurs, réplique bien nécessaire car si l'Ecole des vendeurs a pour but d'éveiller des désirs et de créer des tentations, il est bon qu'il y eut une autre école pour apprendre aux acheteurs à ne point se laisser induire en tentation. Mais cette inauguration est ajournée, paraît-il, et je crois qu'il vaut mieux ne pas insister.

Je terminerai par une constatation.

J'ai eu la curiosité de reprendre le compte rendu du Congrès de 1893 et j'ai vu qu'il n'y avait à ce moment-là — c'était le début de la coopération en France, l'Ecole de Nîmes n'avait que huit ans, l'Alliance Coopérative Internationale n'était pas encore née — j'ai vu, dis-je, qu'il n'y avait que 80 délégués, représentant 100 sociétés. Et aujourd'hui, nous sommes 650, représentant 2.000 sociétés. Mesurez par là les progrès accomplis !

Il est vrai, comme vous l'avez dit avec une ironie malicieuse, mon cher Chiousse, que la loi organique de la Coopération n'est pas encore votée, mais espérons que la nouvelle Chambre la votera. Et puis, il ne faut pas attacher trop d'importance à une loi. Les institutions peuvent vivre et grandir sans le secours des lois ; et elles peuvent aussi mourir parfois sous l'aile de la loi. Ce qui importe dans un mouvement ce n'est pas la loi, c'est la vie. Cette vie, nous l'avons ici, elle brille, ami Chiousse, sous vos cheveux blancs : elle apparaît dans ces nombreuses recrues qui viennent, chaque année, grossir nos Congrès, et dans ces nombreux délégués étrangers qui viennent chaque année aussi nous apporter les sympathies du monde coopératif. C'est en elle que nous devons avoir confiance.

M. Charles GIDE. — La parole est à M. W. Halls, représentant de l'*Union Coopérative Britannique*.

Discours de M. W. HALLS

Mesdames et Messieurs,

Je suis très heureux d'avoir à apporter à votre Congrès les salutations fraternelles du Mouvement Coopératif Britannique.

C'est une expérience tout à fait nouvelle pour moi, car c'est la première fois que j'ai l'honneur et le privilège d'exercer cet acte. Je puis vous assurer qu'il n'est personne de plus sincère et de plus cordial.

Nous suivons avec grand intérêt le développement du Mouvement Coopératif dans votre pays, nous sommes assurés que la seule garantie sérieuse d'une paix permanente et d'une bonne entente internationale est l'application des principes coopératifs à toutes les affaires de la vie.

Je suis heureux de pouvoir dire que le Mouvement Coopératif Britannique se développe assez rapidement, malgré que nous ayons passé par une période de dépression pendant la grève des mineurs britanniques. A la fin de 1926, les sociétés de détail avaient un nombre d'adhérents se montant à 5.186.728, c'est-à-dire une augmentation de 275.745 sur l'année précédente, avec un capital actions de £ 87.909.381, c'est-à-dire une augmentation de plus de deux millions sur l'année précédente, leur chiffre d'affaires a été de £ 184.879.202. Le chiffre d'affaires des sociétés de détail est estimé se monter pour 1927, par une autorité compétente, à plus de 200 millions de livres.

Le développement phénoménal du mouvement pendant les deux décades écoulées a alarmé nos adversaires et ces dernières années, par une large campagne dans la presse capitaliste, ils ont essayé d'obtenir du Parlement l'application de la taxe sur le revenu aux trop-perçus. Le pouvoir de notre Mouvement les a cependant contraints à hésiter avant d'engager une attaque ferme en ce sens.

Durant la dernière décade environ, la détermination de défendre notre position dans l'Etat a grandi dans notre Mouvement ; de là la naissance et le développement du Parti coopératif avec ses représentants au Parlement et dans les sections gouvernementales locales.

Le Parti Coopératif est maintenant une part intégrale du Mouvement Coopératif britannique avec sa propre organisation et des fonds alloués pour son travail spécial. Notre courte expérience nous a bientôt appris combien il était nécessaire d'éviter d'avoir des conflits avec ceux ayant des buts communs avec nous, si bien qu'un accord entre le Mouvement Coopératif et le parti National agricole a été ratifié par notre dernier Congrès qui donnera la possibilité par une collaboration, de temps en temps, de s'aider l'un l'autre et dans tous les cas d'éviter des heurts avec les candidats.

Cet accord a déchaîné une furieuse attaque de la presse capitaliste, qui a tenté de semer la discorde dans le Mouvement Coopératif, mais après un sérieux examen des faits, la grande majorité des coopérateurs a compris combien il était essentiel de donner toute la représentation possible, si nous voulons avoir la possibilité de porter les principes coopératifs dans toutes les sphères de la vie. En d'autres termes, plus grande sera notre sphère d'activité dans la production et la distribution des objets nécessaires à la vie du peuple, moins grande sera la place laissée à nos adversaires pour l'exploitation des besoins des consommateurs.

Par conséquent, mon camarade, M. Rae, et moi-même, vous apportons nos fraternelles salutations dans votre lutte à construire ce Mouvement, cette philosophie de vie qui est capable d'abolir la pauvreté et la guerre avec toutes ses horreurs, donnant à tout le genre humain, de n'importe quelle nationalité et de n'importe quelle couleur, la possibilité de vivre une vie complète et libre.

M. Charles GIDE. — La parole est à M. Neil S. Beaton, représentant du *Magasin de Gros Ecossais*.

Discours de M. Neil S. BEATON

Chers Camarades Coopérateurs,

On nous a confié la mission d'apporter à nos camarades de France les sentiments d'amitié et les meilleurs vœux des Coopérateurs de l'Ecosse.

Notre pays ne possède qu'une faible étendue parmi les nations de l'Europe et il ne forme qu'une toute petite partie de l'immense Empire Britannique, mais nous sommes fiers de pouvoir constater ici que dans l'Empire encore plus grand de la Coopération, il occupe une position qui n'est ni petite ni de peu d'importance. Tout au début de la Coopération, l'Ecosse est partie dans le mouvement d'un pied ferme et, depuis lors, elle a continué à faire des progrès constants, de telle sorte qu'aujourd'hui la Coopération Ecossaise tient une première place parmi les Coopérateurs du monde entier, tant au point de vue du nombre de ses membres relativement à la population, que par l'importance des achats individuels de ses membres.

Sur une population de 4.800.000 habitants, nos différentes sociétés coopératives forment un chiffre global de 700.000 membres, de sorte que si nous admettons que chaque famille se compose de quatre personnes, nous en arrivons à cette conclusion que le mouvement coopératif chez nous représente plus de la moitié de la population totale. Dans les statistiques du chiffre d'affaires qui sont établies par l'Alliance Coopérative Internationale, le Mouvement Ecossais est également placé au sommet pour les achats annuels de ses membres individuels. Nous sommes fiers d'être à la tête de la grande armée de la Coopération à ces points de vue, mais cependant nous n'en serions pas moins fiers si un jour ou l'autre nous venions à être dépassés par nos amis de France ou de tout autre pays.

La Société Ecossaise Coopérative de Gros que nous représentons directement, a été fondée en 1868. A la fin de sa première année, elle possédait un capital s'élevant à 5.000 livres sterlings, et elle avait traité pour 80.000 £ d'affaires. A la fin de l'année dernière, 1927, son capital était de £ 8.600.000, son actif de £ 10.200.000, et son chiffre d'affaires pour l'année atteignait presque £ 18.000.000. Elle avait commencé la fabrication en 1881 d'une manière très modeste, mais, à la fin de l'année 1927, elle contrôlait plus de cinquante usines dans lesquelles elle produisait des marchandises pour une valeur annuelle de £ 6.000.000. Ces chiffres montrent qu'en Ecosse nous avons soumis notre foi dans la Coopération à l'épreuve pratique de l'expérience, convaincus, comme nous le sommes, qu'un système commercial qui réunit le producteur et le consommateur dans une même Fédération active, forme la véritable solution de nos difficultés économiques et industrielles.

C'est un plaisir pour nous d'avoir cette occasion de rendre visite à nos camarades de France. L'histoire de la France et celle de l'Ecosse se sont fréquemment rapprochées de très près. Dans notre langue maternelle écossaise, et dans nos coutumes écossaises, on trouve de nombreuses preuves évidentes de l'influence que votre pays a exercé sur nous dans les siècles passés. Nous savons aussi que dans votre passé, des soldats de fortune, écossais, vous ont souvent aidés sur les champs de bataille, et aussi que les maîtres écossais ont laissé quelques traces dans votre culture et votre littérature. Nous sommes heureux de rappeler ici ces points de contact d'autrefois, et nous espérons que dans l'avenir il y aura encore de plus grandes occasions pour les Coopérateurs de nos deux pays d'unir leurs efforts dans la tâche plus

grande et plus noble d'établir un système de relations commerciales
qui abolira les inégalités actuelles, procurera la justice à tous les
travailleurs, et la paix et la prospérité pour toutes les nations.

M. Charles GIDE. — Je donne la parole à M. Willy Serwy, représentant de l'*Office Coopératif Belge*.

Discours de Willy SERWY

Mon cher Président,
Chères Coopératrices et chers Coopérateurs,

J'aborde cette tribune intensément heureux. Heureux, parce que me
trouvant parmi les coopérateurs de France réunis en cette imposante
assemblée, heureux d'être au milieu d'amis dont l'esprit fraternel vous
imprègne dès les premiers contacts. Très heureux aussi de revoir, en
excellente santé, votre vénéré Président et de pouvoir lui témoigner une
fois de plus notre profonde reconnaissance pour l'activité inlassable que
malgré son grand âge il mène toujours par la parole et par la plume
en faveur de la propagation de notre idéal commun.

Heureux enfin par l'honorable mission qui nous a été confiée, à mon
ami Lemaire et à moi-même, de venir ici apporter à vos assises annuelles
le salut cordial et fraternel des coopérateurs du petit pays de Belgique
et leurs plus ardents souhaits pour le succès de vos travaux.

Certes, nos mouvements respectifs ne s'ignorent pas. Fréquentes sont
nos relations nouées par nos organismes centraux, soit par certaines
de nos sociétés, soit enfin au cours de voyages que nous avons organisés
en votre beau pays pour faire connaître vos œuvres à nos coopérateurs.

Nombreux sont chez nous les coopérateurs qui, lisant votre presse
coopérative, suivent avec attention le développement de votre activité.
Aussi n'est-il point étonnant que nous prenions un vif intérêt aux
progrès de votre mouvement qui depuis quelques années s'affirment
incessants et très nets dans les domaines de la distribution, de la production et de la finance.

Nous nous réjouissons de vos succès, car nous pensons qu'une France
coopérative puissante, bien organisée, pourra exercer une influence
heureuse sur le développement du mouvement dans notre pays.

Malgré les difficultés rencontrées, l'œuvre coopérative belge est aussi
en progrès. Cinquante-sept sociétés de consommation ont réalisé en 1927
près de 700 millions de francs d'affaires, approvisionnant près de
300.000 familles par l'intermédiaire de 684 débits répartis dans 1.231
communes sur 2.600 que compte le pays. Nos organismes centraux témoignent d'une vitalité coopérative satisfaisante. Notre magasin de gros
a réalisé 205 millions d'affaires. Notre jeune *Société Générale Coopérative*,
destinée à centraliser toute la production coopérative a chiffré la valeur
de ses fabrications à plus de 21 millions de francs, notamment en
margarine, chocolat, chaussures, galoches, confitures et sirops, chicorée,
objets de bonneterie. Notre banque, le *Comptoir de Dépôts et de Prêts*,
progresse sans cesse. Ses dépôts dépassent les 50 millions. Son mouvement d'affaires atteint le milliard. *La Prévoyance Sociale*, dont l'activité
a débordé nos frontières, grâce à l'aide bienveillante de votre Fédération
Nationale, est devenue l'une des institutions les plus réputées par l'importance de ses opérations, la solidité de ses assises et la sûreté de ses
méthodes.

En Belgique, cependant, on se rend compte que la Coopération a
grandi plus en surface qu'en profondeur.

Aussi, partout songe-t-on à consolider les résultats obtenus à la fois par une action économique et une action éducative.

Par la multiplication et la variété des rayons de vente dans nos sociétés, on essaie de réaliser progressivement la satisfaction de tous les besoins des consommateurs. On tente de développer la production coopérative en centralisant les épargnes des consommateurs et les moyens financiers des coopératives dans une institution nationale de crédit.

On songe à faire pénétrer la Coopération dans les milieux agricoles. Des tentatives s'ébauchent çà et là.

Par la création de ligues de coopératrices, on cherche à éveiller chez la femme la conscience coopérative, à l'initier à la défense de ses intérêts et à l'utilisation de la force économique qu'elle recèle dans son panier. Déjà une bonne centaine de sections de coopératrices créées au sein des sociétés locales ou régionales poursuivent une propagande systématique auprès des ménagères. C'est en particulier dans le rayon d'action de l'*Union Coopérative de Liège* que l'on enregistre le plus de succès. Mais il faut faire plus encore. C'est du sein de ces ligues que nous comptons faire sortir un mouvement pour intéresser l'enfant à la Coopération.

Partout, on veut que le consommateur devienne plus fidèle à la coopérative, qu'il soit plus confiant en lui-même, plus conscient des résultats qu'il peut obtenir par l'action coopérative.

Eduquer les coopérateurs acquis à l'idée par le développement de la presse coopérative, éduquer le personnel qui sert la cause coopérative, éduquer l'opinion publique ignorante de la coopération par une propagande intense et continue, voilà un ensemble de problèmes à la solution desquels, tout comme vous, nous consacrons nos efforts.

Certes, les succès ne couronnent pas toujours toutes nos tentatives. Celles-ci ne répondent pas toujours à notre vue idéale. Mais qu'importe, l'œuvre coopérative vit, elle prospère, elle évolue vers une perfection de plus en plus grande. Utopie hier, elle sera la réalité de demain. Nous avons foi dans le succès final de notre œuvre, car l'union de nos efforts saura faire triompher nos revendications et instaurer ce nouvel ordre de choses, basé sur l'entr'aide et l'équité, régime symbolisé par la devise « Tous pour un et chacun pour tous ».

Vive la Coopération française ! Vive la Coopération internationale !

M. Charles GIDE. — La parole est à Popoff, qui va parler au nom de la délégation du Centrosoyus qui n'a pu venir au Congrès.

Discours de POPOFF

Chers Coopérateurs,

L'Union Centrale des Coopératives de consommation de l'U. R. R. S. nous a chargés de transmettre à votre Congrès et, par son intermédiaire, à tous les coopérateurs français, le salut fraternel des coopératives de consommation soviétiques.

Nous profitons de l'occasion pour souligner les relations amicales établies entre le mouvement coopératif français et le mouvement coopératif soviétique. Nous estimons que les relations d'affaires entre les coopératives des deux pays ont une importance considérable, car elles donnent une base solide à notre travail réciproque, fortifiant nos relations amicales et témoignent de la sympathie manifestée par votre coopération et ses membres envers notre travail coopératif.

« La Coopération de consommation des Soviets est un système qui dispose d'un organisme économique de première grandeur. Son rôle dans la vie économique et dans l'activité de l'Union Soviétique est très important. Le chiffre d'affaires du système coopératif tout entier a été pour l'année écoulée de dix milliards de roubles (soit cent trente milliards de francs), dont cinq milliards trois cent millions de roubles, rien que pour les affaires de détail.

L'importance des coopératives de consommation dans le mouvement commercial de détail du pays entier était, durant l'année dernière, de 44,1 % et, cette année, il s'élève à 48,5 %.

A eux deux, notre commerce coopératif ainsi que le commerce d'Etat supplantent de plus en plus le commerce privé. En 1927, ce dernier n'était plus que de 18 % dans la balance du commerce général.

Les liens entre nos coopératives de consommation et les masses populaires se resserrent progressivement d'une année à l'autre. La Coopération de consommation englobe jusqu'à dix-neuf millions d'actionnaires. Plus de 65 % de syndiqués, ouvriers et employés, et environ 40 % de toutes les exploitations rurales de l'Union Soviétique font partie des coopératives.

Etant l'organisme commercial le plus ramifié dans le pays, la coopération de consommation est effectivement le canal principal de circulation des produits, aussi bien industriels qu'agricoles, dans leur mouvement du producteur vers le consommateur.

Le rôle des coopératives de consommation de l'U. R, S. S. dans l'approvisionnement de la population ouvrière urbaine et rurale en produits industriels est d'une importance primordiale. Jusqu'à 60 % des principaux produits de l'industrie d'Etat tombent entre les mains des coopérateurs par le système des coopératives de consommation.

Dans la préparation et la répartition des produits agricoles parmi les consommateurs, le rôle de la coopération de consommation n'est pas moins important. Les opérations sur le blé, les œufs, le beurre, les poissons et autres produits similaires augmentent constamment et l'organisme de coopération de consommation dessert de plus en plus la population en produits agricoles. Jusqu'à 30 % des produits agricoles consommés par les populations urbaines leur sont fournis par les coopératives de consommation.

Il est tout naturel que cet état de choses attire l'attention des masses laborieuses de l'Union Soviétique et que ces masses soient intéressées par notre travail rationnel et méthodique. C'est pourquoi elles prennent une part active dans l'organisation coopérative en formant des cercles de coopérateurs, des commissions d'achat et d'approvisionnement, et en créant des commissions coopératives auprès de chaque entreprise industrielle ou commerciale. De cette façon, l'influence du consommateur organisé se manifeste dans la direction même du travail qui a pour but de satisfaire ses besoins immédiats.

La population des villes et de la campagne s'approvisionnant de plus en plus dans les coopératives de consommation, celles-ci absorbent une plus grande partie du budget ouvrier. Or, du fait que les coopératives vendent de quinze à vingt pour cent meilleur marché que le commerce privé, leurs membres réalisent une économie très sensible.

Dans le but de desservir le mieux possible ses membres, les coopératives soviétiques ne se bornent pas à l'approvisionnement des consommateurs en produits industriels et agricoles. Elles perfectionnent l'industrie de la panification, ainsi elles possèdent certaines boulangeries industrielles produisant quotidiennement jusqu'à huit cent cinquante tonnes de pain. D'autre part, elles multiplient les établissements d'alimentation collective distribuant dans ces restaurants jusqu'à quatre cent mille repas par jour.

Notre coopération dépense jusqu'à vingt millions de roubles pour l'entretien et le développement des pouponnières, crèches, jardins d'enfants, colonies de vacances, etc., et ce travail contribue considérablement à l'enrôlement des femmes et de la jeunesse mans le mouvement coopératif.

Le travail si compliqué et si large des coopératives de consommation de l'U. R. S. S. exige des moyens financiers en conséquence et nos efforts sont concentrés sur la consolidation de nos positions financières. Le bilan général de la coopération de consommation se soldait au 1er octobre 1927 par deux milliards trois cent dix millions de roubles, le capital-actions étant de cinq cent trente-cinq millions de roubles.

La solution heureuse de ce problème est garantie par l'aide active des membres coopérateurs, ainsi que par la marche rationnelle de nos affaires. A l'heure actuelle, notre position financière est tout à fait stable.

Nous estimons que le développement rapide de notre mouvement coopératif, la prépondérance de la place qu'il occupe dans la vie économique du pays, ainsi que ses liaisons avec la population, sont dûs à ce que son travail est lié à la collaboration et à l'amitié des organisations ouvrières, des syndicats, du parti. Notre coopération ne se considère pas comme « un Etat dans l'Etat », mais elle lie son activité économique à celle de l'Etat Soviétique tout entier. Elle tend ses efforts vers la résolution des problèmes économiques fondamentaux de notre pays, et vers la construction de l'Etat socialiste. Le soutien des syndicats, du parti et de toute la communauté soviétique facilite sensiblement notre travail.

Le travail accompli jusqu'à présent par la coopération de consommation soviétique est important, mais celui qui l'attend l'est encore bien plus.

Indiscutablement, notre système coopératif a fait des progrès, mais il comporte encore beaucoup de côtés faibles.

Nos moyens financiers demandent des renforcements réguliers. Nous avons à améliorer notre réseau commercial. Des efforts sont nécessaires dans le travail d'éducation et d'enseignement.

Les efforts des populations coopérées de la ville et de la campagne sont destinés à l'éviction de tous les obstacles qui sont sur la route du développement du mouvement coopératif et à la recherche des meilleures solutions à tous les problèmes posés.

Un des buts que se propose notre coopération est la consolidation des liens entre les coopératives des différents pays. En effet, nous attribuons une grande importance à l'existence et à l'action de l'*Alliance Coopérative Internationale*. Nos efforts sont tendus vers la conservation de l'unité du mouvement coopératif international et de son *Alliance*. Nous estimons que l'unité d'action des coopératives des différents pays est la meilleure et la plus effective défense des intérêts des masses coopérées des populations.

Nous estimons que le problème essentiel du mouvement coopératif international est de défendre les intérêts des masses coopérées par la lutte systématique contre les éléments augmentatifs du coût de la vie, tels que : impôts, tarifs douaniers, etc..., contre les dangers de la guerre impérialiste et contre le fascisme. Ce problème ne peut être résolu par le mouvement coopératif international qu'en collaboration étroite avec les organisations professionnelles de la classe ouvrière.

Il a été constaté, ces temps derniers, que la ligne de conduite adoptée par certains milieux coopératifs est menaçante pour l'unité de l'*Alliance...*

La Coopération soviétique s'élève contre cette ligne de conduite, car elle estime qu'il n'existe aucune raison sérieuse de scission et que cette dernière serait, au contraire, extrêmement préjudiciable au mouvement coopératif mondial.

C'est avec grand plaisir que nous devons constater l'intervention de la Coopération française en faveur de l'unité de l'Alliance et pour la défense de la Coopération soviétique. Nous espérons que la Coopération française, à l'avenir comme dans le passé, fera les efforts nécessaires pour prévenir toute division au sein de l'*Alliance Coopérative*. De son côté, la Coopération soviétique fera tout son possible pour que le mouvement coopératif international soit uni dans le monde entier.

Notre présence à votre Congrès ainsi que la visite de vos délégués à notre prochain Congrès à Moscou serviront à fortifier les liens d'amitié qui unissent nos deux mouvements. Les visites réciproques permettent de mieux se connaître et de mieux comprendre les choses. Nous serons heureux de vous faire voir le travail accompli par la Coopération de Consommation soviétique.

Nous désirons voir chez nous le plus grand nombre de vos délégués, aussi bien des organismes centraux que des fédérations régionales et des sociétés coopératives, et nous sommes sûrs que l'envoi de ces délégués consolidera davantage nos relations amicales.

Encore une fois, notre salut chaleureux à votre Congrès au nom de toute la Coopération de Consommation soviétique.

Vive la Coopération française !

Vive l'unité du Mouvement coopératif international !

Vive la solidarité coopérative franco-soviétique !

M. Charles Gide. — La parole est à Przegalinski, représentant l'*Union des Coopératives de Consommation* de Pologne.

Discours de M. PRZEGALINSKI

Monsieur le Président,

Chers Coopérateurs,

Je suis très heureux de pouvoir assister à votre Congrès et c'est pour moi un très vif plaisir de vous apporter les plus cordiales salutations de l'Union des Coopératives de Consommation de Pologne.

Vous me permettrez, comme c'est la coutume en pareille circonstance, de vous communiquer les derniers résultats de l'activité de la Coopération polonaise.

D'après les statistiques publiées par le Conseil Supérieur de la Coopération, nous avons eu au commencement de l'année courante 15.729 sociétés coopératives de toutes espèces. Les plus nombreuses sont les associations de crédit mutuel, ensuite viennent les sociétés coopératives agricoles et seulement en troisième lieu, avec le nombre de 3.641, viennent les sociétés coopératives de consommation.

On compte que le mouvement coopératif de Pologne englobe environ 2.800.000 sociétaires. En supposant que chaque sociétaire représente une famille de 3 personnes, on peut calculer la population coopérative à 23 % de la population du pays, qui est, comme vous le savez, de 30 millions.

Le mouvement coopératif en Pologne, en 1927, a fait d'assez importants progrès, qui ne sont pas sans relations avec les conditions économiques du pays, sensiblement améliorées en comparaison des années précédentes.

Mais c'est surtout du mouvement coopératif de consommation que je dois vous parler et spécialement de l'Union des Sociétés Coopératives de Consommation de Pologne, qui est à la fois la Fédération Nationale et le Magasin de Gros.

Notre Union des Sociétés Coopératives de Consommation groupe le gros des forces coopératives de consommation en Pologne. Au commencement de l'année 127 il y avait 817 sociétés adhérentes à notre Union, avec 424.000 sociétaires, ce qui représente environ 60 % de l'effectif de la coopération de consommation.

Les ventes de notre Magasin de Gros en 1927 ont atteint 85 millions de zlotys (environ 260 millions de francs), réalisant un progrès de 60 % sur les ventes de l'année 1926.

La valeur totale de notre production en 1927 peut être évaluée à 15 millions de francs.

Le département de Propagande de notre Union a publié, en 1927, 13 nouveaux livres sur la Coopération. Leur tirage était de 74.500 exemplaires.

En outre il a été publié deux périodiques coopératifs, dont le tirage était de 6.000 exemplaires. A partir de cette année nous avons commencé de publier un troisième périodique de vulgarisation à grand tirage avec les éditions locales et régionales.

Le Département de Révision de notre Union a procédé à 1.287 révisions des sociétés. Les réviseurs de l'Union ont établi pour les sociétés 800 bilans. Ils ont assisté aux 400 assemblées générales et aux 1.200 réunions des Conseils d'administration.

Je ne voudrais pas retenir plus longtemps votre attention et je termine mon bref exposé en souhaitant à votre Congrès les résultats les plus prospères dans toutes ses entreprises.

M. Charles GIDE. — Je donne la parole à M. Fredlund, représentant de l'Union Coopérative et du Magasin de Gros suédois.

Discours de M. FREDLUND

Mesdames et Messieurs, Chers Camarades Coopérateurs,

C'est avec le plus grand plaisir que M. Eval Sundell et moi avons reçu la mission de représenter la *Kooperativa Forbundet* — c'est-à-dire l'Union Coopérative et le Magasin de Gros suédois — à ce Congrès de Grenoble des Coopérateurs français et d'apporter à nos amis français les souhaits cordiaux des Coopérateurs suédois.

Au cours de l'année écoulée le mouvement suédois a continué encore son progrès. Le Congrès international tenu à Stockholm l'année passée a été une aide de valeur pour notre travail. Il a étendu la connaissance du mouvement coopératif et son but dans les plus larges milieux de notre pays. D'autres circonstances ont également contribué à l'avancement. Au total 27.000 nouveaux ménages se sont joints aux sociétés coopératives en qualité de membres et le mouvement comprend maintenant 366.000 familles, représentant environ 25 % de la population entière du pays, qui est de 6 millions. Le chiffre d'affaires du Magasin de Gros suédois a atteint son point culminant après la stabilisation du niveau des prix et s'est élevé à 120 millions de kronor, ou 800 millions de francs. Le chiffre total d'affaires des sociétés s'est élevé à 286 millions de kronor, correspondant à 1.900.000.000 de francs. Pendant le premier trimestre de l'année courante le mouvement d'affaires du Magasin de Gros suédois a été un record, malgré les importants conflits industriels de cette époque.

En outre, durant l'année passée nous avons continué notre lutte contre les cartels et les trusts. En 1927 elle a été concentrée principalement sur l'industrie des caoutchoucs. Après que le Magasin de Gros suédois eut acheté sa propre fabrique de caoutchoucs (celle de Gislaved) les prix des caoutchoucs ont baissé de 40 %, ce qui signifie pour le public suédois une économie de dizaines de millions. Même en ce qui concerne la margarine et la farine nous avons avancé et réduit à l'impuissance les cartels régnant dans ces domaines. Notre activité sur ces terrains nous a donné la conviction absolue que les trusts et les cartels, avec la pression qui s'ensuit dans la fixation des prix et l'épuisement des consommateurs, sont, dans le domaine économique, un des plus grands dangers de notre temps. Si une lutte en règle ne se livre contre ces organisations, la société entière perdra sa prospérité.

Après ces quelques aperçus de notre activité, nous nous permettons de souhaiter au mouvement français tout le succès continu possible et, à notre retour auprès des autres coopérateurs suédois, nous ferons part des impressions rapportées de ce congrès, qui montre l'avance importante du mouvement français, et du souvenir de votre beau pays.

Le Président. — La parole est à M. John Renaud, président de la Société Coopérative de Genève.

Allocution de M. John RENAUD

Messieurs,

En apportant ici, aux coopérateurs réunis dans cette salle, à nos amis de la Fédération, à notre vénéré Président, les salutations fraternelles des coopérateurs genevois, je tiens en leur nom à vous exprimer notre reconnaissance d'avoir bien voulu nous convier une fois de plus à votre Congrès.

L'année dernière — il semble que c'était hier — nous étions à Nîmes. Nous avons conservé de ces journées grandioses de Nîmes, de cette manifestation à l'occasion du quatre-vingtième anniversaire de notre cher Président, un souvenir inoubliable.

Aujourd'hui, nous sommes de nouveau à votre Congrès conviés. Pourquoi ? Je représente ici un petit groupement de coopérateurs, et je me demande encore ce qui nous vaut cet honneur. Est-ce peut-être parce que nous avons eu l'occasion, pendant les mauvaises années de nous serrer plus spécialement la main ? Je dois vous le dire : c'est avec joie que nous nous rencontrons avec vous. Je n'ai pas la prétention de vous apporter ici des chiffres vous indiquant l'importance du mouvement coopératif genevois. Je ne voudrais pas le faire, surtout après les exposés impressionnants qui nous ont été faits aujourd'hui, notamment par notre camarade Popoff. Je me bornerai à inciter ceux d'entre vous qui voudront bien venir dans quelques jours à Genève, à visiter nos installations. Cette visite vous montrera l'effort d'un petit groupement de coopérateurs convaincus.

Au nom des coopérateurs genevois, je vous invite tout spécialement à venir à Genève. Nous vous recevrons avec modestie, en toute simplicité, mais avec tout notre cœur aussi.

C'est dans ces conditions et en vous remerciant encore que je fais des vœux pour le développement de la Coopération en France, sous l'égide de la Fédération Nationale.

Réponse de M. Charles GIDE

Messieurs les Délégués étrangers,

Vous étiez déjà au Congrès dont on parlait tout à l'heure, en 1893, non les mêmes assurément, mais j'ai regardé dans le compte rendu et j'ai vu qu'il y avait déjà six délégués de trois pays : Angleterre, Belgique et Italie, absente aujourd'hui, provisoirement, espérons-le,

Déjà donc, dès cette époque, la Coopération française, à sa naissance, était soutenue par la sympathie des coopérateurs de l'étranger. Depuis lors, de congrès en congrès, le nombre des délégués étrangers a augmenté. Aujourd'hui il en est venu de loin : de Pologne, de Suède. Chaque année, ils nous apportent les mêmes chiffres mais toujours augmentés. Il y a quelque monotonie dans la répétition de ces chiffres qui nous viennent de tous les points de l'Europe, mais combien elle est réconfortante puisqu'elle annonce que tout va bien. Heureuse famille que la famille coopérative, où l'on voit les enfants chaque année grandir un peu, jamais vieillir et bien rarement mourir !

Je voudrais, comme les autres années, répondre individuellement à chacun des pays ; mais le temps nous presse et je me bornerai à répondre aux paroles des délégués de deux pays.

Le délégué écossais a rappelé d'une façon touchante les liens si anciens qui existent entre l'Ecosse et la France. C'est vrai, les Ecossais ont fourni les gardes les plus fidèles de nos rois et la France leur a donné une reine charmante — qui, il est vrai, a été décapitée, mais non par les Ecossais, en sorte que son souvenir reste toujours un lien entre nous.

Et je voudrais aussi répondre un mot au camarade Popoff en lui rappelant un fait qu'il ignore certainement. C'est que lors du Congrès de Grenoble de 1893 toute la France attendait aussi des délégués russes, mais d'une autre espèce, c'était l'amiral Avelane qui arrivait à Toulon. Le président du Congrès qui était à la place que j'ai l'honneur d'occuper, M. Doumer, rappela avec émotion cette arrivée des délégués russe, qui marquait le début de la grande alliance franco-russe et il expliqua que si le congrès de Grenoble passait un peu inaperçu, c'est parce que la France tout entière ne pensait qu'aux délégués russes.

Eh bien, je puis dire au camarade Popoff qu'il est aujourd'hui parmi nous le bienvenu, plus encore que s'il était un amiral russe. Et nous sommes bien résolus à répondre à l'appel qu'il nous a adressé en maintenant entre nous l'alliance coopérative internationale.

Je donne la parole à M. Peyssonnerie, représentant de la Fédération Nationale de la Mutualité et de la Coopération Agricoles.

Discours de M. PEYSSONNERIE

Camarades,

Je vous apporte le salut de deux grandes organisations coopératives du monde rural : la Caisse nationale de Crédit agricole et la Fédération nationale de la Mutualité et de la Coopération agricoles.

M. Louis Tardy, Directeur général de la Caisse nationale de Crédit agricole, — un des principaux promoteurs du mouvement mutualiste et coopératif dans les campagnes, — vous entretiendrait, avec l'autorité de son talent et la sincérité de ses convictions, de l'Etablissement public qu'il dirige avec compétence, et qui est à la fois le rouage essentiel du crédit agricole en France et un Institut de propagande coopérative, s'il n'était retenu, en qualité de délégué du Ministre de l'Agriculture à la

Commission internationale des Associations agricoles réunie actuellement à Vienne (Autriche). Il regrette vivement que cette circonstance ne lui permette pas, comme il en a l'habitude, de suivre personnellement vos importants travaux.

La Caisse nationale de Crédit agricole et la Fédération, en se faisant représenter à vos Congrès auxquels elles tiennent à manifester publiquement la sympathie qu'elles vous témoignent et l'intérêt qu'elles portent à vos discussions.

Organisations nationales, s'intéressant tout spécialement aux aspirations de la moyenne et de la petite culture, elles puisent leurs inspirations dans un large idéal démocratique. Il est donc naturel qu'elles se trouvent attirées vers des associations qui s'efforcent, par la pratique de la solidarité, de réaliser, comme les nôtres, plus de bien-être et plus de justice sociale.

Sans doute nous pouvons avoir, en ce qui concerne l'application des principes coopératifs, des conceptions différentes, mais nous le déclarons, — en plein accord avec l'Enseignement de Charles Gide, — que les coopératives de consommation et les coopératives de production peuvent s'organiser et se développer sans se gêner mutuellement. Nous pensons que les unes et les autres ont intérêt à se comprendre et à s'entr'aider. Nous affirmons qu'il est regrettable de dresser les producteurs des campagnes contre les consommateurs des villes et nous croyons qu'il est désirable, au contraire, d'établir entre eux des ententes directes, permanentes ou temporaires, pour les libérer des exigences d'intermédiaires trop nombreux qui, solidement organisés et puissamment secondés, au point de vue capitaliste, sont les principaux bénéficiaires de l'instabilité déconcertante des cours et de la cherté de la vie.

Nos syndicats, nos coopératives, nos caisses de crédit agricole, nos sociétés d'assurances mutuelles, qui forment au sein de la Fédération une famille de 500 groupements départementaux ou régionaux constitués eux-mêmes par plus de 14.000 sociétés locales, réunissant un million d'agriculteurs, sont régis par des règles essentiellement coopératives.

Dans le cadre professionnel, (où la législation les cantonne), nos associations admettent, comme les vôtres : la limitation du rôle du capital, la ristourne au prorata de l'effort, l'égalité des sociétaires dans la gestion de l'œuvre commune, la constitution de réserves industrielles, véritable bien collectif qui se développe au-dessus des intérêts privés pour le profit de la collectivité. C'est donc à juste titre que M. Gide a pu dire que dans les syndicats agricoles le caractère syndical et le caractère coopératif se trouvent confondus.

N'est-il pas naturel, dès lors, que notre Fédération — synthèse de milliers d'associations agricoles dérivées du syndicat — ait adhéré au Comité d'Entente des diverses formes de la Coopération ?

A côté de vos secrétaires généraux, à côté de Briat, auquel j'exprime nos affectueux souhaits de complet rétablissement, notre secrétaire général, P. Vimeux, infatigable animateur et cheville ouvrière du mouvement coopératif et mutualiste de l'agriculture française, apporte au Comité d'Entente le concours éclairé de notre organisation démocratique dont M. F. David est le président éminent et respecté.

Ce comité, avec une exacte compréhension de l'intérêt général, écarte tout sujet susceptible de diviser et retient toute question de nature à rapprocher nos fédérations. Les semaines de la coopération, le régime fiscal de nos groupements, les ententes entre producteurs et consommateurs organisés, enfin la grande réforme des assurances sociales marquent les étapes principales de son activité.

C'est cet état d'esprit, générateur de réalisations fécondes, que nous souhaitons rencontrer dans toutes les manifestations de la vie coopérative. A une époque où les conditions de l'existence font de l'agriculteur, non seulement un producteur mais aussi un gros consommateur, il facilitera dans les campagnes l'extension de votre mouvement et préparera les voies à l'application, que nous espérons prochaine, de la proposition de loi Chanal.

Mes chers Camarades, nous avons confiance dans l'esprit organique de la Coopération pour perfectionner la démocratie. L'association s'offre à nous, au milieu des manifestations de l'individualisme égoïste comme un élément d'ordre et de progrès ; au milieu de l'âpre mêlée des intérêts comme un facteur d'équilibre des droits antagonistes ; au milieu des chocs violents des opinions comme un rappel à la fraternité.

C'est dans ces sentiments, qu'au nom de la Fédération nationale de la Mutualité et de la Coopération agricoles et de la Caisse nationale, je souhaite l'heureux aboutissement des intéressants travaux de votre Congrès. C'est dans ces sentiments aussi que j'offre l'hommage de notre admiration et de notre respectueuse sympathie au Président du Congrès : le professeur Charles Gide.

M. Charles GIDE. — Je donne la parole à M. Chabrun et veux d'abord lui dire combien nous sommes touchés de penser qu'après les fatigues de la campagne et les émotions d'un succès auquel tous les coopérateurs se sont associés, il n'a pas perdu le souvenir de nos congrès et a bien voulu y venir encore cette année.

Discours de M. CHABRUN

Camarades coopérateurs, voilà déjà un certain nombre d'années que j'ai l'honneur d'être désigné par le Groupe parlementaire de la Chambre, pour venir assister à votre congrès. J'ai à vous présenter les excuses de notre président, Frédéric Brunet, qui n'a pu être des nôtres aujourd'hui. Mais j'ai aussi à vous exprimer, au nom de mes amis du Groupe Parlementaire, la joie de vous voir réunis si nombreux à Grenoble, et de constater la vitalité toujours grandissante du mouvement coopératif français.

A la Chambre, nous faisons ce que nous pouvons pour vous aider. Nous sommes un certain nombre d'hommes de bonne volonté. Hélas ! les hasards de la vie et les luttes électorales ont causé des vides parmi nous. Tout à l'heure, M. Gide évoquait la belle figure d'Henri Ponard. Je tiens aussi à apporter un souvenir ému à sa mémoire. Ponard a été pour nous le modèle des collègues ; je l'ai vu de près, à la Commission du travail dont j'étais le président ; j'ai vu avec quel soin il s'occupait des intérêts des travailleurs. Sa disparition crée parmi nous un vide irréparable.

Et puis, les luttes électorales nous ont fait perdre un excellent appui, notre ami Boully, député de l'Yonne ; quelques autres encore ont disparu. Mais nous avons retrouvé aussi des forces nouvelles, et je suis convaincu que, lorsque demain, enfin, nous aurons à voter la loi statutaire des coopératives, le camarade Ramadier nous sera d'un précieux secours.

C'est grâce à Ramadier, n'est-il pas vrai, mon cher Poisson, qu'au Conseil supérieur de la Coopération, nous avons établi ce texte ; vous savez que ce ne fut pas toujours facile, qu'il y eut à certains moments des empêchements qui vinrent entraver notre action et qu'enfin, dans une séance mémorable, un beau matin, bousculant toutes les objections, en deux heures ont fit adopter enfin un texte qui avait été longuement étudié en commission, on le déposa, aujourd'hui il est prêt à être discuté, si la Commission de législation civile veut bien le rapporter.

Ce sera l'œuvre de Ramadier, car je suis convaincu que Ramadier, dans un avenir tout proche, nous apportera un beau rapport que nous pourrons tous applaudir et que la Chambre enfin votera.

Camarades, M. Gide vous disait tout à l'heure que les lois n'affranchissent pas toujours, que parfois elles brident l'action. Nous essayerons que la loi organique des coopératives n'ait pas cet effet malfaisant. Nous y travaillerons de notre mieux et notre tâche sera facilitée par le fait que cette loi, c'est vous-mêmes qui l'avez forgée. Ce n'est pas un législateur étranger au mouvement qui en a écrit les articles, ce sont les coopérateurs eux-mêmes qui, dans leurs assemblées représentatives, ont établi le statut qui ne fait que donner en somme à la réalité actuelle une forme juridique, à mon sens infiniment utile, qui demain vous permettra de faire de nouveaux pas en avant.

C'est qu'en effet, votre mouvement non seulement s'agrandit, mais s'affirme dans des domaines où il est nécessaire qu'il trouve des points d'appui.

Vous avez une banque coopérative de premier ordre. Camarade, les finances coopératives sont une nécessité, si l'on veut aller de l'avant. Il ne s'agit point de lier la Coopération au Capitalisme ; il s'agit de lui donner les organes indispensables pour vivre. On ne vit pas seulement par des idées ou de la bonne volonté ; on vit par de l'organisation financière.

Et puis, vous avez aussi étendu la Coopération dans le domaine intellectuel, par votre admirable institution des Presses Universitaires. Les sphères officielles ne veulent pas encore admettre d'une façon complète que les intellectuels puissent être des coopérateurs. Néanmoins, s'il faut des finances coopératives, il faut aussi de l'intellectualité coopérative. Ce sont deux choses indispensables. Et nous serons arrivés au progrès total, le jour, mon cher Peysonnerie — et je vous le dis à vous, parce que je sais quels sont vos sentiments — le jour où nous aurons pu faire l'union complète entre les coopératives agricoles et les coopératives de consommation, le jour où nous aurons pu faire disparaître le séparatisme un peu excessif et je dirai un peu traditionnel de l'agriculture. Car ce n'est pas seulement dans le domaine de la Coopération qu'on le trouve. Mais si, dans d'autres domaines, il est, je ne dis pas défendable mais possible, parce que, dans le domaine coopératif, les questions de séparatisme et d'égoïsme n'ont pas leur place.

Et croyez bien que dans les pays où la Coopération a donné son plein effet, elle y est parvenue précisément parce que, à côté de l'ouvrier des villes, elle a trouvé l'ouvrier des campagnes.

Il faut que l'un et l'autre soient indissolublement unis. Et c'est lorsque nous serons arrivés à cette union que la Coopération française, si bien armée pour la lutte, donnera son plein effet, pour le plus grand bien des consommateurs.

D'ailleurs, partout où l'on trouve des résistances à l'esprit coopératif, partout où l'égoïsme empêche de se lancer dans la coopération, on trouve aussi un mouvement antidémocratique. Les conquêtes de la démocratie se mesurent aux pas que fait le coopératisme.

Camarades, unissons toutes les forces de ce pays, qui sont des forces de bonne volonté, qui sont des forces économiques capables de s'affranchir, et nous aurons rendu demain au pays un des meilleurs services que nous puissions lui rendre.

M. Charles GIDE. — Si, entre les coopératives agricoles et les coopératives de consommation, il ne s'est pas encore formé un mariage aussi intime que nous le voudrions, il y a du moins entre elles une heureuse et féconde émulation qui s'accentue chaque jour.

Faites la conquête des campagnes, pendant que nous travaillons à faire la conquête des villes, et la palme sera à celui qui arrivera le premier.

Je donne la parole à Maurice Camin, qui va lire les excuses.

Les Excuses

Le Magasin de Gros des Coopératives tchéco-slovaques nous a écrit comme suit :

Nous vous accusons réception de votre honorée du 1ᵉʳ février par laquelle vous nous adressez votre aimable invitation de prendre part à votre Congrès, qui aura lieu à Grenoble du 17 au 20 mai prochain.

Nous regrettons qu'il nous soit absolument impossible de nous faire représenter à cette occasion parce qu'en même temps l'Union Centrale des Sociétés Coopératives tchéco-slovaques fêtera le Jubilé des 20 ans de son activité.

En vous demandant de vouloir bien excuser notre absence, nous souhaitons à votre Congrès ainsi qu'à votre activité future les plus beaux succès.

L'Union et le Magasin de Gros des Coopératives norvégiennes de consommation, regrettent de ne pouvoir assister au Congrès et disent :

Nous vous remercions de votre cordiale invitation à votre Congrès à Grenoble les 17, 18, 19 et 20 mai, mais regrettons de vous informer qu'il nous est impossible d'accepter votre invitation.

Nous vous prions de présenter au Congrès nos salutations fraternelles et nous vous souhaitons un résultat heureus.

L'Union Centrale des Coopératives de Consommation allemandes nous a écrit comme suit pour s'excuser de ne pouvoir se faire représenter :

Nous avons bien reçu votre lettre du 25 avril. Nous regrettons de devoir vous informer qu'il ne nous sera pas possible, cette année, de faire représenter ni l'Union Centrale des Sociétés Coopératives de consommation allemandes, ni le Magasin de Gros des coopératives allemandes. En effet, au même moment, nous avons des réunions extrêmement importantes et, de plus, l'Union Centrale des Coopératives de Consommation allemandes fête son Jubilé à Hambourg. Il n'y a donc malheureusement aucun de nos représentants qui soit disponible.

Nous souhaitons le plus grand succès aux travaux de votre Congrès de Grenoble.

L'Union Coopérative du Canada s'excuse et nous dit :

Nous avons bien reçu votre lettre du 1ᵉʳ Février, invitant notre Union à envoyer des délégués à votre Congrès, qui se tiendra à Grenoble du 16 au 20 mai prochain. La question a été soumise au Comité Exécutif de notre Union, lors de la réunion qu'il a tenue le 28 mars. J'ai été chargé de vous écrire pour vous dire tous nos remerciements pour votre amabilité, et de vous exprimer nos regrets de ne pouvoir donner suite à votre invitation. J'ai été chargé également de vous transmettre les salutations de notre Union, et de vous adresser les meilleurs vœux de notre Conseil pour le succès de votre Congrès et du Mouvement Coopératif français.

De même, la Ligue Coopérative des Etats-Unis d'Amérique s'excuse en ces termes :

Nous avons retenu votre aimable invitation à votre Congrès qui se tiendra en mai, dans l'espoir qu'il nous serait possible de trouver une délégation pour y assister. Malheureusement, nous ne pensons pas qu'aucun de nos représentants se trouvera en Europe à cette époque et étant donné les frais élevés que cela entraînerait, il ne nous est pas possible de déléguer quelqu'un spécialement à cet effet.

Nous désirons cependant vous remercier très chaleureusement pour l'amabilité que vous avez eue de nous inviter. Nous espérons qu'il viendra un temps où, régulièrement, nous pourrons être représentés aux Congrès de nos collègues européens. Voulez-vous accepter, pour votre Congrès, nos vœux les plus sincères et nos souhaits pour une réunion pleine de succès.

Nous avons examiné le rapport annuel de votre Conseil Central et tenons à vous féliciter pour les progrès que vous avez faits et le développement que vous avez acquis.

Nous espérons que celui-ci se poursuivra aussi bien en quantité qu'en qualité. Nous sommes sûrs que le moment où la Coopération de Consommation sera un facteur de première importance dans la vie économique et sociale de la France, n'est pas éloigné.

Le Magasin de Gros de l'Union Centrale des Sociétés Coopératives de Consommation finlandaises s'excuse en ces termes :

Nous regrettons de vous faire savoir que nous ne pouvons pas cette fois accepter votre aimable invitation d'envoyer des représentants au Quinzième Congrès de votre Fédération.

Nous souhaitons toutes les prospérités aux matières occurrentes à votre Congrès.

Le Magasin de Gros allemand s'excuse en ces termes :

Nous vous remercions pour votre aimable invitation à assister à votre Congrès qui doit se tenir à Grenoble du 17 ou 20 mai.

Il ne nous sera malheureusement pas possible de nous y faire représenter parce qu'à la même date, à Hambourg, doivent avoir lieu des réunions pour un certain nombre de dispositions à prendre et tous nos représentants doivent y prendre part.

Nous regrettons donc beaucoup nous-mêmes de ne pouvoir, par suite de ce fait, nous faire représenter à votre Congrès de cette année et souhaitons le plus grand succès à ses travaux.

L'Union des Coopératives du Nord de l'Espagne nous a fait part de tous ses regrets de ne pouvoir se faire représenter au Congrès de Grenoble et nous assure de toute sa sympathie.

L'Union Suisse des Sociétés Coopératives de Consommation s'excuse en ces termes :

Nous revenons, par la présente, à votre lettre du 1er Février 1928 nous invitant à prendre part à votre Congrès du 17 au 20 mai 1928, à Grenoble.

Tout en vous remerciant de votre attention, nous regrettons de devoir vous informer qu'il nous est impossible d'envoyer une délégation à votre Congrès cette année, étant donné que nous nous sentons obligés de visiter cette année des Congrès auxquels nous n'avons pas participé depuis 2 ou 3 ans. Certainement, il eut été un grand plaisir pour nous de vous visiter également cette année. Nous sommes certains que vous comprendrez notre raison d'abstention.

Nous profitons de cette occasion pour vous transmettre nos meilleurs vœux pour une bonne réussite de votre Congrès.

Le Magasin de Gros anglais à Manchester nous dit les raisons qui l'obligent à ne pas se faire représenter cette année :

Comme suite à votre lettre du 1ᵉʳ Février invitant le Conseil à se faire représenter à votre Quinzième Congrès qui se tiendra à Grenoble les 17, 18, 19 et 20 mai, je regrette vivement de vous informer qu'il ne nous sera pas possible, cette année, de nous faire représenter.

L'an dernier, MM. Fleming et Ramsay ont eu le plaisir d'assister à votre Congrès de Nîmes et à la manifestation organisée en l'honneur du Professeur Charles Gide, mais cette année, malgré tout le plaisir que nous aurions eu à nous retrouver avec vous, cela nous est impossible. Je suis sûr que vous comprendrez la nécessité pour le Conseil de se faire représenter à tous les Congrès étrangers, et l'obligation dans laquelle il est de faire alterner les représentations chaque année, de manière à établir un circuit complet de tous les Congrès.

Nous sommes fortement intéressés par les travaux de votre Congrès et vous exprimons nos meilleurs vœux pour un bon résultat.

La *Hangya* de Budapest s'excuse et dit :

Nous avons l'honneur de vous accuser réception de votre honorée du 1ᵉʳ février nous apportant votre invitation pour le Quinzième Congrès de la Fédération Nationale des Coopératives de Consommation, ainsi qu'une copie du rapport de votre Conseil Central.

C'est avec le plus vif intérêt que nous avons étudié ce rapport témoignant de l'essor puissant de votre mouvement et nous regrettons vivement de ne point pouvoir nous faire représenter à votre Congrès.

Nous vous souhaitons le meilleur succès pour les travaux de ce Congrès.

L'Union Centrale des Sociétés Coopératives de Hongrie regrette de ne pouvoir se faire représenter et dit :

Votre aimable invitation nous a fait grand plaisir, mais nous regrettons de ne pouvoir y répondre car nos importantes affaires ne nous permettent pas de l'accepter.

Nous assisterons par la pensée au Congrès de la Fédération Nationale des Coopératives de Consommation avec tous nos sentiments amicaux et nous adressons nos meilleurs vœux au nom de tous les coopérateurs hongrois. Nous souhaitons que vos travaux reçoivent le plus grand succès.

Le Magasin de Gros finlandais (S. O. K.) s'excuse et dit :

En réponse à votre honorée du 1ᵉʳ courant, nous regrettons d'avoir à vous dire que nous ne sommes pas en état de déléguer quelqu'un de notre organisation à votre Congrès qui se tiendra à Grenoble du 17 au 20 mai prochain.

En vous remerciant de votre invitation, nous vous adressons nos souhaits de succès pour les travaux de votre Congrès ainsi que pour votre Mouvement en entier.

Commission des résolutions

Maurice CAMIN. — Comme les années précédentes, nous vous proposons de réduire la composition de la Commission des Résolutions qui, sans cela, comprendrait 190 membres.

Je prie nos amis de vouloir bien me faire connaître les noms de leurs délégués.

Commission de vérification des mandats

Sont désignés : Delabaëre, Simonnet, David, Sauley et Wilks.

RAPPORT DU CONSEIL CENTRAL

POISSON. — Pour la discussion du Rapport du Conseil Central, afin qu'elle soit à la fois complète et aussi limitée au temps dont nous disposons, nous vous proposons la procédure suivante.

Nous devons aller à 4 h. 30 inaugurer l'Exposition Coopérative. Le représentant du Conseil Central qui répondra aux diverses observations qui pourront être faites, prendra la parole à 4 heures moins le quart ; nous avons donc devant nous 3 heures de discussion, à répartir entre les délégués qui auront des observations à présenter ou des questions à poser.

Le Conseil Central vous propose d'inscrire dès maintenant les délégués qui ont à prendre la parole, de clore cette liste et de répartir équitablement le temps entre tous ceux qui seront inscrits.

Je prie les délégués qui désirent prendre la parole de se faire inscrire dès maintenant.

Il y a vingt-et-un inscrits ; comme nous disposons de trois heures de séance, cela fait dix minutes pour chacun. A la neuvième minute, l'orateur sera prévenu et à la dixième, on le priera de vouloir bien s'arrêter.

BOYER. — Voulez-vous avoir l'obligeance de donner la liste et d'indiquer comment vous distribuez les tours de parole ?

POISSON. — On va répartir les camarades de la minorité dans la liste de manière qu'ils ne parlent pas tous de suite.

LE PRÉSIDENT. — La parole est à Buiron, de l'*Union des Coopérateurs du Cambrésis.*

Exposé de BUIRON

Chers Camarades, nous avons décidé d'intervenir sur le rapport du Conseil Central, parce que l'objet principal de notre intervention ne saurait recevoir, à notre avis, de solution que par le Congrès.

Il s'agit du service juridique.

Je déclare tout de suite qu'il n'entre nullement dans nos intentions de reprocher quoi que ce soit à notre ami Ramadier, à qui nous voulons, au contraire, rendre ici hommage, pour les immenses services qu'il a rendus à la Coopération. Nous lui demandons même de nous dire — car il est tout à fait qualifié pour cela — si ce que nous désirons est réalisable. Nous ne venons pas nous plaindre de n'avoir pas de réponses aux questions que nous posons. Chaque fois que nous nous sommes adressés au Service Juridique, il nous a répondu. Mais nous ne pouvons pas dire que toutes les réponses nous ont donné satisfaction, surtout pour les questions fiscales. Les réponses sont, à notre avis, par trop juridiques. Elles nous indiquent ce que dit la loi, laissant les sociétés seules juges de leurs décisions, alors qu'il faudrait, pensons-nous, les orienter.

Notre ami dira qu'il ne peut dire davantage parce qu'il est extrêmement difficile de conseiller à une société telle ou telle attitude, attendu qu'il y a toujours l'interprétation que peut donner l'administration, et que si ces sociétés n'obtenaient pas gain de cause, elles ne manqueraient pas de manifester leur mécontentement.

C'est peut-être vrai. Mais le manque de précision présente également des inconvénients, car la plupart du temps, dans le doute, les sociétés se soumettent aux exigences du fisc et payent indûment. Il nous est arrivé de payer, puis de réclamer ; mais vous savez que c'est toujours à concurrence de ce qui n'est pas prescrit ; le reste, bien que payé indûment, n'est pas remboursé.

Ce que nous demandons, c'est ceci. Ne serait-il pas possible d'avoir un service juridique permanent, auquel les sociétés enverraient tous leurs cas litigieux, et que ce soit ce service lui-même qui discute avec l'administration et fasse, s'il y a lieu, toutes réclamations utiles ?

Il est nécessaire, à notre avis, de suppléer à l'insuffisance des administrateurs ou des directeurs de sociétés ; il faut reconnaître que, dans la généralité des cas, ce sont des camarades ayant beaucoup plus de dévouement que de compétence qui dirigent nos sociétés ; il leur est par conséquent difficile, pour ne pas dire impossible, de soutenir une discussion de quelque importance devant l'administration.

Nous pensons que, sous cette forme, le service juridique devrait plutôt être le conseil des sociétés, pour relever les différences d'interprétation de l'administration et les opposer utilement les unes aux autres.

C'est parce que nous estimons qu'il y a là une question de cotisation, que nous avons tenu à porter cette suggestion à la tribune du Congrès, en souhaitant que les sociétés examinent s'il n'y aurait pas lieu de prendre part à l'effort nécessaire pour aboutir dans le sens que nous préconisons.

Nous sommes prêts, quant à nous, à faire cet effort.

Les réponses de la Fédération, telles qu'elles sont données actuellement ne nous suffisent pas. Nous ne nous sentons pas la compétence nécessaire pour entamer avec l'administration toutes les discussions désirables ; tandis que si nous avions un Conseil Juridique permanent, il pourrait suivre ces questions. Nous avons une difficulté, nous la lui soumettons et, à partir de ce moment, c'est lui qui prend l'affaire en mains et qui la discute.

L'administration fiscale interprète la loi de façons différentes suivant les régions. Un service juridique unique pourrait opposer les unes aux autres les différentes interprétations.

Notre Conseil m'a également chargé de demander à notre ami Poisson, avec lequel il se trouve d'accord en ce qui concerne sa participation à différentes commissions extra-coopératives, s'il ne lui serait pas possible d'indiquer, dans *Le Coopérateur de France*, les questions traitées dans ces commissions, lorsqu'elles intéressent les consommateurs, et la position prise par la Fédération sur chacune d'elles.

Il arrive fréquemment qu'on mette en doute l'utilité de cette participation, en l'accusant d'absorber une grosse part de l'activité de nos principaux militants, au détriment de la propagande générale coopérative. Des questions nous sont assez souvent posées à ce sujet et nous n'avons guère d'éléments pour y répondre comme il conviendrait.

Nous ne demandons nullement un compte rendu des discusions, mais simplement quelles sont les questions examinées et quelle est, pour chacune d'elles, la position prise par la Fédération.

Voilà ce que j'avais à dire au Congrès.

LE PRÉSIDENT. — La parole est à Simonnet, secrétaire de la Fédération du Centre.

Exposé de SIMONNET

Camarades, le rapport du Conseil Central, page 15, mentionne la loi sur la Coopération comme une question susceptible de retenir l'attention du Congrès national.

Si ce n'est solliciter notre avis, c'est au moins nous autoriser à faire connaître nos sentiments sur un sujet controversé.

Avec votre permission, je vais le faire en quelques mots.

A l'heure actuelle, pratiquement, les coopératives sont soumises au régime du titre III de la loi du 24 juillet 1867, qui autorise la variabilité du capital social, mais aussi au droit commun des sociétés anonymes, par l'article 48 de la même loi.

Les lois des 1er avril 1893 et 7 mai 1917 n'ont ni amélioré, ni clarifié la situation.

La liberté laissée aux coopératives de choisir le régime sous lequel elles désirent fonctionner ne facilite guère le rapprochement des sociétés et le développement du mouvement coopératif.

Pour mettre fin à ces régimes imprécis et dangereux des sociétés anonymes et de sociétés civiles, du carcan et de la capacité réduite, nous avons revendiqué en divers congrès ou manifestations un statut juridique spécial, précis, exclusif, définissant le caractère et les obligations des sociétés qui se réclament de la coopération.

C'est ainsi que nous sommes saisis du projet de loi du Conseil supérieur de la Coopération (mise au point de la proposition Brunet), qui sera déposé incessamment sur le bureau de la Chambre des Députés, par Eugène Frot.

Dès qu'on a cru connaître ce projet de loi organique — on prenait alors à la lettre le projet Brunet, sans tenir compte des modifications apportées par le Conseil supérieur de la Coopération — une vive émotion s'est emparée de certains militants de notre région, faisant d'eux des adversaires acharnés de la loi coopérative.

J'ai suivi attentivement, sans le moindre parti-pris, leur argumentation en faveur de la liberté qu'ils croient menacée, et je dois dire qu'elle ne m'a pas convaincu.

Sur quoi portent les critiques des détracteurs du projet de loi, qui leur font conclure au rejet de la loi, alors qu'il ne devrait être question que de l'amender, l'ensemble étant reconnu satisfaisant ? Sur deux points seulement :

1° le referendum ;

2° le reviseur.

Le referendum, prévu pour les sociétés de 10.000 membres, dans l'impossibilité par conséquent de se réunir dans une même salle, n'est pas obligatoire.

Les sociétés qui ne voudraient pas donner à leurs adhérents la faculté de manifester leur volonté par ce moyen, n'auraient qu'à ne pas insérer dans leurs statuts la possibilité d'un recours au referendum, et voilà tout.

Plus grave est l'objection faite au reviseur, dont l'institution semble se généraliser en Europe, pour le plus grand profit du mouvement coopératif.

Le réviseur, chargé dans le projet de loi de vérifier la gestion coopérative, serait désigné par les sociétés elles-mêmes, si elles sont fédérées ou simplement groupées en une Union de Revision, composée de dix sociétés.

Le Ministre ne pourrait intervenir que pour la désignation du reviseur des sociétés indépendantes, parmi lesquelles se tiennent embusquées tant de fausses coopératives, et encore ne pourrait-il exercer son choix que sur une liste présentée par la Fédération.

Si ces garanties ne suffisent pas, proposons de transmettre, en les limitant si vous voulez, les pouvoirs du reviseur au Président de l'Union de Revision ou au bureau de la Fédération : stipulons, comme l'ont demandé Lamy et Roujean, de l'*Union Coopérative du Bas-Berry,* que le reviseur soit toujours obligatoirement un coopérateur, bien que cela paraisse résulter du texte actuel : mais que cesse cette opposition à l'institution du reviseur, qui s'interpréterait comme le refus de se soumettre à un contrôle sérieux !

Or, personnellement, parce que je préconise la concentration systématique des forces coopératives en vue d'outiller puissamment les sociétés de développement, je suis partisan du contrôle le plus entier, le plus rigoureux.

Ce contrôle est la garantie indispensable des sociétaires et la sauvegarde de la Coopération, qui ne peut vivre, grandir et prospérer que dans une atmosphère de confiance absolue.

Pour résumer mon intervention, je demande à la Fédération Nationale d'étudier favorablement les réserves dont elle est saisie, mais aussi de faire tous ses efforts pour hâter le vote du projet de loi sur la Coopération, persuadé que, ce faisant, elle travaillera efficacement à accroître et vivifier le mouvement coopératif.

Le Président. — La parole est à Lagrange, de Troyes.

Exposé de **LAGRANGE**

Camarades, mon collègue et ami Simonnet vient de simplifier ma tâche. Il vous a expliqué, au point de vue de la loi organique de la Coopération, à peu près ce que j'avais l'intention de vous dire et qu'il est inutile de répéter.

Un point cependant, déjà soulevé l'an dernier, retient encore toute notre attention. C'est la question des économats d'usines.

Nous voudrions bien que le Conseil Central nous indique, dans sa réponse, quel est l'effort qui a été fait dans ce sens, pour savoir comment fonctionnent ces économats et s'ils sont dans la légalité.

Par les sondages faits dans la région de Troyes, il a été constaté, de par la diminution de l'impôt sur le chiffre d'affaires, que les économats existant dans les différentes usines de notre localité, ont pu arriver approximativement, cette année, à un chiffre de 8 millions d'affaires.

Je rappelle à tous les coopérateurs le danger qu'il y a à laisser se développer ces économats d'usine.

Je vous demande de lutter de toutes vos forces pour la disparition de ces éléments qui sont dangereux pour le développement du mouvement coopératif.

Nous vous signalons à cet égard qu'une maison, gros fournisseur d'huile aux sociétés coopératives, a vendu, dans notre région tout au moins, l'huile en flacons bien meilleur marché aux économats qu'à notre organisation.

De même, la maison Maggi, qui nous fait 20 % de ristourne, fait 30 % à la maison Potin, qui alimente les économats d'usine.

Je crois qu'il était utile de dénoncer de tels agissements dans ce congrès, afin que chacun de vous y porte toute son attention.

Nous avons également à signaler qu'on cherche en ce moment à amener les cheminots à se grouper pour arriver, par des achats en commun, à être livrés par ces économats ; et pour y arriver, non seulement on s'adresse aux cheminots, mais on demande l'approbation des chefs. Ce n'est qu'avec l'approbation des chefs que ces économats peuvent se constituer. C'est là où nous appelons toute l'attention du Conseil Central en lui demandant de rechercher si ces groupements sont ou ne sont pas dans la légalité.

Nous devons signaler également que, dans notre département, nous avons un élu, Robert, professeur à l'Ecole de Bar-sur-Seine, coopérateur, qu'il ne faut pas oublier de faire inscrire au groupe parlementaire de la Coopération.

J'avais également une question à poser sur la taxe d'apprentissage, mais notre camarade Yung m'a donné satisfaction sur ce point. Je m'arrête donc en remerciant le Congrès de la bienveillante attention avec laquelle il a bien voulu m'écouter.

Le Président. — La parole est à Renaud, de la *Verrerie ouvrière* d'Albi.

Exposé de RENAUD

Camarades, je m'excuse de prendre la parole à l'occasion du Rapport du Conseil Central ; mais c'est, je crois, le seul moyen que j'aie de m'entretenir avec vous d'une question qui doit vous intéresser.

La Verrerie Ouvrière d'Albi, que je représente au Congrès, est adhérente à la Fédération Nationale des Coopératives de Consommation, depuis de longues années.

Depuis la mort de notre camarade Hamelin, l'un des fondateurs, c'est un coopérateur, notre ami Cleuet, administrateur-délégué du Magasin de Gros, qui est devenu président du Conseil d'administration de la Verrerie Ouvrière, qui a toujours considéré, quoique organisation différente, qu'elle devait, par sa solidarité et par reconnaissance, aider au développement de la Coopération. Elle n'a d'ailleurs pas oublié l'époque où tout le monde coopérateur et syndicaliste était unanime pour aider à sa création et à son extension.

Il y a plus de trente ans, elle avait créé un dépôt à Paris, et cela pour approvisionner les sociétés coopératives de la région parisienne.

Mais, depuis, les augmentations successives des prix de transport nous ont mis dans l'obligation de nous replier dans des régions moins éloignées de notre usine.

Aujourd'hui, la Verrerie Ouvrière est une grande société qui occupe plus de 600 ouvriers et qui fabrique plus de 15 millions de bouteilles par an.

Au point de vue social, elle est à l'avant-garde des usines similaires, en assurant un maximum d'hygiène, des congés payés et des retraites à son personnel, ce qui lui vaut l'hostilité des usines concurrentes.

C'est pourquoi nous venons vous demander, à vous tous, représentants du mouvement coopératif de l'aider à lutter contre ses détracteurs, en lui achetant, dans la mesure du possible, les articles dont vous pourrez avoir besoin.

Nous n'ignorons pas que, parfois, la distance et les prix de transport sont un empêchement ; mais nous vous demandons, à titre de solidarité, de nous consulter à chacun de vos besoins. De notre côté, nous ferons tout ce qui sera possible pour que vous puissiez nous donner la préférence de vos ordres.

A l'Exposition Coopérative, stand n° 26, nous avons réuni une partie de nos produits de différentes teintes et de différents modèles. Nous ne doutons pas que, parmi eux, beaucoup vous intéresseront.

J'ajoute que nous nous tiendrons avec grand plaisir à votre disposition pour tous les renseignements qu'il vous plaira de nous demander.

Le Président. — La parole est à Ducamp.

Exposé de DUCAMP

Camarades, l'intervention des délégués de la minorité à ce Congrès ne doit pas être interprétée comme un simple rite qui se renouvelle périodiquement. Elle a des raisons beaucoup plus profondes, beaucoup plus sérieuses. Il ne tient pas qu'à nous, en effet, que nous venions à cette tribune approuver le rapport du Conseil Central. Mais, parce que nous nous attachons, avec toute la foi qui nous anime, à examiner toutes les questions qui se posent à notre attention, nous venons apporter ici une série de remarques, de critiques et d'observations dont nous pensons que le Congrès doit tirer la leçon.

Nous n'entrerons pas dans le détail de toutes les questions qui font l'objet du rapport du Conseil Central ; mais pour ma part, laissant le soin à mes camarades d'intervenir sur les autres questions, je m'attacherai particulièrement à trois ou quatre points importants, dont le premier, celui que nous rencontrons dès le début du Rapport, concerne le mouvement des sociétés.

Je pense qu'il aurait été bon que les orateurs qui m'ont précédé à cette tribune signalent comme un symptôme inquiétant la disparition d'un nombre relativement important de sociétés.

Si je prends les chiffres donnés par le Rapport, je constate que nous avons eu, en 1927, 66 dissolutions, qui sont difficilement compensées par la raison qu'un certain nombre de sociétés ont fusionné et par le fait de 23 adhésions nouvelles.

En 1926, le rapport mentionnait la disparition de 82 sociétés, de sorte qu'en deux ans, 148 sociétés ont disparu de l'ensemble du Mouvement coopératif.

Alors qu'en 1924, à la suite de l'afflux de nouveaux membres dans le Mouvement coopératif, nous avions 2.092 sociétés, à l'heure actuelle, nous n'en avons plus que 1.509, soit une diminution de 583 sociétés.

Ces disparitions portent inévitablement un coup droit à l'ensemble du Mouvement coopératif. Partout où de petites sociétés ont disparu, si rien ne vient les remplacer, il est certain que les consommateurs, les travailleurs qui avaient pu apprécier par des faits et non plus seulement par des discours l'importance de l'aide qu'apporte à la classe ouvrière le Mouvement coopératif, ces travailleurs sont désemparés de ne plus voir en face d'eux que des organisations capitalistes privées.

Nous avons donc le droit de demander à ce Congrès : Est-ce que vous entendez rester impassibles devant une telle situation ?

Nous avons le droit de poser la question au Conseil Central : Quelle politique entendez-vous suivre, pour essayer de parer à ces dissolutions dont le nombre va croissant, et pour développer les sociétés existantes ?

Et cela nous conduit à poser la question de la propagande.

Nous avons le regret de constater, Camarades que, dans le rapport, dans l'ensemble assez détaillé, le chapitre de la propagande comporte en tout et pour tout six lignes.

Nous pensons que l'arrêt du développement du Mouvement coopératif, le fait qu'il n'avance point et reste stagnant — parce qui n'avance pas recule, comme dit le proverbe — ce fait-là nous démontre que le Conseil Central n'attache pas toute l'importance qu'il conviendrait à la propagande.

C'est une indication pour nous : d'une part, très peu de propagande ; d'autre part, la mauvaise compréhension de cette propagande, telle qu'elle ressort du rapport lui-même.

En effet, le Conseil Central a dit : « Nous avons répondu à un certain nombre de sociétés, et nous avons pris la décision, pour l'avenir, d'envoyer des délégués permanents qui apporteront à nos sociétés les conseils et les renseignements dont elles peuvent avoir besoin ».

Nous pensons que comprendre la propagande de cette façon, ce n'est pas faire œuvre de propagandiste de la Coopération.

Il ne s'agit pas seulement d'envoyer, auprès des sociétés fédérées, des représentants du Conseil Central, avec mission de leur porter les conseils nécessaires ; il faut aussi que nous allions dans tous les centres ouvriers où, à raison de la situation économique, nous avons la possibilité de développer le Mouvement coopératif.

Mais cela suppose un plan d'ensemble, un plan systématique.

La Fédération doit prendre cette initiative. Elle ne doit pas se contenter de répondre aux demandes des sociétés ; elle doit elle-même prendre les devants. Elle doit, en ce qui concerne la question financière, apporter aux Fédérations pauvres l'aide dont elles peuvent avoir besoin pour leur propagande ; elle doit même aller plus loin. Nous pensons que la propagande, pour certains points particuliers où la densité ouvrière est très grande, doit être organisée par la Fédération elle-même, qui doit assumer tous les frais de cette action. Nous pensons que c'est là le rôle d'une Fédération comme notre Fédération Nationale.

Un effort a été fait, en ce qui concerne *Le Coopérateur de France*. Mais nous ne pensons pas que *Le Coopérateur de France* réponde encore ni à la diffusion qu'il devrait avoir, ni à l'esprit que devrait refléter un journal de la Coopération.

Je parlais de la propagande et des déplacements en province. Il y a eu dernièrement certains déplacements de dirigeants du Conseil Central en province ; mais ils avaient pour objet principal de répondre aux attaques de la minorité, faisant tâche d'huile, avait portées contre le fameux projet de loi.

Un de nos camarades de la minorité viendra s'expliquer sur cette question qui mérite d'être traitée en son entier. Il est même regrettable qu'ils disposent seulement de dix minutes, sur un congrès dont la durée est de quatre jours, pour porter, sur des questions aussi graves, le point de vue des coopérateurs.

En ce qui concerne le Conseil National Economique, un délégué a émis tout à l'heure le vœu que, dans *Le Coopérateur de France*, la Fédération donne un compte rendu des séances de ce Conseil.

Nous n'étions pas d'avis que le Conseil Central ait des représentants dans le Conseil Economique ; mais puisqu'ils y sont, nous demandons à être informés de ce qui s'y fait. On verrait toute la part de bluff, toute la part d'illusion que constitue, dans un organisme comme celui-là, la présence de représentants de la Coopération.

Des vœux ont notamment été émis par le Conseil National Econonique ; aucun d'eux n'a reçu de suite favorable de la part des Pouvoirs Publics, si l'on excepte celui qui a eu pour objet d'obtenir la livraison dans toutes les communes de France des colis postaux. Je ne méconnais pas l'importance de ce progrès ; mais je pense quand même que, pour les questions essentielles qui doivent nous préoccuper, cela donne la mesure exacte de ce que l'on peut attendre de ce Conseil National Economique.

Comme nous l'avons déjà dit en 1927, c'est un simple comité consultatif, c'est un comité qui a pour but de laisser croire aux consommateurs qu'on peut défendre leurs intérêts, au sein d'un organisme qui met face à face des hommes dont les intérêts sont fatalement opposés.

Nous pensons, nous, qu'en face de tous les représentants des grands trusts et des grands cartels, en face de tous les tenants de la concentration capitaliste, les représentants des consommateurs sont malvenus à attendre quelque chose de ce Comité.

Par contre, on permet ainsi au capitalisme de faire croire aux consommateurs que leurs intérêts sont sauvegardés. On induit les travailleurs en erreur en laissant s'accomplir l'action des trusts qui imposent leurs prix ; je le rappelais dimanche dernier au Congrès de la Région Parisienne. On laisse croire que c'est dans des comités extra-parlementaires ou dans des commissions préfectorales que l'on peut trouver les remèdes qui s'imposent !

On oublie que ce sont en réalité non pas ces commissions qui imposent leurs prix, mais bien les trusts, les cartels, les grands consortiums capitalistes, et que le petit commerce privé, comme du reste la Coopération, ne font que les transporter dans le commerce de détail.

Voilà ce qu'il faut dire.

Dans le rapport moral de la Région Parisienne, on signale la centralisation formidable qui s'est opérée dans la meunerie depuis trente ans. Alors qu'il y a trente ans, on comptait en France 37.000 moulins, il n'y en avait plus en 1924 que 14.900. C'est la démonstation très claire, très nette qu'au lieu d'un capitalisme fragmenté, morcelé, les consommateurs — notamment ceux qui sont groupés dans les coopératives de consommation — ont en face d'eux un capitalisme qui oppose un front uni, un bloc compact.

Nous pensons qu'il faut lutter contre ces trusts capitalistes, contre ces cartels qui opposent à nos coopératives une organisation de plus en plus puissante. Nous pensons que c'est par l'alliance avec toutes les formes de l'organisation ouvrière, que c'est avec les syndicats ouvriers de toutes tendances, que l'on pourra le mieux lutter contre le danger qui pèse sur la consommation générale.

Voilà les questions que je voulais développer, mais sur lesquelles je suis obligé d'écourter mes explications.

Il y en a d'autres, sur lesquelles le rapport du Conseil Central est resté muet : la stabilisation qui est à la veille de se faire en France, par exemple ; la rationalisation capitaliste, qui crée le chômage et entraîne la sous-consommation, cette rationalisation capitaliste qui se développe depuis un an ou un an et demi.

Je regrette d'être obligé de m'arrêter et que, dans un congrès comme celui-ci, on ne puisse pas s'expliquer.

Poisson. — L'orateur a parlé pendant 13 minutes, il n'a donc pas à se plaindre.

Le Président. — La parole est à Faure, de Firminy.

Exposé de FAURE

Camarades, dans ma longue vie de militant coopérateur, c'est la première fois que j'assiste à un congrès national. Eh bien ! je suis obligé de reconnaître que le Congrès des Coopératives ressemble à des pilules amères que l'on dore, pour les faire avaler au malade..

Camarades, vous tous qui êtes ici présents, qui venez des quatre coins de la France, mandatés par vos organisations coopératives, est-ce que réellement vous êtes venus pour assister simplement à des promenades, à des réceptions et à des banquets ?

J'entends bien qu'à côté du travail ardu, il faut qu'il y ait quelques petites satisfactions ; mais tout de même, quand on restreint dans un Congrès aussi important que celui de la Fédération Nationale des Coopératives de consommation, le temps des discussions sérieuses, au point de ne donner que 10 minutes à chaque orateur, nous avons le droit de nous étonner, alors que plus que jamais les Sociétés Coopératives sont en lutte et sont attaquées de toutes parts. Nous sommes coincés, on crée en face de nous des économats, et ce sera demain la disparition de nos coopératives ouvrières, où tant de camarades ont lutté, où tant de camarades se sont dépensés.

Camarades, c'est surtout de ces questions qu'on devrait s'entretenir, dans un congrès comme celui-ci qui réunit des délégués de tous les coins de la France. Parce que, il faut le dire, la coopération est aussi une lutte de classe : il y a ceux qui cherchent à vivre au détriment des ouvriers de la mine et de l'usine ; et il y a les autres, ceux qui sont rançonnés par le commerce.

C'est dans nos congrès que nous devons prendre les mesures nécessaires, c'est là qu'une fois chaque année nous devons exposer notre point de vue.

On a parlé de propagande. Nous qui avons visité les coopératives des campagnes, comme celles de la Haute-Loire, nous sommes obligés de constater que certaines des circulaires ou de ces journaux envoyés pour la propagande, n'arrivaient pas à leur destination, parce que les conseils d'administration de ces coopératives, n'étant composés que d'ouvriers agricoles ou d'industrie, ne pouvaient pas en assurer la distribution ; c'était généralement le gérant du magasin qui recevait tout cela et qui le mettait dans un coin.

Camarades, si je dis ceci, c'est parce que je suis secrétaire de l'Entente des Coopératives de Firminy et des environs, qui a toute une campagne à côté d'elle, et je sais comment les choses se passent. Il y a du travail à faire, dans les campagnes, où l'œuvre coopérative est aussi nécessaire que dans les villes.

Il faudrait étendre la propagande orale et restreindre cette propagande écrite qui coûte si cher et qui n'atteint pas les milieux que nous devons toucher.

Je prétends que nous ne sommes pas assez organisés. Il faudrait une organisation régionale de délégués permanents.

Bien entendu, on dira : il manque des fonds.

On me l'a dit dans ma Fédération régionale. Mais je répondrai, comme j'ai répondu déjà : les coopératives de France, qui font plus d'un milliard de chiffre d'affaires, peuvent trouver l'argent nécessaire pour payer des permanents, quand nous voyons à côté de nous ces mercantis qui lancent des millions d'affiches placardées sur tous les murs.

Je sais que, dans le mouvement coopératif, il y a certains tempéraments qui ne sont pas comme dans les organisations ouvrières, où il existe une sélection de classe. Il y a de toutes les catégories, dans les coopératives. Mais nous qui apportons ici des critiques, nous aimons le mouvement coopératif peut-être plus que ceux qui nous combattent, parce que nous voulons le replacer dans son milieu.

Camarades, je terminerai, en ce qui concerne la propagande, en vous mettant en garde, et je vous dirai ceci : la propagande ne sera bien faite que lorsque nous aurons constitué, au sein de nos fédérations régionales, des postes permanents, et que ces camarades auront le temps et la possibilité de parcourir les campagnes et de faire la liaison entre les coopérateurs agricoles, qui ne font en réalité que la coopération sous le nom de syndicats, pour faire disparaître ce nom de syndicats, et les coopératives de consommation.

Tout à l'heure, on faisait allusion à la nouvelle loi dont un projet a été présenté. Au premier abord, nous avions rejeté purement et simplement cette loi. La raison en était que la loi nouvelle n'abrogerait aucune des lois précédentes ; mais cela était une question d'à-côté, parce qu'il faut que les coopératives aient un statut.

Une chose qui nous choque surtout, c'est le rôle du reviseur, dans cette loi. On a beau nous dire que le reviseur sera notre homme, qu'il sera désigné par la Fédération. Pour moi, le reviseur est un homme qui sera là pour organiser le mouchardage officiel, au sein des coopératives.

Camarades, vous pouvez penser autrement que moi : vous avez peut-être raison. Mais peut-être que dans dix ans, ou dans deux ans, vous aurez changé d'avis.

Ce qui me fait dire cela, c'est que, dans la loi, il y aura de grandes difficultés pour les sociétés qui voudront modifier leurs statuts ou augmenter leur capital.

Ce que je trouve extraordinaire, c'est que, sur simple appel du reviseur, on pourra réunir une assemblée générale et transformer la société.

Il y a là un doute que nous ne pouvons pas éclaircir.

Je terminerai en demandant au bureau si, après que tous les camarades auront parlé, les délégués de province ne pourront pas poser des questions.

Poisson. — Posez-les tout de suite.

Faure. — Après le rapport moral.

Poisson. — Non, posez vos questions et il y sera répondu.

Faure. — On empêche toute discussion.

Poisson. — Pas du tout. Vous dites que vous avez des questions à poser ; je vous demande de les poser.

Faure. — Il arrive que dans la discussion il surgisse des questions nouvelles. Le Congrès est là pour discuter.

Le Président. — La parole est à Parisé.

Exposé de PARISÉ

Parisé. — Etant donné le temps de parole très court qui est accordé à chaque orateur, Boyet étant inscrit, je demande qu'il prenne le temps qui m'était réservé.

Poisson. — Non, parlez chacun 10 minutes Il serait trop commode de transgresser la règle qui a été acceptée par tout le monde.
Parisé, par quelle société êtes-vous mandaté ?

Boyet. — Parizé, vous n'avez pas à répondre à cette question. Vous avez donné votre mandat, vous n'avez pas à ajouter d'autres renseignements.

Poisson. — Ce n'est pas un incident que j'ai voulu créer ; je demande simplement à Parizé par quelle société il est mandaté.

Un Délégué. — Il n'en sait rien !

Un autre Délégué. — Par *La Famille de la Plaine-Saint-Denis*.

Poisson. — La *Famille de la Plaine* a la parole ; mais son délégué ne savait pas quelle société il représente !

Parisé. — Il est facile de faire de l'ironie ; mais comme on fait de l'obstruction en ce qui concerne le temps de parole, je ferai remarquer que membre du Conseil d'administration de l'*U. C. B. N.*, je peux m'en prévaloir, alors que c'est une importante société qui n'est pas représentée au Congrès national...

Poisson. — Pour une bien bonne raison : elle ne paye pas de cotisation.

Parisé. — Camarades, je voulais intervenir sur un point bien précis du rapport du Conseil Central : le projet de loi.

Des observations ont déjà été apportées à cette tribune par des camarades.

En ce qui concerne le point de vue que je défendrai, qui est celui de l'Union des Cercles de Coopérateurs, je dois déclarer tout de suite que nous ne sommes pas des adversaires de principe de ce projet de loi ; nous concevons bien qu'une refonte de la législation coopérative est nécessaire, afin que des organisations qui n'ont rien de coopératif ne puissent plus se parer du nom de « coopératives ».

Mais il y a tout de même dans ce projet certaines dispositions contre lesquelles nous avons mené campagne tout de suite, dès que le projet Brunet a été déposé sur le Bureau de la Chambre, et je pense que le Bureau de la Fédération Nationale ne contestera pas que c'est après notre intervention vigoureuse qu'il y a eu un mouvement de retraite, sur certaines dispositions du projet de loi Brunet primitivement approuvées par le Conseil Central. On a fait tout à l'heure l'éloge d'un de ses auteurs, Henri Ponard. Il est évident qu'il a participé à cette préparation et qu'il a signé le projet de loi. Mais le projet Brunet a été modifié et nous sommes en droit de dire que ces modifications ont été apportées après les protestations qui se sont fait jour au sein du mouvement coopératif.

Poisson. — Heureusement, les dates sont là !

Parisé. — On devra reconnaître que l'action de la minorité n'a pas été tout à fait inutile.

Un Délégué. — Tant mieux ! Pour une fois !...

Parisé. — Nous nous élevons contre cette disposition qui consiste à organiser un referendum pour les grandes sociétés. Je le rappelais l'autre jour au Congrès de Seine-et-Oise, il est évident qu'on regrette actuellement le manque de contact des organismes coopératifs avec la masse des coopérateurs ; on constate qu'il est très difficile de réunir les coopérateurs eux-mêmes, pour faire de la propagande.

Si l'on adopte cette ligne de moindre résistance qui consiste à faire voter par correspondance, nous disons que c'est encore éloigner les coopérateurs de leur société, et nous pensons qu'il vaut mieux conserver la méthode qui consiste à réunir les sociétaires des grandes sociétés dans leur comité de section, pour leur faire la propagande et élargir le champ d'action de la coopérative.

En ce qui concerne le reviseur, nous sommes les adversaires d'un reviseur qui serait pour nous, comme le disait tout à l'heure un camarade, l'agent de l'Etat, qui serait un représentant des pouvoirs officiels au sein de la coopération.

Nous pensons que nous avons surtout à créer, dans les cadres de l'organisation coopérative actuelle, des instructeurs, des hommes qui soient de chez nous, de notre organisation, mais qui n'ont pas besoin d'être investis d'un pouvoir officiel.

Je me place ici au point de vue des pouvoirs qu'on veut donner aux reviseurs et des sanctions qu'on entend mettre à leur disposition. Est-ce que les sanctions ne se font pas sentir naturellement au sein même du mouvement coopératif ? Est-ce que le reviseur fera apporter ces capitaux...

Un Délégué. — Les sanctions naturelles viennent, en effet, mais la société en meurt.

Parisé. — Nous sommes d'accord qu'il y ait des instructeurs, désignés par l'organisme coopératif ; mais nous pensons qu'il n'est pas besoin qu'ils soient investis d'un pouvoir officiel, et je dis que les sanctions peuvent aussi bien jouer sans cela.

Tout à l'heure, on parlait d'une politique financière pour les coopératives. Est-ce que lorsqu'une société est en difficulté et recourt à l'organisation bancaire des coopératives, ce n'est pas une sanction qui intervient ? Si la société n'a pas accepté les conseils de l'instructeur ou n'est pas d'accord avec les règles indiquées par le reviseur, est-ce que l'organisme bancaire ne prend pas la sanction par l'octroi ou le refus des crédits nécessaires ?

Un Délégué. — Ce n'est pas une solution !

Parisé. — Et quelle solution va apporter le reviseur officiel ? Obtiendra-t-il de M. Poincaré les fonds nécessaires pour faire marcher la société ?

Poisson. — Et les sociétés non adhérentes ?

Parisé. — Elles ne nous intéressent pas !

Poisson. — Eh bien ! ce sont les seules pour lesquelles l'Etat intervient. Il est entendu que, pour les sociétés adhérentes, c'est elles-mêmes qui choisissent leur reviseur. Alors, nous sommes d'accord !

Parisé. — J'ai dit et je répète que le reviseur officiel n'apportera pas de remède aux mauvaises situations, et que nous ne devons pas donner de prérogatives de ce genre à un agent de l'Etat, car l'Etat ne nous apporte aucune aide pour nos coopératives, ne nous accorde aucun privilège, ni du point de vue financier, ni du point de vue fiscal, ni du point de vue transports ; il ne nous réserve le monopole de la distribution d'aucune denrée. Par conséquent, n'ayant aucun avantage de l'Etat, nous n'avons pas à avoir de recours à ses bons offices pour brider le mouvement coopératif qui, jusqu'à présent, a été majeur et s'est conduit tout seul.

Camarades, j'en ai terminé, je pense que des pouvoirs trop étendus sont prévus pour le reviseur, en ce qui concerne la convocation des assemblées générales, et comme Boyet interviendra à ce sujet, je lui laisse le soin de s'expliquer sur cette partie du projet.

Le Président. — La parole est à Berland.

Exposé de BERLAND

Camarades, je suis chargé par la Fédération Centre-Océan de présenter au Congrès une observation et une proposition.

L'observation a trait à la partie du rapport dans laquelle le Conseil Central nous parle du mouvement des sociétés.

Un des camarades qui m'ont précédé à cette tribune a eu l'occasion de dire, à propos de cette partie du rapport, qu'elle donnait l'impression qu'il y avait une régression dans le mouvement coopératif.

Il est certain qu'à ne s'en tenir qu'aux renseignements que donne le Conseil Central à la page 9 du rapport, on ne peut pas avoir une impression différente.

Que dit, en effet, le rapport ? Il indique que le nombre des sociétés a diminué pendant l'année 1927. Il est évident qu'il en sera toujours ainsi et que le nombre des sociétés ne fera que diminuer.

Nous demandons, au nom de la Fédération Centre-Océan, que le tableau qui sera donné comporte désormais le nombre des sociétés, ce qui est naturel, mais aussi, autant que possible, le nombre des boutiques ouvertes.

Ce qui est important, ce n'est pas le nombre des sociétés. Je ne prendrai qu'un exemple, celui de l'*Union Lorraine*, qui a ouvert je ne sais combien de succursales, en tout cas plusieurs centaines, et qui ne figure que pour une unité dans ce tableau. Le nombre des sociétés ne donne pas du tout la physionomie du mouvement coopératif ; nous demandons qu'on indique aussi le nombre des boutiques ouvertes.

Nous demandons également, et c'est là une chose possible, que soit indiqué le chiffre d'affaires de chaque fédération, ou, si l'on veut, le chiffre des cotisations payées par chaque Fédération. Nous n'aurons plus ensuite qu'à faire une opération très simple pour avoir le chiffre d'affaires.

CAMIN. — Ce que demande Berland est tout à fait possible, sous la réserve que les sociétés répondront aux demandes de renseignements que nous leur adresserons, et nous feront connaître le nombre de magasins qu'elles ouvrent. Sans cela, c'est tout à fait impossible.

A ce sujet, je peux dire qu'il y a encore 650 sociétés qui, malgré trois appels successifs, ne nous ont pas encore retourné la carte-lettre que la Fédération leur a envoyée.

Nous n'y mettons aucune mauvaise volonté, nous faisons l'effort maximum ; mais nous ne pouvons répondre que dans la mesure où les sociétés elles-mêmes nous auront répondu.

BERLAND. — Je suis d'accord avec Camin, et c'est pour cela que j'ai dit, en ce qui concerne le nombre des magasins, « si cela est possible ».

Mais il y a une chose qui est connue, c'est le chiffre de cotisation. Vous savez que le chiffre d'affaires des fédérations n'est compté qu'autant qu'elles ont payé la cotisation. Si elles n'ont pas payé, leur chiffre d'affaires n'entre pas en ligne de compte. Par conséquent, pour cette partie de mes observations, il n'y a pas de restriction.

POISSON. — C'est entendu.

BERLAND. — J'arrive maintenant à ma proposition. Dans le rapport du Conseil Central, à propos du renouvellement des membres du Conseil, la Fédération vous propose la modification de l'article 9 des statuts.

Je vous rappelle que, en vertu de cet article 9, les Fédérations doivent désigner un délégué au Conseil Central, — c'est un délégué de droit — jusqu'à 50 millions, et ensuite un délégué par 50 millions d'affaires.

Lorsque le Congrès a accepté cette rédaction, le chiffre d'affaires des coopératives n'était pas très élevé ; mais il s'enfle tous les jours, chaque année nous constatons un accroissement considérable et il est de fait que, si nous conservions cette rédaction, nous aurions au Conseil Central et, par répercussion, au Conseil d'administration de la Banque et au Conseil d'administration du Magasin de Gros, un nombre de camarades beaucoup trop considérable.

Nous sommes par conséquent d'avis qu'on fasse une rectification.

Mais le Conseil d'administration vous propose de prendre la décision à ce Congrès et de lui donner un effet rétroactif pour partie, en ce qui concerne la désignation de délégués supplémentaires aux Fédérations qui peuvent y avoir droit, et le *statu quo* en ce qui concerne la représentation actuelle des autres Fédérations.

La Fédération Centre-Océan vous demande d'accepter, non pas le texte proposé par le Conseil Central, mais un texte différent que nous ne proposons pas d'ailleurs *ne varietur*.

Elle vous demande aussi de décider que cette application des statuts se fera après la décision, c'est-à-dire après le Congrès de Grenoble.

Il y a, paraît-il, deux Fédérations qui ont droit à un délégué supplémentaire. Nous vous demandons de donner satisfaction à ces deux Fédérations, et ensuite d'appliquer le texte.

Voici le texte que nous proposons :

1° Des délégués présentés par chacun des Fédérations Régionales à raison d'un délégué pour les Fédérations dont le chiffre est inférieur à cinquante millions. Ensuite un délégué pour la tranche suivante de cinquante millions.

Nous vous demandons que ce ne soit qu'à partir de ce chiffre que nous ajoutions la tranche supplémentaire.

Au dessus de ce chiffre, les Fédérations désigneront un délégué par tranche complète de 100 millions jusqu'à 400 millions. Au delà de 400 millions, la tranche complète donnant droit à un délégué supplémentaire sera de 200 millions.

Nous vous demandons d'examiner cette question et de la renvoyer à la Commission des Résolutions.

Mais je demanderai que la Commission des Résolutions et les représentants du Conseil Central ou du Secrétariat à cette Commission examinent cette question avec le désir de nous donner satisfaction.

Le deuxième paragraphe de cet article 9 est rédigé ainsi qu'il suit :

2° D'un nombre de membres qui ne pourra dépasser la moitié de ceux de la première catégorie et désignés par le Congrès dans les conditions indiquées à l'article 15.

C'est-à-dire que chaque fois que les Fédérations, dans leur ensemble, ont droit à deux délégués, obligatoirement, avec la rédaction de l'art. 9, nous devons chercher, dans le Congrès, quel est celui d'entre nous qu'on peut élever à la dignité de national.

Vous savez pourquoi on avait introduit ce paragraphe ?

Lorsque nous avons décidé, dans nos congrès, que le Conseil Central serait le même que le Conseil d'administration du Magasin de Gros, il y avait un certain nombre de camarades qui étaient administrateurs du Magasin de Gros ou secrétaires de la Fédération, et qui, naturellement n'auraient pas été choisis par les Fédérations régionales qui voulaient avoir un délégué direct.

C'est pour cela qu'on avait décidé la création de ces membres nationaux. On a introduit en même temps notre camarade Charles Gide, et on a introduit aussi notre camarade Ponard, avec un certain nombre d'autres.

Mais chaque fois que le nombre des membres du Conseil Central a été augmenté, nous avons cherché dans le Congrès un membre national.

Nous vous proposons une modification tout à fait légère. Ce serait de dire non pas que cette deuxième catégorie serait composée d'un nombre de membres égal à la moitié, mais d'un nombre de membres qui ne pourrait dépasser la moitié. De sorte que nous ne serions pas obligés notre camarade Ponard étant décédé, de chercher un membre natonal pour le remplacer.

Je vous demande, lorsqu'il n'y a pas, dans le Congrès, quelqu'un qui apparaît comme un militant sur le plan national, que nous remettions à plus tard la désignation d'un membre national.

Je ne veux pas m'étendre davantage. Je vous demande de charger la Commission des Résolutions d'examiner cette proposition, avec l'intention de nous donner satisfaction, et non pas seulement avec le seul désir d'avoir quand même raison.

Le Président. — La parole est à Boyet.

Exposé de BOYET

Camarades, je vais me hâter de présenter quelques observations sur le projet de loi qui nous est soumis. Ne soyez pas étonnés que nous prenions encore la parole sur ce projet de loi. Nous considérons, en effet, qu'il est extrêmement important, et il est fâcheux qu'il ne puisse être discuté plus longuement, au sein de ce Congrès.

Quel est l'objet du projet de loi qui nous est soumis ? Si je me réfère à la partie du rapport du Conseil Central qui traite ce projet, je lis :

Le Conseil Supérieur a approuvé l'esprit dans lequel le texte avait été préparé. Son objet est de définir la coopération et d'établir au profit des coopératives un régime juridique aussi simple et aussi souple que possible. Les auteurs de la proposition Brunet ont très justement indiqué qu'une législation coopérative devait avant tout être libérale et autoriser toutes les pratiques compatibles avec le but de la coopération.

Camarades, les auteurs du projet de loi — je ne m'occupe pas du projet Brunet, je considère que le projet Brunet n'est pas né viable, c'est une sorte de monstre qui ne sera sans doute même pas présenté à la Commission de législation civile et je ne m'occupe que du projet qui nous est présenté par le Conseil supérieur de la Coopération — les auteurs de ce projet ont voulu, nous dit-on, établir, « au profit des coopératives, un régime aussi simple et aussi souple que possible. »

Eh bien ! camarades, vraiment, je vous demande, et je tiens à répéter ce que disait le camarade Ducamp tout à l'heure : est-ce que vous pouvez vous contenter du statut qui vous est offert aujourd'hui ?

Ce statut, nous l'attendons depuis longtemps. Si je ne m'abuse, nous avons eu un Congrès coopératif en 1923, rue Las Cazes, au Musée Social, où était représenté le Groupe Parlementaire de la Coopération, et là, on nous a promis de « donner bientôt à la Coopération son statut ».

Le projet qui nous est soumis ne constitue vraiment pas un statut coopératif qui puisse nous donner satisfaction ; il semble qu'il n'ait eu qu'un objet : créer un reviseur pour les sociétés coopératives.

Le Comité supérieur de la Coopération a, à mon avis, une excuse, d'avoir commis ce statut. Il n'en a qu'une, et je la trouve dans la déclaration qu'a faite tout à l'heure le représentant du Groupe parlementaire de la Coopération, M. Chabrun, qui disait : « Un jour, on est venu nous dire qu'il fallait le projet immédiatement et nous l'avons fait ; il a fallu le faire en deux heures »,

Camarades, un projet de cette importance méritait qu'on y consacrât quelques heures de plus.

Mes amis parisiens et moi ne sommes pas opposés au reviseur ; je dirais même, allant plus loin, que nous ne sommes pas opposés au reviseur officiel. Mais nous sommes les adversaires déterminés et nous serons toujours les adversaires déterminés d'un reviseur à qui vous donnerez des prérogatives et des pouvoirs absolument exorbitants.

Voulez-vous me permettre de vous lire quelques-unes des dispositions du nouveau projet de loi, quelques passages seulement, pour être bref, et en avoir fini à midi et demi.

Le Président. — Vous n'avez plus que cinq minutes. Hâtez-vous.

Boyet. — Je croyais que Poisson m'accordait jusqu'à midi et demi.

Poisson. — Je n'ai pas dit cela.

Boyet. — Voici ce que je lis :

L'organisation et la gestion de la coopérative doivent être soumises tous les ans à l'examen d'un reviseur non sociétaire.

Et dans un commentaire qu'on a rédigé, en face de chaque article, il est dit que :

Ce texte est emprunté à la loi allemande, d'où il est passé dans la plupart des législations coopératives récentes.

On veut probablement insinuer, en disant que ce texte a été emprunté à la législation allemande, que, dans la législation allemande et peut-être dans d'autres législations nationales, on trouve des reviseurs ayant les prérogatives du vôtre.

Certaines lois, il est vrai, ont institué le reviseur, et les coopératives s'en trouvent très bien ; mais dans aucune législation — ou alors je suis mal informé — dans aucune législation vous ne trouvez un reviseur ayant le pouvoir de convoquer une assemblée générale.

Poisson. — Mais, dans l'Union des Républiques Soviétiques notamment.

Boyet. — Si je me trompe, je demande à Poisson de me l'indiquer tout de suite, avec l'indication du pays où cela est inscrit dans la loi, et je reconnaîtrai très loyalement que je me suis trompé.

Poisson. — La Russie.

Boyet. — Ah ! pardon ! je n'avais pas fait cette réserve.

Poisson. — Sous la signature de Popoff, vous verrez qu'il y a des reviseurs en Russie, et que l'Assemblée générale ne peut pas être convoquée sans son assentiment.

Boyet. — Je pense que les trois minutes pendant lesquelles vient de parler Poisson seront défalquées des dix que vous m'avez généreusement accordées ? Cela me permettra d'aller jusqu'à midi et demi.

Camarades, vous parlez de la législation soviétique. N'oubliez pas qu'en Russie la Révolution est faite et qu'on peut tout de même avoir, sous un gouvernement prolétarien, une législation qui, pour développer la coopération, prenne des dispositions spéciales du genre de celle que vous signalez.

Poisson. — Il en est de même dans la loi allemande, qui prévoit que l'assemblée générale doit être convoquée avec l'assentiment du reviseur.

Cela fait deux.

Simonnet. — Si le reviseur n'a pas de pouvoirs, tant vaut le supprimer.

Boyet. — Je serais curieux de voir le texte de la loi allemande.

Brot. — Les sociétés alsaciennes sont encore sous le régime de la loi allemande ; je demande à notre camarade Riehl de nous dire si cette disposition est inscrite dans la loi.

Riehl. — Ce n'est pas dans la loi, c'est un usage.

Boyet. — Je m'étais renseigné et j'avais acquis la certitude que, dans aucune législation autre que la législation soviétique, il n'y avait de reviseur ayant le pouvoir de convoquer l'assemblée générale.

Simonnet. — C'est l'Union de Revision qui a ce pouvoir.

Boyet. — Camarades, je n'ai que 10 minutes et je ne peux parler ! Brot vient de faire appel à un camarade alsacien et ce camarade a répondu : « Ce n'est pas dans la loi, mais nous avons la possibilité de le faire... »

Poisson. — Non, il a dit : « C'est l'usage ».

Boyet. — En effet, il a dit : « C'est l'usage ».

Riehl. — Le président de l'Union de Revision et aussi le reviseur ont le droit de convoquer l'assemblée générale.

Boyet. — Vous allez arriver à lui faire dire que le reviseur a le droit de convoquer l'assemblée générale.

Simonnet. — C'est le Président.

Boyet. — A l'article 12, il est dit, dernier alinéa :

L'Assemblée générale peut en outre être convoquée par les administrateurs ou le reviseur

La conjonction « ou », ici, signifie que les administrateurs, *seuls*, ou le reviseur, *seul*, peuvent convoquer l'assemblée générale. Mais l'on ajoute :

Lorsque cette convocation est faite par les administrateurs, ils devront en aviser le reviseur.

On ne dit pas, en retour :

Lorsque le reviseur convoquera lui-même l'assemblée générale, il devra en prévenir les administrateurs.

En tout temps, le reviseur ou les administrateurs pourront donc convoquer une assemblée générale ; quand les administrateurs le feront, ils devront en aviser le reviseur ; mais le reviseur pourra convoquer l'assemblée générale sans aviser les administrateurs.

Poisson. — Mais si !

Boyet. — Et lorsque nous passons à l'article 13, on nous dit que les délibérations sont prises à la majorité des suffrages exprimés. Et dans les commentaires qui ont été rédigés on ajoute :

Les conditions dans lesquelles les assemblées doivent être tenues sont fixées d'une manière très large. Notamment, aucun quorum n'est plus exigé.

Aucun quorum n'étant plus exigé, le reviseur pouvant convoquer l'assemblée générale, est-ce que, dans une société de 10.000 membres, par exemple, quel que soit le nombre des sociétaires qui répondront à la convocation qui leur sera envoyée on pourra faire prendre des décisions valables, engageant les absents et les dissidents ?

Cela, à mon avis, ce n'est pas du libéralisme, comme le croit le commentateur du projet du Comité Central ; cela constitue au contraire du désordre et de l'anarchie.

C'était, pour les sociétés, une garantie, qu'il fallût un quorum que la loi de 1925 avait d'ailleurs fait descendre au 1/6ᵉ des sociétaires inscrits au moment de la convocation. Mais qu'il n'y ait plus de quorum du tout, cela dépasse notre entendement.

Et pourquoi voulez-vous que nous ayons une confiance absolue en le reviseur que vous instituez de si étrange façon et qui aura le droit de convoquer une assemblée générale dont les décisions, dès la première réunion, pourront être sans aucun quorum ? Jamais nous n'accepterons une telle disposition.

Il y avait, à mon avis, quelque chose de beaucoup plus simple et de bien meilleur à faire. On a critiqué la loi de 1867 ; elle a été faite il y a cinquante ans, à un moment où le nombre des sociétés était encore restreint, où leur importance était presque nulle ; depuis, on s'est aperçu que le législateur de 1867 a élaboré une loi qui a quelques qualités — car la loi de 1867 est bien faite, malgré ses lacunes et ses défauts et je ne crois pas être contredit par les juristes qui se trouvent dans cette assemblée...

Poisson. — Ils doivent être bourgeois.

Boyet. — Qu'importe ? La loi de 1867, d'autre part, a vu ses défauts, en partie, corrigés par les lois de 1893, 1913, 1917, 1920, 1925, etc. Les défauts les plus graves de cette loi étaient que la naissance des sociétés était entouré d'un tas de formalités qui étaient presque vexatoires, ennuyeuses en tout cas, et qui déterminaient quantité de cas de nullité, ce qui était extrêmement dangereux.

Mais je dis que l'on pouvait, que l'on devait, ramasser, chercher dans toutes les lois existantes les matériaux les meilleurs ; y ajouter ceux dont l'expérience nous avait démontré la nécessité et l'on aurait ainsi édifié une belle construction donnant à la coopération un statut de clarté, de simplicité et aussi de liberté. Camarades, allez-vous abandonner les dispositions libérales de notre législation actuelle ? Et je m'adresse particulièrement à ceux qui ont fait du droit, qui ont étudié le droit et qui, peut-être plus que les autres, savent au prix de quelles difficultés, de quels efforts, on a, au fur et à mesure des années, pu introduire dans la législation des sociétés des libertés nouvelles, quelques clartés nouvelles. Je vous demande, camarades, si vous allez abandonner ce qui a pu être acquis jusqu'à présent.

On a parlé de Ramadier, qui doit être ici. Je demande à Ramadier, qui va sans doute être demain à la Chambre — du point de vue juridique — le représentant le plus qualifié de la coopération française, je lui demande : Lorsqu'un juriste réactionnaire, ayant la jalousie de ce qui a été fait, s'adressera à vous, Ramadier, et vous dira : « Comment ! vous, avocat, vous, socialiste, vous acceptez qu'on introduise dans notre législation des sociétés, dans notre droit, des dispositions nouvelles restrictives des libertés déjà acquises ! » Je me demande ce que vous lui répondrez et avec quel cœur et quelle énergie vous pourrez défendre le texte du Conseil supérieur de la Coopération.

Camarades, ce texte, il n'est pas possible que nous l'acceptions.

Je me résume, m'excusant de faire un exposé décousu, parce que c'est trop court et je vous demande d'accepter nos propositions.

Notez bien que la résistance ne vient pas de la seule minorité ; elle vient d'un ensemble de Fédérations et de délégués que nous avons vus hier et qui, sans doute, vous diront, ici, quelles sont les résistances qui se font jour.

Faure, de Firminy, tout à l'heure, ne vous a-t-il pas dit qu'on avait refusé le principe du reviseur tel que vous l'entendez, tel que vous l'instituez et que ni à Firminy, ni à Roanne, on ne veut entendre parler de ces prérogatives exorbitantes que vous lui attribuez.

Camarades, nous vous demandons d'accepter notre proposition, et de renvoyer le projet de loi devant une commission qui ne sera pas la Commission des Résolutions, mais une commission spéciale, désignée par le Congrès.

Ainsi, vous montrerez votre souci d'unité.

Tout à l'heure, on disait qu'en instituant le reviseur, on placerait dans nos sociétés un mouchard, une sorte d'espion.

Je n'irai pas jusque là ; mais tout de même, permettez-moi de vous le dire, il semble qu'il y ait eu chez vous des préoccupations d'ordre subalterne.

Si vous n'acceptiez pas notre proposition, personnellement, je prendrais la responsabilité d'appeler, au lendemain du vote de la loi, mes amis, de leur faire toucher du doigt les dangers qu'elle présentera et je leur dirais : « Nous ne pouvons pas accepter cela ».

Et comme précisément l'un des premiers articles dispose que toute société qui n'adaptera pas ses statuts aux dispositions de votre loi ne pourra plus être qualifiée de coopérative, nous serons amenés à sortir de la Fédération des Coopératives françaises.

Ainsi, ayant voulu faire l'unification des forces coopératives, sous votre direction et par des moyens plus ou moins avoués, vous aurez, en réalité, brisé l'unité coopérative.

La séance est levée à midi 35.

RAPPORT DU CONSEIL CENTRAL

(Suite de la discussion)

La séance est ouverte à 14 h. 30, sous la présidence de A.-J. Cleuet, assisté de François Lefebvre, député du Nord, et de E. Buguet, de Paris.

Le Président. — Nous allons poursuivre la discussion du Rapport du Conseil Central. La parole est à Langlet.

Exposé de LANGLET

Notre camarade de Troyes, en faisant ce matin son exposé sur les sociétés d'achat et les économats, a bien simplifié ma tâche. Je veux, en effet, parler de ces sociétés, qui nous font, dans l'Anjou, un grave tort ; je citerai celle de la maison Bessonneau, celle des Postiers, celle des Chemins de fer. La Coopérative des Chemins de fer d'Angers est même sur le point de disparaître devant la concurrence de la nouvelle société d'achats de la Compagnie des chemins de fer, qui a des privilèges que la Coopérative ne peut avoir.

On ne demande plus, maintenant, dans ces sociétés d'achats, de faire les commandes à l'avance. La Compagnie des Chemins de fer fait venir chaque semaine à Angers et probablement dans d'autres centres trois wagons contenant l'un de l'épicerie, l'autre de la mercerie et de la lingerie, le troisième de la chaussure. Et dans toutes les gares environnantes, les employés de chemin de fer sont invités à visiter ces wagons et à acheter sur place ce dont ils ont besoin.

Ce fait, je l'ai déjà signalé à notre Fédération. J'ai écrit au camarade Camin ; j'ai demandé au Conseil juridique ce qu'il était possible de faire en la matière, pour que les sociétés d'achat ne puissent continuer à nous porter préjudice.

On m'a demandé de dire si les sociétés d'achat distribuaient leurs denrées dans l'intérieur des usines ou des manufactures. C'est bien le cas. Chez Bessonneau, dans les carrières de Trélazé, comme dans les chemins de fer, les denrées sont distribuées par des employés au service des administrations, aux ouvriers de l'usine.

Après avoir signalé le fait à notre Fédération, j'ai eu le regret de constater que rien n'a été fait.

Le cas a été soumis à notre Fédération de l'Ouest, et je vous demanderai d'adopter la proposition qui sera faite, pour engager notre Fédération Nationale à une action plus virile.

Il faut dénoncer ces sociétés d'achat, les faire rentrer dans le droit commun, faire qu'elles ne nous nuisent pas. Si elles ne peuvent pas disparaître, que tout au moins elles soient, comme nous, obligés de payer l'impôt sur le chiffre d'affaires.

En tous cas, je vous demanderai d'accepter la proposition que nous faisons, afin que, dans le courant de l'année, on puisse dénoncer au public ces sociétés d'achat et montrer à la classe ouvrière qu'elle ne doit pas se fournir dans ces organisations qui visent en réalité à la diminution des salaires.

Je dépose un projet de résolution dont je demande l'adoption.

Le Président. — La parole est à Richard.

Exposé de RICHARD

Camarades, plusieurs coopérateurs, ce matin, ont développé à cette tribune certains passages du rapport du Conseil Central, comme j'avais l'intention de le faire.

Je ne répéterai donc pas ce qu'ils ont dit.

Je demanderai seulement au Conseil Central ce qu'il a l'intention de faire, en présence de l'attitude prise par la Chambre des députés, en ce qui concerne la taxe à la production.

Vous savez tous, camarades délégués, que nous avions mené une campagne en vue de la suppression de l'impôt sur le chiffre d'affaires et de son remplacement par une taxe à la production.

Nous estimions que la taxe à la production était plus équitable, car dans nos sociétés coopératives aucune dissimulation ne peut être faite, tandis que le commerce bénéficie de certains avantages qu'il ne nous est pas permis d'obtenir.

Nous sommes, de ce fait, handicapés, et il est certain qu'une lutte acharnée est menée contre les coopératives, à leur détriment.

Je pense que le Conseil Central ne se tiendra pas pour battu et qu'il reprendra, dès qu'il le pourra, la lutte momentanément suspendue.

Je voudrais demander aussi au Congrès de charger le Conseil Central et la Fédération de réclamer l'augmentation du fonds de dotation institué par la loi du 7 mai 1917.

Vous savez tous, Camarades, que ce fonds n'est pas suffisant. Les besoins se font de plus en plus sentir dans les coopératives et il faudrait tout au moins que les quelques prêts obtenus soient mis à la disposition des sociétés le plus rapidement possible.

J'espère que sur ce point également le nécessaire sera fait.

On a parlé de propagande. Nous nous sommes émus, nous aussi, de voir que la propagande n'était pas suffisante.

En ce qui concerne la Fédération régionale, nous faisons, chez nous, de la propagande. Pour éviter des frais, nous nous faisons quelquefois aider par des camarades soit de la Fédération Lyonnaise, en particulier notre camarade Wilks, de Lyon, et notre camarade Chiousse, de Grenoble.

Les quelques renseignements qu'ils nous ont donnés nous ont été fort utiles pour *l'Union des Travailleurs,* qui possède 32 magasins, qui a fait cette année près de 47 millions de chiffre d'affaires et qui a recueilli cette année plus de 1.500 nouvelles adhésions.

Ce que nous voudrions et ce que nous avions proposé c'est que les Fédérations régionales n'aient pas de frontières ou tout au moins pas de limites rigoureuses. On se croit presque offensé lorsqu'on va puiser des renseignements dans une Fédération voisine.

Nous espérons que ces propositions seront notées par le Conseil Central et insérées dans le journal *Le Coopérateur.*

Nous estimons que cette propagande peut donner de bons résultats, parce que nous pensons que ce qui est fait dans une Fédération doit être connu dans les autres, afin que celles-ci puissent en faire leur profit.

On nous a souvent dit : La Fédération est une maison de verre ; on pourrait dire de verre dépoli, parce qu'il faut venir au Congrès pour savoir ce qui s'y passe.

C'est ainsi que nous avons pu constater que les procès-verbaux du Conseil Central qui, jusqu'à présent, avaient été mentionnés dans *Le Coopérateur*, n'y figuraient plus.

Camarades, il faut bien le reconnaître, nous sommes quelquefois surpris par des décisions qui ont été prises, et malheureusement nous les connaissons trop pard pour pouvoir les empêcher ou y porter remède.

Nous demandons aussi que ces procès-verbaux, tout au moins résumés, figurent dans le journal coopératif.

Nous sommes d'accord avec nos camarades de Limoges, en ce qui concerne les nominations de membres du Conseil Central, et nous avions fait la proposition suivante :

Modification à l'article 9 :

« ...Au-dessus de ce chiffre, un délégué par tranche complète de 150. millions de francs, avec minimum de deux délégués par Fédération.

« Ensuite un délégué supplémentaire par tranche de 100 millions. »

Comme l'a si bien développé le camarade de Limoges, il est certain qu'il y a quelque chose à faire.

Au Congrès fédéral de Roanne, Camin nous avait donné satisfaction ou tout au moins nous avait promis de nous donner satisfaction.

Canfin nous a dit que si on restait avec les 37 délégués, au fur et à mesure que les délégués de fédération seraient désignés ou arriveraient à expiration de mandat, leur mandat ne serait renouvelé qu'à la condition qu'ils aient une tranche complémentaire de 100 millions.

Nous nous étions rangés à cet avis.

Mais aujourd'hui, nous nous rallions à la proposition faite par le camarade de Limoges.

Je veux aussi attirer l'attention du Congrès et en particulier celle des membres du Conseil Central, sur la loi du 30 décembre 1903.

Vous savez, Camarades, que cette loi considère comme coopératives ouvrières les sociétés qui sont composées strictement d'ouvriers ou artisans, et nous nous sommes vus refuser les avantages de cette loi, sous le fallacieux prétexte que nous avions parmi nos sociétaires des cantonniers et des employés de banque.

Je vous demande si réellement il n'y a pas quelque chose à faire et s'il n'est pas possible au Conseil Central d'essayer de demander la modification de cette loi.

Je voudrais aussi dire un mot des impôts. Nombreux sont les administrateurs ici présents qui ont dû recevoir leurs feuilles de patentes.

Nous demandons au Conseil Central d'envisager la possibilité d'étendre aux coopératives l'application de la loi du 19 mars 1928, dont l'article 19 dit :

« Sont doublés, à partir du 1er janvier 1928, les chiffres limites de « valeur locative prévus au tableau D, annexé à la loi du 19 avril 1905, « pour application, aux professions libérales, du droit proportionnel de « patente d'après le taux du douzième au lieu du taux du quinzième. »

Nous demandons donc que le nécessaire soit fait d'urgence pour que cet article soit élargi et qu'on puisse. ce qui est tout à fait logique, en faire bénéficier les coopératives qui sont d'intérêt général en doublant également les bases de valeur locative pour : le quinzième de 1 à 50.000, au lieu de 1 à 25.000 ; le douzième de 50.001 à 100.000, au lieu de 25.001 à 50.000 ; le dixième de 100.001 à 150.000, au lieu de 50.001 à 75.000 ; etc...

En ce qui concerne les reviseurs, nous nous sommes ralliés au propositions de l'Union du Forez et du Bourbonnais, à la seule condition que les reviseurs soient pris dans la Fédération et que les sociétés qui en auraient besoin puissent choisir un reviseur de leur région.

Nous estimons qu'il n'est pas admissible que l'on introduise dans les coopératives des personnes étrangères à la société.

Je crois que si nous nous mettions d'accord sur ce point, aucune objection ne pourrait être soulevée.

LE PRÉSIDENT. — La parole est à Leboursier.

Exposé de LEBOURSIER

L'objet de mon intervention ne sera pas de porter au sein de ce Congrès une note discordante. Je suis certain que les coopérateurs de toute tendance se rallieront à la proposition que nous allons faire et surtout aux explications que nous allons donner et qui ne sont pas incluses dans le rapport du Conseil Central.

Ce matin, notre camarade Faure a déjà signalé les difficultés créées aux sociétés coopératives par les groupements d'achat.

Notre camarade Langlet, tout à l'heure, le rappelait avec juste raison et indiquait qu'à ce sujet le rapport du Conseil Central est complètement muet.

Camarades, je suis quelque peu surpris et mes camarades de la minorité le sont également, de constater que l'on s'occupe plutôt, au sein du Conseil Central — et je le dis sans arrière pensée et sans aucune animosité — d'organiser, en fait de congrès, des excursions, des réceptions et des banquets, et de ne pas permettre aux membres de la minorité de s'expliquer d'une façon sérieuse sur les grands problèmes qui intéressent le monde coopératif.

CAMIN. — Merci !

LEBOURSIER. — Je n'ai pas besoin de remerciements. Il y a suffisamment longtemps que je suis dans les coopératives de consommation, pour savoir qu'il y a mieux à faire, dans les congrès coopératifs, que de limiter le temps de parole des délégués. J'estime que tous les camarades qui viennent ici — sans m'occuper de majorité ou de minorité — ont le droit d'exposer, au nom de la classe ouvrière, leur point de vue sur les grands problèmes économiques qui intéressent le monde du travail, et qu'il convient de les laisser parler plutôt que d'organiser des soirées récréatives, des banquets...

Camarades, vous pouvez m'interrompre ; je vous prie de croire que, toutes les minutes perdues pendant que vous faites du bruit, je les prendrai...

Je dis que les groupements d'achats, les groupements de commandes et les sociétés coopératives patronales présentent à l'heure actuelle un danger sérieux pour toutes les coopératives de consommation.

Nous aurions été heureux de voir, dans le rapport du Conseil Central, un passage indiquant les moyens de lutter efficacement contre les organisations patronales qui concurrencent d'une façon déloyale nos sociétés de consommation.

Hélas ! là-dessus, rien du tout.

Les groupements de commandes, camarades, deviennent, à l'heure actuelle, un danger sérieux, car dans toutes les industries quelles qu'elles soient, le patronat cherche, par tous les moyens, à donner aux ouvriers des usines les moyens de pouvoir obtenir, en diminuant les salaires, les denrées nécessaires à leur consommation.

Et cela se fait sans aucun contrôle de la part des ouvriers. Les patrons permettent bien aux ouvriers d'examiner les produits ; mais ils ne leur permettent pas d'exercer un contrôle financier sur les opérations résultant des achats effectués en commun.

Camarades, il y a là pour nous un danger sérieux. C'est tellement vrai que, dans beaucoup d'usines (je vais par exemple en citer une, l'usine d'Electro-Métallurgie de Dives), les ouvriers qui entrent dans l'usine ont, dès le jour même de leur entrée, la possibilité d'aller au restaurant coopératif, de se loger, de se vêtir sans payer, sans avoir même encore gagné un seul sou.

Et là, le gouvernement et le fisc n'interviennent pas.

Les bénéfices vont directement à la maison Schneider, propriétaire de ces usines, et les ouvriers n'ont pas la possibilité d'exercer leur contrôle sur les opérations financières.

Il y a également, dans le XVIII° arrondissement, à Paris, une maison qui a ses locaux dans la Compagnie des chemins de fer de l'Est ; un Monsieur, qui habite rue Doudeauville, livre aux employés du chemin de fer, sans aucun contrôle du fisc, sans aucun contrôle officiel, des marchandises de toutes sortes, et nous savons que ce monsieur réalise environ 3.000 fr. de recette par jour, sans aucune licence et sans aucune patente.

Camarades, ce sont là des faits que je vous signale entre mille, mais qui doivent attirer d'une façon sérieuse l'attention de tous les militants de la Coopération.

Naturellement, nous reprochons au Conseil Central de ne pas avoir examiné ce problème dans l'intérêt des consommateurs et dans l'intérêt de tous les coopérateurs.

Je voudrais aussi dire quelques mots en ce qui concerne la propagande.

Un camarade a signalé ce matin ce fait tout à fait juste qu'il n'y a, dans le rapport du Conseil Central, que six lignes consacrées à la propagande.

J'ai l'habitude, camarades, de lire les journaux corporatifs de la C. G. T. et du parti socialiste. Je les lis chaque jour avec attention. Nous n'y voyons jamais aucun article pour inviter les travailleurs socialistes ou confédérés à entrer dans les coopératives.

C'est encore un reproche que j'adresse au Conseil Central.

Un Délégué. — Il faut l'adresser aux syndicats.

Leboursier. — Camarades, il appartient au Conseil Central de la Fédération des Coopératives de Consommation de faire la propagande utile, en liaison avec le mouvement syndical. Il ne la fait pas.

Dans nos syndicats unitaires, à la C. G. T. U., dans tous nos journaux corporatifs, nous invitons les camarades à entrer résolument dans les coopératives de consommation. Nous leur montrons qu'il est de leur devoir, pour lutter d'une façon efficace contre les mercantis, contre tous ceux qui nous affament, d'entrer dans les coopératives de consommation.

Les résultats sont déjà sérieux. Car je me rappelle que l'année dernière, au Congrès de Nîmes, il y avait tout au plus une douzaine de délégués minoritaires, n'en déplaise à Poisson, nous sommes cette année cinquante à soixante. C'est un résultat appréciable. Il est dû à l'effort continu de notre propagande pour la Coopération, qui a fait que les camarades comprennent de plus en plus la nécessité d'entrer dans les coopératives de consommation.

Camarades, je ne veux pas allonger mon exposé. Nous nous rallions, nous, membres de la minorité, à la proposition du camarade Langlet, pour étudier en commun les moyens de lutter efficacement contre les coopératives patronales, contre les groupements d'achats et les groupement de commandes.

Et nous demandons aux congressistes ici présents d'essayer par tous les moyens — au-dessus des questions de personnes et des questions de tendances — de réaliser l'unité totale des coopérateurs, nationale et internationale, pour lutter d'une façon sérieuse contre les dangers qui menacent la classe ouvrière, et pour aider tous ceux qui luttent contre les mercantis.

Le Président. — La parole est à Létrillard.

Exposé de LÉTRILLARD

Camarades, ma société m'a chargé de prendre la parole au Congrès sur trois points différents.

Tout d'abord, sur la question de la propagande.

L'*Union Coopérative du Laonnois* exprime sa satisfaction, en ce qui concerne *Le Coopérateur de France* et l'Exposition de Grenoble.

Cependant, nous ne pouvons pas nous déclarer entièrement satisfaits.

Sans doute, nous avons lu dans le rapport du Conseil Central que la Fédération était intervenue différentes fois pour la défense du consommateur : au sujet du prix du vin, au sujet de la suppression des économats, au sujet des droits de douane, etc. ; nous avons vu que la Fédération avait fait connaître le programme économique de la Coopération ; nous avons vu également qu'elle avait défendu les consommateurs en différentes autres occasions.

Nous ne contestons pas cette activité, mais nous disons qu'elle n'a pas été exploitée, comme elle aurait dû l'être, pour la propagande en faveur des idées coopératives.

Nous croyons que la masse des consommateurs ignorent l'activité de la Fédération. Seuls, les militants du mouvement coopératif la connaissent.

Pourquoi cette ignorance ? Nous disons qu'elle résulte de l'insuffisance du service de propagande de la Fédération Nationale.

Des camarades l'ont dit avant moi : le rapport ne contient que six petites lignes sur la propagande !

Nous disons, nous, que la Fédération des Coopératives de Consommation doit prendre la défense des consommateurs en toutes circonstances, qu'il s'agisse de douanes, d'octroi, de transports, de politique fiscale, de répression des fraudes, de spéculation, de réforme des Halles centrales, etc. Partout, la Fédération doit être la première à intervenir et intervenir énergiquement.

Mais lorsqu'elle agit, nous voudrions qu'elle le fasse savoir à toutes les sociétés coopératives, à tous les coopérateurs, à tous les consommateurs.

Nous avons vu dernièrement, par exemple, la C. G. T. afficher son programme sur les murs.

Pourquoi ne pas afficher également le programme de la Fédération des Coopératives de Consommation ? S'il était affiché, il serait connu ; alors que peu de gens le connaissent.

En un mot, nous voudrions que la Fédération ne se contente pas d'agir ; nous voudrions aussi qu'elle dise ce qu'elle fait et qu'elle tire de son action un moyen de propagande en faveur de la Coopération.

Il faut que le consommateur sache qu'il est défendu par elle sur tous les terrains et en toute occasion.

Cela facilitera certainement la compréhension des idées coopératives par les consommateurs et leur recrutement dans les sociétés coopératives.

A un autre point de vue, nous disons que la Fédération Nationale a pour mission de décider et d'aider les sociétés à faire de la propagande. Nous voyons, par exemple, la Fédération des Chambres de Commerce, des Fédérations de Syndicats, des Unions d'intérêts plus ou moins économiques, qui font prendre, à certaines occasions, par toutes leurs sections, par toutes leurs chambres ou toutes leurs ramifications, un ordre du jour-type qui est inséré dans tous les journaux locaux ou régionaux. Pourquoi ne faisons-nous pas de même dans le mouvement coopératif ? Cela donnerait certainement des résultats de propagande.

La Fédération Nationale nous dit qu'elle va faire, en 1928, la Journée Internationale de la Coopération. Il ne suffit pas de le dire ; il faut aussi la faire célébrer par les sociétés ; il faut décider toutes les sociétés coopératives de France à fêter la Journée Internationale de la Coopération.

Et pour les décider, que faut-il ? Non seulement leur demander, mais aussi mettre à leur disposition les moyens d'organiser la Journée Internationale. Ce qui leur manque, ce sont les moyens : il faut donc les leur donner.

Il faut leur fournir des moyens analogues à ceux qui sont donnés aux sociétés, dans les mouvements coopératifs voisins : affiches, tracts, documents, objets de publicité appropriés. En s'adressant, par exemple, aux Presses Universitaires, je crois savoir qu'on obtiendrait de leur part un concours actif, pour réaliser cette idée-là.

Il en est de même pour le Mois de Recrutement. Il faudrait mettre à notre disposition les moyens de faire produire à ce mois de recrutement tous résultats qu'il doit donner.

Nous sommes convaincus, à l'*Union Coopérative du Laonnois*, que cette action porterait ces fruits.

Charles Gide disait dernièrement, parlant du matérialisme actuel du Coopératisme français : « Après la musique viennent les sapeurs ». C'est vrai, après la musique, viennent les sapeurs. Mais, pour que les troupes marchent en ordre, pour qu'elles défilent convenablement jusqu'au dernier troupier, pour qu'il n'y ait pas de traînards, il faut que la musique joue jusqu'à la fin du défilé. Pour que le mouvement coopératif ne puisse pas être, par les consommateurs, confondu avec le capitalisme, il faut que notre organe central moral continue à faire entendre, au-dessus du bruit de nos travaux, l'hymne coopératif, et que toutes les sociétés le chantent afin que tous les consommateurs l'entonnent avec nous.

Nous déposons, sur le Bureau du Congrès, la résolution suivante :

Le Congrès invite le Conseil Central à faire fonctionner sans retard le service de propagande et de publicité de la F. N. C. C. dont l'organisation a été décidée par le Congrès de Nîmes.

Il estime que ce service devrait, dès cette année, mettre à la disposition des sociétés :

1° des affiches spéciales pour la Journée Internationale (avec cadre passe-partout) ;

2° des tracts illustrés, dont le recto serait réservé à la propagande générale et le verso servirait à la publicité des sociétés ;

3° des affiches illustrées permettant d'annoncer une vente réclame ou une réunion de propagande, en laissant un cadre réservé à la publicité locale.

Le second point que je désire traiter est celui des rapports entre le Syndicalisme et la Coopération. Il y a identité de but principal entre le Syndicalisme et la Coopération : il s'agit de supprimer le profit du Capital. Il semble donc que les deux mouvements pourraient entretenir des rapports étroits.

Je ne parlerai que du mouvement syndicaliste des fonctionnaires, pour ne parler que de ce que je connais. La Fédération Nationale des Syndicats de Fonctionnaires groupe plus de 300.000 membres. Elle est en train de former une Confédération Générale des Consommateurs. Voici que qu'on pouvait lire, il y a quelques jours, dans *La Tribune de la Fédération des Fonctionnaires* :

Laurent rappelle que, dans une séance précédente, la C. E. a autorisé le Bureau Fédéral à poursuivre des négociations avec un certain nombre de groupements extérieurs à la Fédération en vue de constituer une Confédération des Consommateurs. Les pourparlers suivent leur cours. On prépare en ce moment un projet de statuts... La C. G. T. sera tenue au courant et consultée, s'il y a lieu, sur l'adhésion définitive de la Fédération.

Nous savons que Laurent, Secrétaire général de la F. N. S. F., est un coopérateur. Ce n'est pas une circonstance atténuante, au contraire !

Nous posons la question de savoir si la Fédération Nationale des Coopératives a des rapports avec ce groupement.

Poisson. — C'est moi qui en ai rédigé le programme.

Létrillard. — Nous demandons au Congrès d'inviter la Fédération Nationale des Coopératives de Consommation à exercer, auprès des organismes syndicalistes nationaux, l'action nécessaire pour obtenir de ces organismes qu'ils donnent à leurs groupements et à leurs adhérents des directives favorables à la Coopération de consommation.

Un Délégué. — Dix minutes !...

Le Président. — Nous sommes des sapeurs, qui suivons la musique !

Létrillard. — Je poserai simplement, pour finir, une question, me réservant de la développer dans des Congrès ultérieurs.

Nous demandons ceci : Le Mouvement Coopératif de Consommation ne pourrait-il pas songer à examiner, dans un Congrès National prochain, les moyens propres : 1°) à développer, entre sociétés coopératives les liens de solidarité agissante qui doivent les unir, ainsi que sont unis leurs adhérents ; et 2°) à combattre l'esprit d'égoïsme et de particularisme qui a tendance à s'emparer des grandes sociétés coopératives, aussi bien que des grosses sections de Sociétés de développement, tout comme il s'empare, le plus souvent, des individus qui se croient victorieux dans la lutte pour l'existence ?

Le Président. — La parole est à Jemelen.

Exposé de JEMELEN

Camarades, les événements qui se sont déroulés depuis quelques temps dans l'Alliance Coopérative Internationale mérite que toute l'opinion publique prolétarienne s'y intéresse. Selon toute apparence, l'aile droite est aujourd'hui résolue à consommer la rupture avec les sociétés coopératives soviétiques.

Il nous faut accorder une importance particulière à une attaque du secrétaire, M. May, qui, dans un article du numéro de décembre du *Bulletin International des Coopératives*, pose très ouvertement, au milieu d'insultes particulièrement violentes, la question du maintien des Coopératives Russes dans l'Alliance Internationale.

Les coopératives qui ont un sentiment prolétarien, comme celle d'Auron, à Bourges, qui m'a mandaté pour poser la question, se demandent si véritablement on irait jusqu'à l'exclusion des organisations soviétiques.

On invoque la question de la neutralité politique des coopératives. Il faut souligner que cette question de neutralité est la pierre de touche qui indique de quel côté on se place : du côté de la bourgeoisie ou du côté du prolétariat.

Les Russes ne peuvent se contenter de défendre leur point de vue chez eux et il est de leur droit — comme celui des majorités — de défendre leur point de vue, au sein de l'Alliance Internationale. L'usage de ce droit ne peut être contesté à personne ; mais nous sentons bien que l'aile qui travaille à la scission veut aggraver la question.

Au congrès de Bâle, en 1921, ce fut l'entrée du Centrosoyus dans l'Alliance Internationale Coopérative. Là, se fit jour une première manifestation d'hostilité. Il eut à subir, dès ce moment-là, une opposition soutenue, surtout de la part des coopératives allemandes, en la personne de leur chef, M. Kauffmann, et on est allé jusqu'à discréditer ceux qui soutenaient les coopératives soviétiques ; on a même dit qu'ils étaient vendus à Moscou.

Au congrès de Stockholm, au mois d'août dernier, s'est manifestée une attitude plus étrange encore. Ce fut le rejet de toutes les propositions russes. On repousse l'idée que l'Alliance peut être considérée comme une organisation de classe ouvrière ; on repousse les rapports avec les syndicats des deux internationales ; on refuse de prendre position sur l'affaire Sacco-Vanzetti ; la question de la langue russe comme langue du congrès est également repoussée ; on refuse de discuter la question de la paix. Jamais encore, à aucun congrès, les possibilités de discussion n'avaient été aussi réduites, et les délégués allemands ont déclaré qu'ils préféraient voir les délégués soviétiques au diable, plutôt qu'à un Congrès International coopératif. On retrouve, dans un article de Kassoc, les paroles suivantes :

« Les coopérateurs allemands sont, comme auparavant, d'avis que
« dès aujourd'hui les Russes n'appartiennent plus à l'Alliance Inter-
« nationale Coopérative. »

Puis, Holberg, un calomniateur de la Russie, écrivait, au lendemain du Congrès de Stockholm :

« Dans presque toutes les questions, les Russes ont fait de l'opposition.
« Ces dernières années, ils ont manœuvré dans une ambiance assez
« malheureuse, parce qu'ils ont constamment cherché à utiliser les
« coopératives comme instrument de propagande bolchevique.
« Il leur fut déclaré clairement à Stockholm qu'il fallait mettre fin
« à ce travail souterrain et que l'Alliance ne tolérerait pas davantage
« la politique communiste d'usage. »

Puis c'est le chef des coopératives suédoises, Cerner, qui écrivait, dans un journal bourgeois du 13 août 1927 :

« Si les Russes veulent continuer à être membres de l'Alliance Inter-
« nationale, ils doivent pratiquer la méthode, qui semble bien difficile,
« de respecter le point de vue sincère des autres. »

Et dans le même journal du 19 août suivant, on trouve :

« L'intervention des Russes dans ce Congrès a une fois de plus
« montré, aux yeux du monde, l'inutilité des espoirs nourris en cer-
« tains endroits sur la collaboration possible avec les gens de la Troi-

« sième Internationale, dans le domaine qui ne touche pas à la poli-
« tique. »

Je vous signale ces quelques passages, parce qu'ils témoignent de la
volonté de scission de l'aile droite.

Après cela s'est déclenchée l'attaque générale, par un article de
M. May, secrétaire de l'A. C. I., il expose l'activité des représentants
soviétiques comme une gêne continuelle dans l'Alliance.

Pourquoi accuse-t-on les Russes d'agir contre les intérêts du mouvement coopératif ? Parce qu'ils ne sont pas disposés à rejeter leurs
convictions et qu'ils veulent les exprimer en toutes les occasions favorables.

Le secrétaire général parle alors de déclaration de guerre à la constitution de l'Alliance, dont les principes d'honneur, de loyauté et de
responsabilité sont foulés aux pieds. La seule reconnaissance des coopératives soviétiques au Congrès de Bâle est aux yeux de May une complaisance exagérée à laquelle les Russes ne répondirent que par de
l'ingratitude.

Et il conclut en ces termes :

Selon nous, le moment est venu pour l'Alliance et pour ses organes, de se
placer, à l'égard des coopératives soviétiques ou russes, à un point de vue
strictement objectif. Il faut mettre fin au compromis avec des éléments irréductibles et leur rendre justice précisément comme le prescrivent les statuts. Si à
l'avenir le travail coopératif doit être vraiment encouragé, il faut dorénavant
éviter les débats inutiles et les préférences de certaines nations.

On se demande, et il faut se poser la question, dans quel esprit les
Russes sont entrés dans l'Alliance. Les Russes sont entrés dans l'Alliance
avec leur esprit de classe, avec leur idéologie, avec leur esprit prolétarien.

Et on se demande, dans les coopératives prolétariennes, pourquoi
on cherche à aller jusqu'à l'exclusion des coopératives soviétiques de
l'Alliance.

Dans toutes les organisations, il existe une gauche et une droite.
On doit respecter toutes les tendances et chacun doit pouvoir s'exprimer
librement. C'est ce que nous demandons.

Je dois dire que nous ne sommes pas les seuls, nous, minoritaires,
à soutenir la question de l'unité au sein de l'Alliance Internationale.
Notre camarade Camin, au Congrès d'Orléans, s'est formellement déclaré
d'accord avec notre résolution et a juré que le mouvement coopératif
français s'opposerait à toute exclusion des coopératives soviétiques.

Notre camarade Poisson également, à l'exécutif de Brême, a protesté
contre le contenu de cet article et a suggéré d'écarter les polémiques de
presse du Bulletin, et en tout cas d'arrêter celle relative à la coopération soviétique.

Notre camarade Poisson disait également à Nîmes :

Au sein de l'Alliance, la Coopération française ne veut pas de frères mineurs
et s'élèvera contre les menaces de scission dirigées contre la Coopération
soviétique.

Eh bien ! nous demandons que la Section française de l'Alliance
Internationale fasse tous ses efforts pour éviter que la scission se
consomme dans l'Alliance Internationale Coopérative.

Nous voudrions voir, dans cette Alliance, tous les groupements nationaux, et nous voudrions surtout voir que nos camarades de Russie
puissent s'exprimer aussi librement que n'importe quelle section
nationale.

Commission de Vérification des Mandats

Le Président. — Nous allons interrompre un instant la discussion du Rapport Moral, pour donner la parole à Simonnet, rapporteur de la Commission de vérification des mandats.

Simonnet. — La Commission de Vérification des mandats que vous avez désignée ce matin s'est réunie avant l'ouverture de la présente séance. Elle a constaté que 567 sociétés étaient représentées au Quinzième Congrès National, par 640 délégués, disposant de 8.094 mandats.

Aucune contestation n'ayant été formulée, la Commission déclare ces mandats valables.

Le Président. — Je mets aux voix l'adoption du rapport de Simonnet.
Il est adopté.
La parole est à Sarraude, pour la suite de la discussion.

Exposé de SARRAUDE

Camarades, j'ai constaté, comme beaucoup d'autres, que certaines coopératives ne se développaient pas et que quelques-unes, même, disparaissaient.

A cela, on a proposé deux remèdes ; le premier, dont on a déjà parlé, est la propagande orale ; le second est la fusion.

Je ne suis pas pour la fusion et je ne suis pas non plus pour la propagande orale.

Autant je suis pour l'éducation des consommateurs, afin d'en faire des coopérateurs, autant je suis sceptique quant aux résultats de la propagande orale pour amener les coopératives à recruter des sociétaires nouveaux.

A mon avis, la disparition de certaines sociétés ou les résultats négatifs qu'obtiennent certaines autres, sont dus :

1° A un manque d'organisation ;

2° A un manque de contrôle ;

3° A un manque de liaison entre les sociétés coopératives et les organismes centraux.

Par conséquent, le remède, c'est :

1° L'organisation rationnelle des coopératives de répartition ;

2° Le contrôle de ces coopératives ;

3° Des relations suivies et directes entre les sociétés et les organismes centraux.

Je n'ai pas besoin d'entrer dans de longs développements à ce sujet. Je constaterai seulement que le rapport du Conseil Central au Congrès de Lille, il y a deux ans, consacrait huit à dix lignes à l'Office technique ; que l'année dernière, nous n'avons plus trouvé que trois lignes, au Congrès de Nîmes sur ce sujet et que, cette année, il n'en est plus du tout question.

Or, il me semble qu'à la base des organisations coopératives est la technique de la vente, de l'organisation de la répartition.

Je demanderai donc que l'Office technique soit rétabli. Et, comme on a unifié la comptabilité pour les sociétés coopératives, on pourrait essayer d'arriver à une méthode rationnelle de vente pour les sociétés coopératives, à une certaine unité dans la technique des installations.

Il semble que, pour cela, le Conseil Central pourrait réunir une documentation complète, suffisante, en s'adressant à toutes les sociétés qui sont aujourd'hui organisées au point de vue commercial, afin que

- 55 -

lorsqu'une société se crée ou se développe, elle puisse trouver, auprès des organismes centraux, tous les renseignements désirables.

A l'heure actuelle, il faut s'adresser aux sociétés voisines, faire des voyages d'études qui coûtent très cher, ou s'adresser même à des industries privées, pour avoir des renseignements.

Le deuxième mal dont nous souffrons, ai-je dit, c'est le manque de contrôle de nos sociétés.

On a beaucoup discuté ce matin la question du reviseur. A mon avis, en attendant que la loi soit votée, ce qui demandera probablement pas mal de temps, il suffirait d'insérer un article dans les statuts de la Fédération Nationale, mettant les sociétés adhérentes de la Fédération dans l'obligation de subir le contrôle du reviseur désigné par la Fédération Nationale.

C'est une force énorme, devant l'assemblée générale, après la lecture du rapport moral et du rapport de la Commission de contrôle, quand on peut affirmer aux sociétaires réunis que nos comptes ont été revisés par un contrôleur que nous n'avons pas choisi et qui a été désigné par la Fédération Nationale.

Le mal dont nous souffrons, dans nos sociétés coopératives, c'est la suspicion. Vous pouvez administrer avec le meilleur dévouement possible, vous serez toujours accusé ou de recevoir des pots de vin ou de travailler à votre profit.

Il faut que nos Commissions de contrôle soient mieux organisées, qu'elles ne se contentent pas de vérifier les comptes une fois par an. En tout cas, nous ne voulons pas nous soumettre au contrôle d'un reviseur désigné par l'Etat ; nous devons accepter d'avoir, au-dessus de nous, un organisme qui nous mette à l'abri de toutes les suspicions.

Enfin, nous n'avons pas assez de relations avec les organismes centraux.

Le Conseil Central se réunit tous les mois. A mon avis, c'est trop. Il y a, actuellement, à Paris, une commission exécutive qui gère le Magasin de Gros, la Banque et la Fédération Nationale.

Il me semble que le Conseil Central, se réunissant une fois tous les trois mois, pourrait exercer sa fonction, à la condition que chaque réunion soit précédée de réunions des Comités Régionaux, où nos délégués au Conseil Central seraient mandatés pour porter les doléances, les vœux et les demandes que nous pourrions avoir à formuler.

Il serait intéressant, par ailleurs, que nos délégués au Conseil Central nous rendent compte en Comité régional, de leur mandat, après chaque réunion.

C'est pourquoi je propose au Congrès d'adopter le vœu suivant :

« Le Congrès émet le vœu :

« 1° Que le Conseil Central réunisse une documentation complète, « au point de vue technique, en vue de l'installation des sociétés de « répartition ;

« 2° Qu'il soit inséré dans les Statuts de la Fédération Nationale des « Coopératives de Consommation un article imposant aux sociétés la « revision de leur comptabilité ;

« 3° Que les réunions du Conseil Central aient lieu tous les trois « mois et soient obligatoirement précédées de réunions des Comités « régionaux. »

Le Président. — La parole est à Fauconnet.

Exposé de FAUCONNET

Fauconnet. — L'année dernière, le Congrès de Nîmes a accepté les conclusions d'un rapport présenté par notre camarade Brot, concernant les moyens de propagande à utiliser pour développer l'idée coopérative et aussi pour développer nos organismes actuels.

J'aurais pensé que des délégués seraient venus à cette tribune indiquer quels étaient les moyens utilisés par eux au cours de l'année écoulée, en application de cette décision. Il ne suffit pas de prendre des décisions dans les congrès et de penser qu'elles seront immédiatement appliquées, du fait même qu'on les a prises. Il faut que ces décisions soient étudiées et suivies, il faut que les sociétés coopératives s'inspirent de la politique arrêtée ici, et qu'elles fassent le nécessaire pour que les décisions des congrès soient réellement appliquées.

Et alors qu'avons-nous vu aujourd'hui. Nous avons vu des délégués qui venaient à cette tribune demander à la Fédération Nationale : « Qu'avez-vous fait pour la propagande ? » Il eut été facile de leur demander à eux-mêmes : « Qu'avez-vous fait pour appliquer les décisions prises par le Congrès de Nîmes ? »

Pourtant, dans le rapport qui précédait ses conclusions, Brot avait eu le souci d'indiquer non seulement les moyens à employer pour développer l'idée coopérative, mais il avait poussé plus loin le souci de la précision jusqu'à indiquer quels étaient, à son avis, les moyens commerciaux qu'il ne fallait pas employer.

Ainsi averties, les sociétés n'avaient qu'à marcher.

Je crois que le Congrès ferait bien, tout en invitant la Fédération Nationale, d'aider les délégués coopérateurs à faire leur propagande, de les inviter également dans leurs sociétés à organiser leur propre propagande, en harmonie avec celle de la Fédération Nationale.

Camarades, le rapport de Brot venait bien à son heure et, en effet, je voudrais attirer l'attention du Congrès sur deux manifestations qui se sont passées dernièrement et qui devraient indiquer au mouvement coopératif quelle est la ligne de conduite qu'il doit prendre dans l'avenir.

La première manifestation a été un article de M. Pierrefeu, en vue de l'action contre la cherté de la vie, article qui préconise la création de groupements de consommateurs.

Puis, nous avons vu une Fédération, la Fédération des Fonctionnaires, dans son Congrès national, indiquer que ses membres devaient s'organiser en groupe de consommateurs, pour lutter contre la cherté.

Le mouvement coopératif ne peut pas rester indifférent à ces deux manifestations. Il doit, en particulier, s'intéresser à la seconde, surtout que le secrétaire de la Fédération nationale des fonctionnaires indiquait qu'il fallait créer les groupements de consommateurs, devant la carence du mouvement coopératif.

J'entends bien que le secrétaire général de la Fédération des Fonctionnaire fait montre d'une ignorance totale de notre mouvement coopératif, d'une ignorance totale de notre action quotidienne. Il n'a pas compris le rôle régulateur des coopératives ; il donne la preuve qu'il ignorait non seulement notre action, mais même le but de cette action ; il n'a vu dans notre action quotidienne qu'une question de répartition des produits, et pour lui, le trop-perçu serait le seul avantage que pouvaient retirer les consommateurs organisés, dans leur société coopérative.

J'entends bien qu'il n'a pas été suivi par tous ses collègues ; mais ce que je voudrais marquer, ici, c'est l'incompréhension de l'action coopérative de la part du secrétaire général de la Fédération nationale des fonctionnaires, incompréhension qui ne lui est malheureusement pas particulière. Et, en effet, ils sont nombreux, ceux qui pensent comme le secrétaire de la Fédération Nationale des Fonctionnaires, et ce matin même, un camarade me disait : « Hier, en me promenant à l'Exposition, j'entendais des personnes qui se trouvaient devant les stands des sociétés coopératives et qui disaient : « Ah ! oui, les coopératives peuvent faire de belles choses ! elles ne payent pas d'impôts, elles ne payent même pas la taxe sur le chiffre d'affaires. »

Cette incompréhension de notre action, n'en sommes-nous pas un peu responsables ? Avez-vous fait le nécessaire pour éviter que la majorité des consommateurs pensent comme le secrétaire de la Fédération des Fonctionnaires, ou comme ces visiteurs de l'exposition ?

Je crois que nous devrions faire un gros effort sur nous-mêmes.

Quels sont les moyens que nous avons à notre disposition ? Nous disposons de moyens commerciaux et d'une action morale.

Action morale, surtout action de propagande : Interrogez tous les administrateurs de sociétés coopératives, ils vous diront : « Mais, nous ne faisons que cela ! nous ne faisons que de la propagande ! Chaque fois que nous tenons une réunion de section, dans une société de développement, ou chaque fois que nous faisons une assemblée générale dans une société locale, nous faisons de la propagande, nous faisons même venir des délégués de Paris ».

Camarades, est-ce là toute la propagande que nous devons faire ? Cette propagande reste locale, elle renforce l'idée coopérative dans l'esprit de nos adhérents ; mais elle ne fait pas un coopérateur de plus.

Ce qu'il vous faut, c'est toucher les milieux profanes, c'est toucher les endroits où le mouvement coopératif n'est pas installé, c'est pénétrer chez les gens qui ont besoin de nous entendre.

Nous appartenons tous ici à d'autres groupements que les groupements coopératifs : groupements syndicaux, groupements mutualistes, sociétés d'épargne, Ligue des Droits de l'Homme, sociétés sportives, groupements de voyageurs, etc... En un mot, tous, en dehors de l'action coopérative propre, nous appartenons à d'autres organisations. Eh bien ! pourquoi ne pas demander à ces organisations de mettre une fois à l'ordre du jour d'une de leurs réunions une causerie d'un quart d'heure sur l'action coopérative ?

J'entends bien que vous allez me dire : « Il faudrait que nous ayons à notre disposition des conférenciers, il faudrait que nous ayons des orateurs. »

Des orateurs, vous en avez plus qu'il ne vous en faut. Mais vous regardez partout très loin de vous et vous ne regardez pas autour de vous.

C'est quelque peu regrettable, mais même pour la province, quand l'orateur n'est pas de Paris, il semble que la réunion ne soit pas bonne et ne puisse pas donner son plein effet.

Cependant, vous avez parmi vous une quantité d'excellents administrateurs.

Ah ! ce ne sont pas toujours des orateurs, ce ne sont pas des gens qui font des fleurs de rhétorique ; mais ce sont des gens qui peuvent parler simplement, honnêtement de ce qu'ils connaissent bien, et dans mon esprit ce sont les meilleurs orateurs, les meilleurs conférenciers et les meilleurs propagandistes.

Il faut l'habitude ?... Il y a une tactique des réunions qu'il faut avoir pratiquée ou qu'il faut tout au moins connaître ?

Oui, et c'est ici que vous avez le droit de vous tourner vers la Fédération Nationale et de lui dire : « Fournissez-nous les moyens d'organiser notre petite causerie ; donnez-nous les indications nécessaires ». Et vous pouvez être persuadés que la Fédération Nationale n'hésitera pas à mettre à votre disposition les moyens dont vous pouvez avoir besoin.

Camarades, j'aurais voulu vous parler également d'une question concernant une action commerciale pour développer nos organismes actuels.

Lorsqu'il s'agit de développer le mouvement coopératif, à chaque instant, les uns de nos camarades nous disent : « Nous n'avons pas à notre disposition les capitaux nécessaires ». D'autres nous disent : « Comment développer l'idée coopérative, quand autour de nous il y a tant de communes où il n'y a pas de place pour une société coopérative, parce que déjà surchargées de commerçants, ou bien parce la densité de la population est insuffisante ».

Camarades, je voudrais vous faire connaître la décision qui a été prise à ce point de vue par la Fédération des Coopératives de la Région Parisienne et qui répond justement aux objections que je viens de soulever. La Fédération Parisienne entend faire de la propagande dans les endroits où il n'y a pas d'action coopérative, soit faute de moyens financiers, soit faute d'emplacements convenables. Elle croit possible de revenir à l'action ancienne, c'est-à-dire à la création de groupements d'achats en commun.

Si l'action coopérative a été pénétrante dans ces communes, si elle a pu se manifester dans les milieux que j'indiquais tout à l'heure, si elle n'a pas pu de suite attirer à elle des coopérateurs, elle aura sûrement attiré des sympathisants à la coopération et à l'idée coopérative.

Les groupements d'achats pourront donc être créés et recevoir dans leur sein des gens qui ont été préalablement préparés au Mouvement Coopératif.

Avec cette ancienne forme d'action, nous pourrons créer des groupements dans les pays où nous n'installons pas de boutique pour différentes raisons et nous aurons eu ainsi la possibilité de pénétrer dans les milieux, là-même où nous n'aurions pu nous installer.

Mais si nous voulons que les résultats ne soient pas sans lendemain, il nous faudra, autant que possible, prêter notre concours pour le ravitaillement à ces groupements d'achats. La société locale voisine ou la société de développement pourrait apporter ce concours ; mais il faudra encore faire mieux, c'est-à-dire, il faudra désigner dans ces groupements d'achats des personnes connaissant un peu le Mouvement Coopératif afin d'éviter que les erreurs du passé se renouvellent, erreurs qui avaient pour aboutissant la disparition du groupement au bout de quelques mois.

Si la Fédération Régionale vient de temps à autre visiter ces groupements pour y porter la parole coopérative, nous aurons ainsi répondu à l'appel adressé par le Congrès de Nîmes concernant, d'une part, le développement de nos organismes actuels et d'autre part, le développement de l'idée coopérative.

Beaucoup d'entre nous n'oublient pas que leur société était à l'origine un groupement d'achats en commun.

Le groupement d'achats en commun, c'est la première forme de la Coopération ; il rappelle les premières tentatives des Coopérateurs.

Ce matin, camarades, nous avons entendu notre ami Lagrange qui est venu, comme l'année dernière, dénoncer l'action des groupements patronaux et des économats.

L'année dernière, il avait demandé au Groupe Parlementaire d'intervenir pour faire supprimer les économats.

Camarades, il ne faut pas s'illusionner et demander au Groupe Parlementaire ce qu'il ne peut pas nous donner. C'est vous-mêmes qui devez mener une action pénétrante contre les groupements patronaux et contre les économats.

C'est dans votre propre milieu que vous devez les combattre, les attirer à vous, et cela par vos propres moyens. Mais je vois que notre Président s'impatiente, — je veux terminer.

Je déposerai à la Commission des Résolutions le projet voté par la Fédération Parisienne pour que l'action des groupements d'achats en commun soit prise en considération par le Congrès et je suis persuadé que nous aurons ainsi travaillé à développer l'idée qui nous est chère à tous.

LE PRÉSIDENT. — La parole est à Paquereaux.

Exposé de PAQUEREAUX

Camarades, les camarades de la minorité m'ont demandé d'apporter, avec mon camarade Jemelen, dans ce congrès, les préoccupations qui, à notre avis, doivent dominer le débat.

Poisson nous disait à Nîmes : « Si la minorité n'existait pas, il faudrait peut-être l'inventer ». J'ajoute que, dans la mesure où on permet encore qu'il y ait ici un débat, elle contribue à animer les exposés de ce congrès, et elle apporte à la moisson coopérative des épis qu'il ne faut peut-être pas dédaigner.

Camarades, il y a chez nous une certaine angoisse ; je pense du reste qu'elle n'est pas particulière à nous-mêmes. Elle résulte de l'examen et de l'analyse de tous les événements qui se sont déroulés au sein de l'Alliance Internationale Coopérative, depuis le Congrès de Stockholm.

Nous avons la préoccupation dominante de faire l'impossible pour que les divers événements qui se sont produits n'aboutissent pas à la mutilation de l'unité coopérative sur le plan international.

Je voudrais également, quand je parle à ce Congrès, que vous me fassiez l'amitié de ne pas croire que nous avons pris cette question pour la ravaler au rang d'un cheval de bataille de la minorité ; je voudrais que vous me fassiez l'amitié de penser que bien au contraire elle correspond à des préoccupations d'ordre élevé, qui dépassent l'enceinte de ce Congrès, à gauche comme à droite.

Camarades, quand ces événements qui ont ébranlé l'Alliance Internationale Coopérative sont-ils nés ?

Nos camarades russes se sont rendus au Congrès de Stockholm, avec les particularités de leur mouvement, comme nous venons au milieu de vous avec nos conceptions, peut-être un peu turbulents, mais enfin, avec notre tempérament.

Ils sont allés là-bas avec la conception qu'ils ont du rôle de la Coopération. Et qu'ont-ils dit ? Ils ont posé le problème de la lutte contre la guerre, celui de la liaison avec le mouvement syndical, celui de la nécessité d'un programme de l'Alliance, celui de la reconnaissance de la langue russe. Ils l'ont fait du reste avec une énergie qui a effrayé certains membres de l'Alliance.

Et pourtant, est-ce que l'intervention de nos camarades russes sur ces questions-là date de Stockholm ? Pas du tout. Est-ce que déjà ils n'avaient pas protesté vigoureusement, à Osvobodjénie, à propos de la disparition de la coopérative bulgare ? Est-ce qu'ils n'ont pas protesté, quand on a mutilé la coopération italienne ? Est-ce qu'ils ne sont pas intervenus assez directement, quand les mineurs anglais ont quitté le sous-sol, pour remonter à la surface et demander leur droit à manger ? Est-ce qu'ils sont restés silencieux même à propos de l'occupation de la Ruhr ? Pas du tout !

Au cours de ces divers événements, nos camarades russes, au sein de l'Alliance, ont posé ces problèmes avec la même clarté et la même netteté.

A un moment donné, il y avait dans l'Alliance des signes de nervosité qui ont abouti à quoi ? à faire qu'un camarade, non pas — permettez-moi l'expression — de second ordre, mais que le secrétaire de l'Alliance Coopérative Internationale, M. May, c'est-à-dire un personnage officiel investi d'un mandat qui lui impose quelque prudence, s'est livré à une manifestation qui justifie mon intervention à cette tribune et qui montre que demain il y aura dans l'Alliance Internationale Coopérative, du côté de l'aile droite, des menaces de scission qui ne prennent même plus la peine de se déguiser, et si vous avez lu le texte auquel je fais allusion, vous comprendrez que notre alarme est tout à fait justifiée.

Notre camarade Victor Serwy, dont on parlait ce matin, disait en 1924 (et je pense que le fils aura hérité de la sagesse du père) :

Les différences d'idées ne doivent pas nous inquiéter ; je me souviens qu'il y a deux ans, les délégués belges, italiens et français occupaient la même position qu'occupent maintenant nos camarades russes.

Et dans la loi des majorités et des minorités, il est bien difficile de trouver la sanction qui peut aboutir à l'exclusion de nos camarades russes pour leur attitude dans l'alliance.

M. Charles Gide lui-même, que nous entourons, malgré notre turbulence, d'un respect profond, M. Charles Gide disait lui-même : « Personnellement, j'aurais beaucoup regretté que les Russes ne puissent plus participer à nos congrès ; sans eux, nos débats seraient peut-être somnolents ».

Par conséquent, camarades français, les militants les plus autorisés de notre mouvement estiment que l'action de nos camarades russes ne peut être condamnée. Elle est du reste parfaitement logique et leurs conceptions ne sont pas en contradiction avec les buts de l'Alliance, qui sont définis de la façon suivante :

La défense des intérêts du mouvement coopératif et des consommateurs en général.

Notre camarade Jemelen a cité ici quelques passages. Je ne veux pas prolonger mon intervention. Je m'excuse d'effleurer une question qui peut heurter peut-être quelques-uns d'entre vous...

Poisson. — Non.

Paquereaux. — Poisson dit : « Non ». Je veux croire que Poisson reflète la pensée de l'ensemble du Congrès.

J'ai peur que si le mouvement coopératif de notre pays ne prend pas une position bien nette dans les questions qui se font jour, j'ai peur qu'on prolonge sur le terrain coopératif une politique d'hostilité contre l'U. R. S. S., politique d'hostilité qui s'est affirmée sur tant d'autres terrains.

J'ai peur qu'après la rupture des relations à la suite des incidents de Londres, j'ai peur qu'après le rappel de Rakowsky — je ne dis rien qui puisse blesser personne — j'ai peur qu'après un certain nombre d'incidents, l'aile droite de notre mouvement — et le Président de l'Alliance

Internationale Coopérative ne nous donne guère de garanties à ce sujet — ne cherche à continuer contre l'U. R. S. S. la lutte qui a été engagée par ailleurs.

Je demande au Congrès d'affirmer aujourd'hui d'une façon bien catégorique qu'il est à tout prix pour le maintien de l'unité coopérative, au sein de l'Alliance.

Sans doute, je ne méconnais point que notre camarade Poisson, à Brême, se soit opposé victorieusement, par des divers écrits dans la publication officielle de l'Alliance, à toute rupture de l'unité. Sans doute, Poisson s'est élevé contre tout ce qui pourrait obscurcir l'atmosphère de l'Alliance Coopérative.

Je voudrais bien que l'attitude de Poisson trouve un écho dans la masse du mouvement coopératif, renforçant ainsi la position qu'il a prise au sein de l'Alliance Internationale.

Camarades, je sais bien que Poisson a fait cela. Je veux croire qu'il reflète la pensée de tout le Conseil Central ; nous serions heureux d'être rassurés à cet égard.

Camarades, je ne peux pas vous dire que des choses aimables ; je suis obligé de laisser percer mon tempérament, et Dieu sait s'il est parfois un peu turbulent ! Je voudrais terminer par cet appel que je vais vous lancer à pleins poumons : Qu'est-ce que vous ont dit les camarades russes ? Qu'est-ce que nous disait tout à l'heure le délégué de la Coopération russe ?

Il vous disait : « Le Centrosoyus vous appelle, venez voir les particularités de notre coopération russe, venez voir ce que l'U. R. S. S. a fait pour elle, les conditions dans lesquelles elle se développe ».

Ce que disait le délégué du Centrosoyus à ce Congrès, camarades, de simples coopérateurs russes me le disaient il y a quelques mois, lorsque j'étais à Moscou. Croyez bien que les ouvriers russes se préoccupent beaucoup de la coopération française et des conditions dans lesquelles elle se développe.

Le camarade Popoff vous faisait un appel. Je vous demande d'y répondre, au nom de mes amis de la minorité.

Je vous demande d'autant plus d'y répondre, camarades, qu'au moment même où l'Etat prolétarien ouvre ses frontières, au moment où l'Etat prolétarien vous demande de venir faire une enquête impartiale, l'Etat capitaliste qui est le nôtre a fermé la frontière au délégué du Centrosoyus qui devait prendre la parole ici.

J'ajoute du reste que la Fédération Nationale des Coopératives de Consommation a fait l'impossible pour que notre camarade vienne.

Poisson. — Malheureusement, je suis obligé de dire ce qui est : j'ai fait des démarches très pressantes pour obtenir le visa du passeport des délégués russes.

J'ai obtenu que le Ministère des Affaires Etrangères adressât une lettre à l'Ambassade de Russie, déclarant que, sous les réserves ordinaires, les passeports devaient être accordés.

A la suite de la nouvelle qui m'est parvenue avant-hier que ces passeports n'étaient pas accordés, j'ai fait une nouvelle démarche auprès du Ministère des Affaires Etrangères, et j'ai reçu ce matin de lui la dépêche suivante :

Suite à votre demande. Direction politique des Affaires Etrangères informe que l'Ambassade à Moscou a autorisé le voyage de trois délégués russes.

Paquereaux. — L'affirmation de Poisson n'est pas du tout de nature à m'embarrasser dans mon exposé. Déjà j'avais dit que la Fédération

Nationale avait fait tout de qu'elle avait pu, pour que les camarades russes puissent entrer en France.

Mais je savais aussi que malgré les efforts de la Fédération Nationale, l'Ambassade de Moscou n'avait pas permis qu'ils viennent.

Il paraît qu'ils auront maintenant l'autorisation de venir ; je le souhaite vivement.

Camarades, je reprends la suite de mon idée : Dans la mesure où les camarades russes viennent ou essayent de venir chez nous, il faut absolument que nous nous rendions chez eux.

Je pense que le meilleur moyen de lutter pour l'unité, le moyen de faire tomber les préventions, le moyen de s'opposer aux tentatives de rupture qui se manifestent au sein de l'Alliance, c'est justement d'aller voir les camarades russes, de parler avec eux.

Ils tiennent, dans le mouvement coopératif international, une telle place, ils peuvent y jouer un tel rôle que le Congrès doit se montrer unanime pour une fois et dire que non seulement nous sommes tous ici contre toute tentative de rupture de l'unité, mais que nous sommes aussi pour l'envoi d'une délégation en Russie, ce qui ne pourra que renforcer le mouvement coopératif national et le mouvement coopératif international.

Le Président. — La parole est à Marcel Brot.

Exposé de Marcel BROT

Ce matin, un délégué a apporté ici une note assez pessimiste sur les progrès de notre mouvement, en signalant que, d'après les statistiques, un certain nombre de sociétés avaient disparu.

Je pense que la réponse s'est immédiatement présentée à vos esprits : ce n'est nullement parce que des sociétés autonomes rentrent dans des sociétés de développement, et que par conséquent le nombre des sociétés diminuent, qui nous serions en régression.

Nous l'avons vu particulièrement, dans la Fédération de Lorraine, l'an dernier, année où volontairement il n'y a pas eu un développement intensif, si le nombre de nos sociétés a diminué (de trois unités); nous sommes heureux tout de même de constater qu'il y a 10.000 coopérateurs de plus, recrutés surtout par la Société de développement, et par conséquent il ne faut pas faire dire aux statistiques ce qu'elles ne disent pas, il faut considérer tous les éléments et non seulement le nombre des sociétés.

Nous ne nions cependant pas qu'il y ait des sociétés qui disparaissent ; nous le constatons malheureusement et nous le constaterons encore. Si elles disparaissent, ce n'est pas seulement sous les coups des coopératives ou des groupements d'achats patronaux. Parfois ce sont les organisations syndicales ouvrières qui méconnaissent, on l'a montré tout à l'heure, le passé coopératif et recommencent toujours les premiers pas que nous tous, dans nos différentes sociétés, avons fait d'abord. C'est ainsi que nous avons vu un journaliste de talent s'imaginer avoir fait une découverte sensationnelle en préconisant les ligues d'acheteurs — il découvrait la lune. Nous savons depuis longtemps que ces sortes de ligues, parfois utiles pour émouvoir l'opinion publique, n'ont en réalité, pour le consommateur, aucune action durable et pratique.

Si nous voulons conserver ce qui a été acquis par le mouvement coopératif, notamment par les petites sociétés autonomes, dans les régions où il n'existe pas de société de développement, il faut que de plus en plus nous fassions pression sur elles pour qu'elles acceptent de s'organiser autrement qu'elles ne l'ont été jusqu'ici. Il faut qu'elles aient enfin des comptabilités parfaites, que nous ne trouvions plus des sociétés ayant des états de caisse tenus sur des morceaux de papier d'emballage, que leur comptabilité réflète vraiment leur situation exacte, que nous ne trouvions plus de bilans où les marchandises sont évaluées au prix de vente, et d'autres choses aussi dangereuses et blâmables.

Nous avons fait tous les efforts, pour essayer de faire comprendre aux sociétés autonomes l'aide qu'elles peuvent trouver dans les Fédérations régionales et dans la Fédération nationale, en faisant appel aux reviseurs, qui sont mis gratuitement à leur disposition. Mais, quoique nous ayons rencontré quelques échos, malheureusement, il faut le dire, notre succès a été bien faible.

Par conséquent, il n'y a qu'un salut, c'est l'organisation légale et obligatoire de la revision.

Ce matin, on contestait au mouvement coopératif le droit de dresser un statut qui donnerait une telle obligation aux sociétés.

Or, nous affirmons que le mouvement, dans son ensemble, a des droits sur chacune des sociétés coopératives, car chaque fois qu'il en meurt une, chaque fois que se produit une faillite, c'est le crédit de toute la coopération qui est lésé.

Et vous tous, qui peut-être avez essayé de remonter des sociétés coopératives ou des magasins coopératifs, où il y avait eu de lamentables échecs, vous savez à quelles résistances on se heurte alors dans l'esprit des consommateurs.

Nous avons donc ce droit, et je pense qu'on a considérablement exagéré, lorsqu'on a prétendu qu'il y avait un danger dans le projet de loi tel qu'il était constitué.

Le choix des reviseurs, on vous l'a dit ce matin, est fait par les sociétés coopératives, dans leur Union de revision ou leur Fédération. On aurait pu ajouter même que lorsque la revision est prescrite d'office, pour les sociétés non fédérées, le reviseur est encore choisi dans la liste dressée par la Fédération.

Quant aux droits du reviseur, permettez-moi de dire un mot. On a essayé, ce matin, de confronter les propositions qui vous sont soumises avec les législations étrangères. J'apporte, en effet, la précision que, en ce qui concerne nos camarades d'Alsace et de Lorraine, ce droit qui existe en fait n'est pas inscrit dans la loi ; il est cependant passé dans les habitudes. Mais dans la loi, ce n'est pas seulement le Comité de direction qui a droit de convoquer l'assemblée générale, ce sont aussi toutes les autres personnes désignées dans les statuts, notamment le 1/10e des sociétaires, le conseil de surveillance et même le tribunal dans certains cas.

Mais ce n'est pas dans les législations étrangères qu'il y avait besoin d'aller chercher ce droit. Il est dans la loi de 1867 dont vous avez fait l'éloge ce matin, Boyet : les commissaires aux comptes ont le droit de convoquer l'assemblée générale, par-dessus la tête du Conseil d'administration, et il est normal, par conséquent, que le reviseur qui est prévu dans la loi organique comme un complément éclairé de nos commissaires aux comptes, soit armé, au besoin, pour convoquer lui aussi l'assemblée générale.

Nous avons fait l'expérience avec des reviseurs qui avaient été acceptés bénévolement. Nous avons vu des sociétés qui avaient été revisées ; un rapport du reviseur indiquait formellement les améliorations à faire, le Conseil n'a rien voulu écouter, et nous avons été complètement désarmés, parce que nous manquions d'autorité pour agir.

La sanction dont on parlait, la sanction naturelle et malheureuse, celle qui vient trop tard, est arrivée. Un beau jour, les sociétaires se sont précipités aux guichets de la caisse d'économies, — car c'est une critique qui avait été faite : cette société reposait surtout sur une caisse d'économies, et sur un faible capital-actions responsable — tout le monde s'est donc précipité sur la caisse. A la liquidation il y avait 60 % de perte du capital. Je me suis trouvé au chevet de cette coopérative mourante, avec un de vos amis de la Banque Ouvrière et nous avons constaté qu'il était malheureusement trop tard. Et c'est une coopérative dont vous proclamez l'esprit petit bourgeois qui, sans s'inquiéter de savoir s'il s'agissait de vos amis ou des nôtres, est venue boucher ce trou de 60 % causé par l'incurie des camarades qui étaient à la tête.

Je dis que la revision, si le reviseur n'est pas armé, reste absolument inefficace et que nous échouerons dans l'action que nous voulons entreprendre pour sauver les sociétés coopératives s'il en est toujours ainsi.

Il faut nous rappeler l'histoire de nos sociétés. La Coopération a remporté des succès que nous énumérons avec complaisance à chaque congrès, mais son chemin, vous le savez, est jalonné de nombreux tombeaux. Nous ne devons pas laisser recommencer éternellement les mêmes hécatombes malheureuses. Nous connaissons le mal, nous connaissons le remède. Le remède, c'est d'accepter l'organisation légale du contrôle. Et je dis que c'est une action néfaste qu'on entreprend, lorsqu'on vient parler ici d'espionnage ou de mouchardage et qu'on vient ainsi pousser à un individualisme malsain les petites sociétés, qui auront du mal demain à lutter contre les trusts de l'alimentation.

Je dis qu'au contraire notre devoir à tous, quand nous serons rentrés dans nos conseils d'administration, est de combattre de la façon la plus énergique cet individualisme, cet amour-propre mal placé et qu'il faut de plus en plus pousser les sociétés à se soumettre à l'action éclairée de nos organismes centraux.

Le Président. — La parole est à Paul Ramadier.

Exposé de Paul RAMADIER

Paul Ramadier. — Camarades, je voudrais vous entretenir très brièvement de deux points : nous parlerons d'abord de la réforme du service juridique dont notre camarade Buiron a dit un mot tout à l'heure.

Le service juridique, tel qu'il existe depuis la constitution de la Fédération Nationale, est exclusivement un service de consultations.

Buiron pense qu'il serait intéressant, pour les sociétés, de le transformer en un service de contentieux, un service qui ne se bornerait pas à dire le droit aux sociétés, à leur indiquer la loi, mais qui assumerait la direction de leurs procès.

On peut envisager cette organisation; mais permettez-moi de vous dire qu'il me semble à peu près matériellement impossible de l'envisager dans le cadre national.

Il faut, pour assurer la direction de tous les procès d'une société, de toutes les difficultés qu'elle peut avoir avec le fisc, un contact, je ne dis pas permanent, mais en tout cas très fréquent, presque continu, entre celui qui est chargé de la direction du contentieux et les administrateurs eux-mêmes.

Or, on ne peut évidemment concevoir ce contact que par un va-et-vient des administrateurs des sociétés venant à Paris, ou de celui qui aurait la charge du contentieux, se rendant en province. Il y aurait là une impossibilité matérielle.

Si donc une organisation de ce genre pouvait être faite, ce serait dans le cadre régional, là où les distances ne jouent pas un rôle considérable et où le contact peut être établi.

Le service de consultation national ne peut que traiter les questions d'un point de vue en quelque sorte théorique. Il aurait sa raison d'être à côté des contentieux régionaux, sinon avec son organisation actuelle, tout au moins avec une organisation qui pourrait évoluer dans une certaine mesure suivant les circonstances.

Dans les régions où la Coopération est particulièrement avancée et où les sociétés le veulent, un service de contentieux pourrait être organisé, en relations avec le service de consultation du siège central. C'est, je pense, dans cet esprit, que les Fédérations régionales et la Fédération Nationale peuvent collaborer.

Et maintenant, Camarades, j'en viens à la loi sur la Coopération.

Vous allez dire que je ne suis pas bien exigeant ; mais en somme, je trouve que la loi sur la Coopération a rencontré dans ce Congrès une approbation unanime, une approbation qui, avec quelques réserves peut-être, n'en a pas moins été absolue sur les points essentiels, sur les points fondamentaux.

C'est à peine si, dans ce long code de la Coopération, trop long d'ailleurs, on a pris deux petites questions pour faire, sur ces questions des réserves qui ont été exprimées en termes plus ou moins modérés suivant le tempérament de chacun des orateurs, mais qui en définitive ne vont ni les unes ni les autres bien au fond de la question.

On est d'accord pour reconnaître la nécessité d'une loi sur la Coopération. On est d'accord pour assigner à cette loi le double but que, ensemble d'ailleurs, dans un de nos congrès précédents, nous avons fixé, pour dire que la loi doit être tout d'abord une loi simplificatrice, éliminant les formalités et donnant à la Coopération la plus grande liberté possible ; une loi, d'autre part, proscrivant les fausses coopératives et fixant avec une grande largeur d'esprit mais une grande fermeté, les limites du mouvement coopératif.

Ces deux points approuvés, unanimement approuvés, on s'en est pris seulement à deux articles.

Sur l'un, on n'insiste guère, puisqu'aussi bien il s'agissait d'une disposition facultative; d'ailleurs — on ne s'en est peut-être pas aperçu dans le feu de l'attaque — il s'agit d'un article auquel, dans les modifications successives qu'a subies le projet, on a renoncé.

On s'est élevé contre le referendum, disant que cette organisation, dans les grandes sociétés, ne donnait pas suffisamment de garantie pour assurer le contact entre les sociétaires et les coopératives.

On a reconnu qu'on avait la faculté d'y recourir ou de n'y pas recourir, et c'est la raison pour laquelle on a mis quelque sourdine à la critique.

Permettez-moi d'ajouter une autre raison. Dans le texte du Conseil Supérieur de la Coopération, il n'est plus question du referendum. La disposition organisant le referendum a été abandonnée. On a pensé, en effet, qu'il est nécessaire de maintenir une assemblée générale dans toutes les sociétés, assemblée générale où l'on discute et où l'on ne se borne pas à voter, assemblée générale où, ne serait-ce que pour l'éducation coopérative des membres, des explications peuvent être utilement échangées.

On s'est borné à autoriser, dans les très grandes sociétés, le vote par correspondance, qui est une modification du mandat, une simplification du mandat, et qui est fort loin du referendum. Cela me paraît donner satisfaction à la critique la plus sévère.

Et puis, on s'en est pris au reviseur. On l'a traité d'espion, de mouchard. Espion et mouchard de qui ? Voilà la question.

Le reviseur, cela est dans le texte, est tenu au secret professionnel. Il n'a pas le droit de donner une explication à qui que ce soit sur l'état de la société, en dehors des organes officiels de la société elle-même : conseil d'administration et assemblée générale.

C'est la raison pour laquelle, lorsqu'il n'a pas obtenu l'oreille du Conseil d'administration, qu'il ne s'est pas fait entendre de lui, on lui donne la faculté de s'adresser à l'assemblée générale pour accroître, en parlant à un plus grand nombre d'oreilles, ses chances d'être entendu.

C'est donc un espion, je l'admets, un espion de l'assemblée générale.

Tel est le rôle du reviseur : un surveillant chargé d'examiner ce qui se passe et de le dire à l'assemblée générale elle-même.

C'est ainsi que la revision est organisée dans la plupart des pays d'Europe, en tout cas dans les pays de l'Europe centrale, dans la Russie soviétique et dans les pays de l'Orient européen, dont la législation coopérative récente a emprunté l'organisation des reviseurs à la législation allemande.

Cependant, on a critiqué, d'une part, le mode de nomination, et d'autre part les pouvoirs donnés au reviseur.

Le mode de nomination. — On déclare, je crois, d'une manière à peu près unanime que, quand le reviseur est nommé par la Fédération, on n'y voit pas d'inconvénient. Mais, lorsqu'une société n'est pas fédérée, qu'elle veut rester isolée, — c'est dans le texte du Conseil supérieur, calqué sur la loi allemande — c'est au ministre compétent qu'appartient la nomination du reviseur.

Est-ce un choix très heureux ? Mon dieu ! indiquez moi une autre autorité et je vous prie de croire que je l'adopterai, que je demanderai à tout le monde de l'adopter.

La loi allemande a prévu que le reviseur serait nommé par les tribunaux. C'est un peu le système employé par la loi française, lorsque l'assemblée générale se refuse à nommer des commissaires de surveillance.

Mais justement, parce que nous connaissons la pratique des tribunaux français, nous n'avons pas voulu leur donner le pouvoir de nommer le reviseur.

Que font, en effet, les tribunaux, lorsque, dans des cas d'ailleurs assez rares, ils ont à nommer un commissaire de surveillance ? C'est le président du tribunal de commerce qui est appelé à décider ; il s'adresse tout naturellement aux experts qu'il a l'habitude de commettre, qui sont auprès de lui, qu'il connaît

Or, ces experts-là, que sont-ils ? Ce sont des syndics de faillite.

Pour ne pas mettre les coopératives de France sous la tutelle des syndics de faillite, l'on a préféré donner à l'autorité administrative un pouvoir dont on savait que l'autorité judiciaire userait fort mal, si elle suivait ses habitudes anciennes.

Si vous trouvez un autre moyen que de s'adresser au Ministre, suggérez-le et indiquez comment la nomination peut être faite et à quelle autorité on doit s'adresser.

La discussion n'est pas close ; le texte du Conseil supérieur lui-même n'est pas un texte définitif et qui soit pour l'avenir fixé de telle façon que l'on ne puisse y changer une virgule ; l'imagination de ceux qui l'ont rédigé a pu se trouver insuffisante. Suppléez à cette imagination, donnez-nous l'indication de quelqu'un qui puisse désigner le reviseur pour les sociétés non fédérées et votre suggestion sera accueillie, je vous l'assure, bien volontiers.

Mais à défaut de suggestion, eh bien, laissons le Ministre, si vous le voulez bien, jusqu'à ce que nous ayons trouvé mieux.

Ce n'est peut-être pas très bien : ce sera une raison de plus pour que les sociétés se fédèrent, et je ne crois pas qu'il y ait personne ici qui puisse s'en plaindre.

Reste la question des pouvoirs du reviseur. On a dit qu'ils étaient excessifs. En quoi consistent-ils ? Ils sont exactement, mot pour mot, virgule pour virgule, les pouvoirs mêmes que la loi de 1867 donne au contrôleur. Tout à l'heure, Brot le disait, répondant à notre ami Boyet. C'est la vérité toute simple.

Boyet. — Mais, le contrôleur constitue un organisme régulier et statutaire de la société, tandis que votre reviseur, qui doit être étranger à la société, qui n'est même pas statutaire, qui n'a même pas ce que les auteurs appellent l'*affectio societatif*, c'est-à-dire la *volonté d'être* de la société, va recevoir des pouvoirs exorbitants, et c'est là l'unique raison de notre opposition profonde au projet de loi qui nous est soumis ; elle ne porte pas tant sur le mode de désignation.

Ramadier. — Le contrôleur, d'après la loi de 1867, est choisi soit parmi les sociétaires soit parmi les non sociétaires.

Dans la plupart des sociétés — je ne parle pas des coopératives — il est choisi par les non sociétaires.

Chez nous, je reconnais que c'est l'habitude inverse qui prévaut. Mais le résultat est en général tel qu'il y a quelques années nous avons constitué une Union de revision et de contrôle. En effet le contrôle par des sociétaires aboutissait, en réalité, à créer, à côté du Conseil d'administration, en concurrence avec lui, une sorte de petit conseil d'administration au rabais, ne contrôlant pas et cherchant parfois à administrer, de telle sorte que, quand il agissait il agissait mal, et que quand il n'agissait pas, aucun contrôle n'était exercé.

Et nous avons nous-mêmes demandé à la Fédération Nationale, dans une décision de Congrès, que le reviseur soit pris en dehors de la société.

Et voilà que notre idée, celle qui est sortie du cerveau de nous tous, celle qui a été accueillie unanimement par tous, se trouve recueillie par la proposition de loi.

Et aussitôt qu'elle a été recueillie par la proposition de loi, voilà que cette proposition que vous avez acceptée, que vous avez votée, que vous avez trouvée excellente, tout d'un coup, vous la trouvez désagréable.

Permettez-moi de vous dire que cela n'est tout de même pas raisonnable !

Voyons donc quels sont ces pouvoirs si exorbitants.

Celui d'examiner les comptes ? Vous ne direz pas tout de même que l'on ne peut contrôler une société sans examiner ses comptes.

Boyet. — Il le faut.

Ramadier. — Il le faut.

Celui de convoquer l'assemblée générale ? C'est là que vos protestations s'élèvent. Mais, mettons-nous en face des hypothèses pratiques.

Un reviseur trouve une société administrée par une bande de fripons. Cela est arrivé. Il devra patiemment attendre que cette bande de fripons continue sa besogne pendant douze mois, pour pouvoir soumettre à l'assemblée générale ses observations.

Et si le conseil d'administration, contrairement à la loi et aux statuts, ne convoque pas l'assemblée générale, il attendra éternellement, prenant une responsabilité lourde, mais étant dans l'impossibilité de ne pas la prendre.

BOYET. — Je vous demande pardon de vous interrompre de nouveau. Mais croyez-vous qu'il eût été impossible d'insérer dans votre projet de loi une disposition disant que lorsque le reviseur croit, dans l'intérêt de la société, indispensable de convoquer l'assemblée générale, il le demande au conseil d'administration qui, dans un délai que vous aurez fixé, ne pourrait se refuser à cette convocation ?

RAMADIER. — J'accepte votre rédaction.

BOYET. — Je ne comprends pas les rires qui accompagnent votre réponse.

RAMADIER. — C'est la joie qui accompagne notre accord.

BOYET. — Mais, dans le projet de loi, vous donnez au reviseur le droit de convoquer l'assemblée générale, sans en avertir même les mandataires que l'assemblée générale s'est librement donnés, c'est-à-dire l'universalité des sociétaires. C'est là que nous voyons un abus.

RAMADIER. — J'accepte entièrement cette rédaction. Je prie notre ami Boyet de vouloir bien me la donner, nous nous mettrons d'accord sur les termes. Tout ce qu'il a dit est exactement le sens que les auteurs du texte ont voulu y mettre. Il sera très simple d'arriver à un accord complet.

BOYET. — Votre projet est d'autant plus dangereux que vous supprimez tout quorum.

RAMADIER. — Je suis d'accord avec vous et j'accepte votre proposition. Par conséquent, voilà un point réglé.

Je crois que le sort de toutes les lois sur la coopération, c'est d'être combattues par tous les coopérateurs, jusqu'au moment où elles sont votées.

C'est ce qui est arrivé pour la loi de 1867. On a dit que c'était un piège tendu par Napoléon III aux coopérateurs républicains. Et puis, voilà qu'en 1928, nous entendons prononcer son éloge. Souhaitons que, vers l'an 2000, on prononce l'éloge de la loi qu'en ce moment-ci, Boyet, vous et moi mettons sur pied dans l'accord le plus complet.

BOYET. — Je tiens à rappeler au Congrès que je n'ai pas fait l'éloge de la loi de 1867. J'ai dit qu'elle n'avait pas que des défauts, j'ai dit qu'elle avait du bon et que les juristes qui étaient dans cette salle ne pouvaient pas me donner un démenti.

RAMADIER. — Eh bien ! c'est déjà un grand éloge !

LE PRÉSIDENT. — La parole est à E. Bugnon.

Intervention de BUGNON

Le rapport du Conseil Central expose les résultats que nous avons obtenus avec un maigre budget : on peut prévoir ce que donnerait notre organisation si des moyens d'action suffisants lui étaient accordés par les sociétés.

Jamais l'Université, à tous ses degrés, ne s'est aussi largement et aussi joyeusement ouverte à un Enseignement nouveau ; — jamais voyages d'études de jeunes filles et de jeunes gens n'ont rencontré aussi magnifique accueil que les nôtres, et dans tous les milieux ; — jamais collaboration aussi étroite ne fut instituée entre un mouvement social et les Maîtres de nos Ecoles que celle établie par notre Commission nationale, nos Commissions départementales et régionales d'Enseignement de la Coopération, les Coopératives scolaires, les Offices cinématographiques.

Aux notes du Rapport, qui témoignent du passé, permettez-moi d'ajouter ces preuves vivantes du présent.

En plus des cours déjà organisés dans les grandes Ecoles nationales ou des cours réguliers prévus par les programmes dans toutes les Ecoles Normales, nous avons eu, à Paris même, des leçons spéciales en vingt cours complémentaires, dans toute l'Académie, par l'action directe des sociétés des cours organisés dans la Seine et dans l'Oise ; dans l'Académie de Lille, grâce au concours de la Fédération régionale et à la collaboration active de notre ami Prache, près de cinquante établissements scolaires connaissent aujourd'hui un enseignement régulier ; le département de l'Aisne : à Saint-Quentin, à Laon, à Château-Thierry, s'est mis spontanément à la tâche et avec un beau succès ; dans l'Académie de Nancy, nous avons pour la première fois une organisation totale dans les trois ordres d'enseignement grâce aux encouragements directs du Recteur et des Inspecteurs d'Académie des trois départements ; dans l'Académie de Lyon, en dehors des conférences données à Lyon même, nous avons pu intervenir à Oyonnax ; dans l'Académie de Bordeaux, l'organisation tend à devenir complète dans tous les enseignements, sous l'impulsion de M. Calmette, professeur au Lycée ; dans l'Académie d'Aix, le professeur Raynaud continue de nous envoyer des remarquables boursiers ; dans l'Académie de Poitiers, les efforts intéressants de Saintes et de Limoges vont être développés ; nous avons des promesses fermes à Strasbourg pour l'an prochain ; et si cette année nous avons dû interrompre à Grenoble, en raison de l'état de santé de M. le professeur Porte, dont l'enseignement avait été depuis cinq années si fécond, nous reprendrons certainement en 1928-1929.

234 bourses ont été déjà accordées, dont 40 dans le Nord, 28 dans la Seine, 26 dans la Meuse, 25 en Meurthe-et-Moselle, 16 dans la Gironde, 15 dans l'Oise, 14 dans le Rhône et le reste en 11 autres départements.

Nous espérons cette année en distribuer 233, c'est-à-dire presque autant en une seule fois que dans toutes les années précédentes réunies: 6 pour l'enseignement supérieur, 25 pour l'enseignement secondaire, 71 pour l'enseignement technique, 121 pour l'enseignement primaire.

Des Commissions régionales ou départementales ont été créées, pour le Nord et le Pas-de-Calais, pour les Ardennes, pour la Seine, pour la Gironde, pour les Basses-Pyrénées, pour l'Académie de Nancy ; elles sont en formation dans l'Aisne, le Cher, la Creuse, les Hautes-Pyrénées, les Académies de Caen et de Strasbourg.

Là où elles sont constituées, les Recteurs ont accrédité leurs secrétaires auprès des autorités universitaires, comme je le suis moi-même, par le Ministre.

Sur le développement de la Coopération scolaire, je ne vous donnerai pas de renseignements : vous les trouverez dans la brochure de M. Cattier : *Les Coopératives Scolaires* et dans la collection du *Coopérateur Scolaire*.

Mais je dois, au Secrétaire de la Section Meusienne du Syndicat National des Instituteurs et des Institutrices publics, M. Çabret, Président de la Commission des Œuvres Sociales de l'Union des Coopérateurs de Lorraine, faire l'honneur d'une lecture publique de l'appel qu'il a bien voulu adresser aux Secrétaires des autres Sections, et remercier les Sections départementales du Syndicat national qui ont publié cet appel avec empressement.

Comme je dois remercier le Syndicat National pour le concours amical qu'il n'a cessé de nous accorder.

Voici la lettre de M. Cabret :

Bar-le-Duc, le 10 novembre 1927.

Mon cher Collègue,

Je vous fais adresser un numéro du *Coopérateur Scolaire*. Je vous serais très obligé de signaler cette publication dans votre *Bulletin*.

En Lorraine, nous croyons à la Coopération, parce qu'elle nous apparaît chaque jour de plus en plus bienfaisante.

Vous savez sans doute que notre *Union des Coopérateurs* est née, en pleine guerre, d'un groupement d'institutrices et d'instituteurs. Nous sommes restés fidèles à cette société, et nous en avons tiré de précieux avantages, non seulement au point de vue de notre économie ménagère mais au point de vue de notre organisation scolaire : plus d'un million a été consacré, en 8 ans, par notre grande société lorraine à l'amélioration de nos écoles et à nos œuvres de solidarité.

La Coopération scolaire nous apparaît comme la forme la plus intéressante de toute activité post-scolaire.

Le *Coopérateur Scolaire* apporte à chacun des Maîtres des renseignements précis sur ce qui se fait dans les autres écoles, et donne aux enfants la joie de s'exprimer.

Le jour où ses suggestions seront suivies dans toutes les classes : les écoles seront plus riches, les élèves plus facilement entraînés au bien, et les Maîtres entourés de plus de sympathie dans leurs communes.

Permettez-moi d'espérer qu'en publiant cette lettre, vous voudrez bien y joindre un appel personnel.

A la suite d'un Congrès des Directeurs d'écoles, tenu à Paris le 6 et le 7 avril 1928, à la Sorbonne, et où M. Brunet, directeur d'école à Barbezieux, a présenté un remarquable rapport, nous avons créé un Office Central des Coopératives Scolaires. M. Lebrun, sous-directeur du Musée Pédagogique, a bien voulu en accepter le Secrétariat général. Il vous dira tout à l'heure nos espérances.

Après M. Lebrun, le Congrès saluera M. Kaan, membre du Conseil de l'Amicale des Boursiers de la Coopération, élève à l'Ecole Normale Supérieure, représentant son camarade empêché, M. Lefranc, Président de l'Amicale.

Nous avons déjà fait visiter nos organisations coopératives par 70 jeunes filles et 164 jeunes gens. Plusieurs nous ont manifesté le désir de se retrouver dans une Amicale.

L'assemblée constitutive a eu lieu à la Maison de la Coopération, à Paris, le 19 avril.

M. Kaan vous dira en quelques mots les promesses de notre Jeunesse coopérative.

Si le temps du Congrès n'était pas sévèrement mesuré, je vous aurais donné lecture de quelques pages extraites des copies des Boursiers ou de leurs comptes rendus de voyages, et dans lesquels se marquent déjà des connaissances précises, un idéal élevé, et un profond enthousiasme. Mais j'espère que vous vous procurerez la brochure dans laquelle nous allons les publier, et que vous la répandrez largement. Nulle propagande n'est plus féconde et moins coûteuse.

Je suis, en effet, presque honteux d'avouer que tous ces résultats sont obtenus avec un budget qui ne dépasse pas 50.000 francs, honteux pour le Mouvement Coopératif français qui n'a pas encore pu, comme les Mouvements étrangers, s'imposer des dépenses nécessaires à une éducation profonde des masses populaires, et à une pénétration vivante de l'Ecole.

La Commission nationale est fière des résultats obtenus avec des ressources modiques. Mais son Président pourrait se décourages si, — comme jusqu'à présent — ses appels auprès d'un très grand nombre de Sociétés restaient inutiles.

L'exemple des Coopératives de l'Est et du Nord, qui commencent à s'imposer à raison de 0,01 pour 100 du chiffre d'affaires, devrait être généralement suivi.

Puisque les sociétés françaises font aujourd'hui plus de trois milliards d'affaires, le budget de la Commission de l'Enseignement de la Coopération devrait être de plus de 300.000 francs. Nous trouverions certainement auprès des Municipalités et des départements sympathiques une somme égale. Et nous pourrions, non seulement, vous donner un enseignement coopératif de premier ordre, mais assurer, comme cela serait souhaitable, le patronage effectif d'un grand nombre d'œuvres post-scolaires.

Le Président. — La parole est à M. Lebrun.

Intervention de M. LEBRUN

En venant présenter au Congrès des Grandes Coopératives les Jeunes Coopératives Scolaires, je tiens tout d'abord à bien préciser dans l'esprit de tous que nos sociétés ne visent pas, selon la formule, « à répartir des objets de consommation, de bonne qualité, de bon poids et de juste prix », mais surtout à « développer chez les enfants la pratique de l'association, à grouper les individus, et à coordonner leurs efforts ». (Lapie).

Mon ambition n'est pas de vous faire ici un exposé sur la Coopération scolaire, de vous expliquer à nouveau comment est né et comment se développe chaque jour un mouvement si intéressant et par son ampleur et par sa nature même, puisqu'il a l'école pour terrain d'action, puisqu'il porte sur l'activité de nos enfants à qui il apprend à « vivre solidairement », puisque la préparation scolaire prépare les jeunes à la vie sociale et en fait, on peut l'affirmer, de véritables coopérateurs.

La brochure de M. Profit, et aussi le texte de la belle conférence faite par M. Cattier, l'an dernier, à l'Ecole des Hautes Etudes Sociales, texte qui a été reproduit par la Revue des Etudes coopératives de décembre 1927, fournissent d'ailleurs une documentation suffisante et à peu près au point sur la Coopération scolaire.

Je dis à peu près au point, car, chez nos jeunes, l'évolution est rapide. Celle-ci s'explique tout simplement par le succès de la Coopération scolaire, par les excellents résultats qu'elle a permis d'obtenir. Aujourd'hui près de 5.000 coopératives scolaires fonctionnent en France : le Congrès de Nîmes avait souhaité leur groupement en une Fédération nationale, celui de Grenoble voit ce vœu presque réalisé, puisqu'aujourd'hui je représente parmi vous l'Office Central des Coopératives Scolaires et que je peux vous apporter le salut de milliers de jeunes et ardents coopérateurs. Oui, ardents, car vous connaissez tous notre journal, le *Coopérateur Scolaire*, édité par les Presses Universitaires. Ne sent-on pas dans son texte, dans ses illustrations faits par les coopérateurs, pour les coopérateurs, ce bel enthousiasme de la jeunesse qui fait apparaître sous son jour réel la Coopération scolaire.

Le fait est acquis. Nos coopératives scolaires ont donc maintenant leur Office Central. Nous avons dit « office », car le mouvement est

somme toute encore un peu jeune : il convient auparavant de grouper
les coopératives locales par départements et par régions ; il faut aussi
affermir leur constitution juridique. C'est ce travail que l'Office Central
préparera en liaison étroite avec la Commission nationale pour l'Enseignement de la Coopération et avec l'Amicale des Boursiers de la Coopération ; l'Office centralisera les demandes coopératives locales ; il
renseignera les jeunes groupements, il sera leur Office de documentation. Et petit à petit, nous nous acheminerons vers la Fédération
nationale demandée par le Congrès de Nîmes.

Bien entendu, l'Office central ne bornera pas son rôle à faciliter la
naissance et la vie matérielle des coopératives scolaires, il aidera,
par tous les moyens dont il pourra disposer, à lutter dès l'école, contre
les instincts d'individualisme, il saura élargir l'horizon de nos enfants,
leur donner un idéal, leur créer une école plus belle, plus accueillante,
qui soit non seulement le lieu où l'on s'instruit, mais aussi, selon le
mot de M. Bouglé, où l'on commence à organiser « la solidarité entre
forts et faibles, où l'on apprend le mécanisme de la vie collective ».
Pour l'aider à atteindre ce but, l'Office Central sait déjà pouvoir compter
sur le précieux appui de notre maître, Charles Gide, qui a bien voulu
accepter le titre de Président d'Honneur ; il est sûr de pouvoir compter
aussi sur votre Fédération Nationale et, dans chacun de vos groupements
locaux, sur vous tous.

Le Président. — La parole est à Kaan.

Intervention de KAAN

Kaan. — A un moment où les minutes sont comptées par le Congrès,
je suis heureux que la jeune organisation que je dois vous présenter
soit de création récente : ayant à parler de son action, je serai naturellement bref et je vous exposerai plutôt des espoirs que des réalisations. Je veux vous montrer quelle a été l'idée qui a été à l'origine de
la nouvelle organisation de l'Amicale des Boursiers de la Coopération,
et comment les sentiments qui nous ont amenés à constituer cette organisation déterminent les tâches et les devoirs que nous devrons nous
imposer.

L'idée qui a présidé à la constitution de notre société est une idée
de reconnaisance envers la coopération. Nous vous devons de la reconnaisance, nous, boursiers que vous avez menés dans vos sociétés, à
qui vous avez permis de voir les différentes étapes du développement
coopératif, depuis la société locale jusqu'au Magasin de Gros et aux
usines de production que nous avons vues dans des capitales coopératives, à qui vous avez rendu un grand service, en tant que futurs professeurs.

Nous étions penchés sur nos livres, absorbés dans des études théoriques ; vous nous avez ouvert la porte de la vie, vous nous avez
montré comment les grands mots d'ordre moraux que nous pouvions
avoir appris sur les bancs de l'école se réalisaient dans une action
quotidienne, dans une action ample de tous les jours. Vous nous avez
rendu un grand service en augmentant nos espoirs. Vous avez rendu
aussi un service à l'enseignement général, en lui indiquant une voie
sur laquelle se sont engagés déjà plusieurs enseignements étrangers,
pour faire connaître aux jeunes gens et aux enfants non seulement
ce qu'on aprend dans les livres, mais ce que nous apprend l'effort
quotidien des hommes.

Cet enseignement activiste, comme on dit chez nos voisins, cet ensei-

:gnement réaliste n'existait pas en France ; vous avez été les premiers
à le donner.

Ainsi donc, un mouvement qui est capable d'initiatives aussi fortes
et aussi fécondes doit soulever nos enthousiasmes et nous imposer des
devoirs.

Puisque vous nous avez fait connaître ce mouvement, il faut que
le grain que vous avez si généreusement semé ne soit pas perdu ; il
ne faut pas que pour nous la porte se soit un moment entr'ouverte sur
la vie, et que nous retournions à notre travail, pour réfléchir indéfini-
ment sur des considérations morales abstraites ; il faut que l'action
que vous nous avez montrée, nous la continuions, il faut que, à notre
tour, nous lui rendions service.

C'est pourquoi nous avons constitué une Amicale qui a pour but de
faire de nous des coopérateurs.

A l'heure actuelle, nous ne sommes pas, pour la plupart, des chefs
de famille ; mais nous devrons nous engager bientôt dans le mouvement coopératif, et assumer, s'il le faut, les tâches les plus humbles
dans les petites régions où il n'existe pas encore de sociétés coopératives et où nous devrons tâcher de faire naître le mouvement.

Mais nous devons surtout nous efforcer de compléter nos connaissances coopératives afin de soutenir la propagande coopérative.

Pour cela, nous nous sommes constitués, et je souligne que, dans cet
effort de rapprochement de la vie intellectuelle et de la vie réelle,
nous avons admis dans notre Amicale des boursiers de l'Ecole d'Apprentissage que vous avez fondée pour former le personnel et des
directeurs de sociétés qui devront collaborer avec nous dans le travail
de propagande que nous espérons pouvoir accomplir.

Quels sont les moyens qui seront à notre disposition et que nous
espérons appliquer ?

D'abord la connaissance que nous avons eue, grâce à vous, du mouvement coopératif, n'est pas encore assez profonde ; nous devons voir
de nouvelles formes de production coopérative. Cette production est
trop diverse pour que les voyages de quatre ou cinq jours que nous
avons pu faire soient suffisants. Aussi, nous nous empresserons, avec
l'aide de sociétés qui sont toutes prêtes à nous offrir leur concours, de
faire de nouveaux voyages qui nous permettront de voir à nouveau
et d'une manière concrète votre travail en France et au besoin dans les
pays étrangers.

Nous voulons aussi, pour compléter nos connaissances, avoir à notre
disposition les ouvrages capitaux qui existent sur la coopération. Nous
voulons, avec l'aide du Musée Pédagogique peut-être, et surtout avec
l'aide de la Fédération Nationale, qui est disposée à nous fournir les
ouvrages principaux, constituer une bibliothèque coopérative qui, elle
aussi, comme les ouvrages du Musée Pédagogique, circulera dans les
milieux de l'enseignement.

Mais nous voulons aussi mettre notre métier de professeur au service de l'idée coopérative, nous voulons, partout où l'idée coopérative
n'est pas encore répandue, partout où elle est insuffisamment connue,
faire connaître le mouvement, non seulement aux élèves que nous pourrons rencontrer dans notre vie professionnelle, mais à ceux qui viendront vers nous, désireux de suivre un mouvement que nous essayerons
de soutenir.

A l'heure actuelle, tout ce programme n'est encore qu'à l'état d'ébau-
che. Nous avons recueilli déjà un certain nombre d'adhésions et nous
avons atteints tous ceux de nos camarades qui ont déjà bénéficié de
bourses de la Fédération Nationale des Coopératives ; nous espérons

réunir un jour l'unanimité des adhésions ; pour l'instant, nous n'avons pas encore de résultats précis. Nous rencontrons quelques difficultés en raison de ce fait que, répandus un peu partout dans le pays, nous ne pouvons pas nous réunir tous ensemble dans une assemblée nationale. C'est pour cela que nous avons été obligés d'envisager la nécessité de nous réunir simplement dans des assemblées régionales pour échanger nos vues sur la coopération, pour nous informer sur le mouvement, dans chacun des endroits où nous serons envoyés pour notre profession.

Quelle que soit la modestie des résultats que nous avons atteints, quelles que soient les difficultés que nous pouvons avoir à rencontrer, nous sommes sûrs, car le passé répond de l'avenir, de rencontrer l'appui de la Fédération Nationale des coopératives; nous sommes sûrs de rencontrer aussi un bon accueil dans le public, où l'idée coopérative ne peut pas trouver d'opposition.

Je me rappelle que, l'année dernière, au Conseil d5Administration des Coopératives de Lorraine, on nous disait que les jeunes devaient recueillir le flambeau que transmettraient les anciens. Le flambeau est encore tenu ferme, nous ne sommes pas prêts à le recueillir ; nous demandons seulement à le suivre et nous le suivrons avec une foi inaltérable et une fidélité qui ne sera jamais éteinte.

Le Président. — La parole est à Buguet.

Intervention de BUGUET

E. Buguet. — Je m'excuse d'aborder à nouveau la question qui a passionné ce Congrès et qui a été soulevée par nos camarades de la minorité.

Tout à l'heure, notre camarade Paquereaux disait : « Nous n'avons pas pris la question de la scission éventuelle au sein de l'Alliance Internationale Coopérative, comme cheval de bataille de la minorité ».

Que nos camarades de la minorité me permettent de leur dire qu'ils semblent bien avoir grossi démesurément les incidents qui se sont passés à la réunion du Comité Exécutif à Brême.

En fait, il s'agit de savoir si nos représentants au Conseil Central de l'Alliance Coopérative Internationale ont rempli leur mandat dans les conditions où nous le leur avions confié. Il s'agit de savoir si eux-mêmes se sont montrés partisans de briser l'unité internationale, et tout à l'heure Paquereaux était obligé de reconnaître que toute l'action de nos délégués avait été parfaite, qu'ils avaient eu, à tout moment, le souci de sauvegarder l'unité internationale. Il ne reste par conséquent rien des critiques que l'on a pu apporter ici.

Je dis qu'on a voulu grossir cet incident. En effet, il semble bien que nos camarades de la minorité se soient surtout attachés à grossir les faits, et qu'ainsi ils ont donné des raisons profondes de penser que l'unité internationale était en réalité surtout menacée par eux.

A notre avis, la proposition qu'ils ont développée, va à l'encontre du but qu'ils poursuivent. Nous croyons qu'ils n'ont pas assez le souci de la prudence qu'il faut apporter dans les rapports internationaux. Il semble qu'ils méconnaissent combien il est difficile d'agir sur le plan international, et certainement, si le Congrès les suivait en adoptant la proposition qu'ils ont déposée, il irait certainement à l'encontre du résultat cherché.

Nous pensons, à l'*Union des Coopérateurs*, de Paris, que la résolution que nous présentons et dont nous demandons le renvoi à la Commission des Résolutions, aura pour résultat d'armer suffisamment nos délégués et l'organisme central international et de leur permettre d'agir efficacement en vue du maintien de l'unité.

Voici cette résolution :

Au nom de l'Union des Coopérateurs de Paris, nous demandons au Congrès d'affirmer à nouveau que le Mouvement coopératif français est résolu à maintenir l'unité du mouvement international.

En conséquence, il approuve l'attitude de ses délégués au Conseil Central de l'Internationale Coopérative.

Il nous semble que si nos camarades de la minorité n'ont pas voulu faire de cette question un cheval de bataille, s'ils sont soucieux uniquement de l'unité coopérative internationale, ils peuvent se rallier à cette proposition qui, certainement, servira mieux que la leur, le but qu'ils poursuivent avec nous.

LE PRÉSIDENT. — La parole est à Paquereaux.

Déclaration de PAQUEREAUX

PAQUEREAUX. — J'ai fait tout à l'heure une intervention sur l'unité coopérative internationale.

Buguet vient de faire un appel à la minorité. Les conditions dans lesquelles la motion est présentée ne nous donne peut-être pas toute satisfaction ; mais comme nous voulons concrétiser notre désir d'unité dans un fait, nous nous rallions à la motion présentée par le camarade Buguet.

LE PRÉSIDENT. — La parole est à Gaston Prache.

Exposé de PRACHE

G. PRACHE. — Camarades, je m'excuse de prendre la parole à une heure aussi tardive, alors que déjà nous devrions être à l'inauguration de l'Exposition coopérative; je m'excuse aussi de vous ramener, par la brève intervention que j'ai l'intention de faire, à un sujet qui, bien qu'important, est beaucoup plus terre à terre que ceux élevés, impressionnants et vibrants qui ont été traités par Paquereaux, Bugnon et quelques autres camarades.

L'an dernier, à la tribune du Congrès de Nîmes, notre camarade Poisson, dans sa réponse aux orateurs qui s'étaient exprimés sur les moyens de propagande, indiquait qu'il était du plus haut intérêt pour le mouvement coopératif que chaque société examinât ses possibilités de développement et déterminât un plan de développement, échelonné sur plusieurs années, dix ans je crois, de façon à connaître dans quelles limites et quelle mesure ces possibilités devaient se réaliser.

Cette proposition, faite par Poisson, n'avait pas pris la forme d'un vœu ; elle n'a donc pas été présentée au Congrès en tant que telle ; mais, aux yeux de nos camarades du Nord, elle offrait une telle importance que je veux à notre compte la reprendre aujourd'hui et vous faire une proposition ferme.

Je ne crois pas devoir insister devant vous sur la nécessité qu'il y a pour notre mouvement coopératif à établir un plan méthodique et rationnel de développement.

Je ne remonterai pas aux origines de nos sociétés, ni aux conditions difficiles dans lesquelles elles ont dû se développer souvent, sinon toujours, par des moyens empiriques, au petit bonheur, sans savoir précisément où elles allaient. Je pense, en m'exprimant ici, à nos belles sociétés coopératives du Nord qui, il y a quelques années, n'étaient encore que de toutes petites choses ; je pense à ce développement merveilleux de sociétés comme l'*Union des Coopérateurs des Flandres*, par exemple, qui, il y a trois ans, ne groupait que quatre milliers de sociétaires contre plus de 20.000 aujourd'hui, avec 160 magasins, répartis sur trois arrondissements de notre département du Nord. Je pense aux possibilités de développement plus grandes que des sociétés comme celle-là ont devant elles.

Il ne peut plus s'agir d'un développement empirique, d'un développement au petit bonheur, mais d'un développement qui sait où il va.

Il serait tout à fait dangereux pour nos sociétés de ne pas savoir où elles vont, et chaque conseil d'administration devra prendre conscience de l'importance et de l'urgence qu'il y a à mettre chaque année à l'ordre du jour de plusieurs de ses séances l'examen attentif et minutieux des possibilités de développement de sa société, tant en surface qu'en profondeur, et des délais jugés nécessaires pour accomplir ce développement.

Je crois donc que la question se pose dans les termes suivants :

Etude par chaque conseil d'administration et envoi à chaque Fédération régionale, — j'estime que les Fédérations régionales ont ici un rôle important à jouer, — d'un plan de développement dressé, non pas d'une façon vague, mais indiquant précisément les possibilités et les intentions de chaque société.

La Fédération régionale recevra ces plans de développement. Puis, soit par son Conseil fédéral, soit par une commission spéciale, elle établira un plan d'ensemble, aussi nécessaire que celui de chaque société, en considération des divers projets qui lui seront soumis.

J'ai parlé d'une Commission spéciale ; c'est parce que je pense encore à notre Région du Nord qui, à son dernier congrès régional, a nommé pour cet objet une Commission dite de Développement, où les sociétés locales et les sociétés de développement sont représentées moitié par moitié, sous la présidence du secrétaire fédéral, lequel, en toute impartialité, doit diriger les débats.

La pratique me permet d'ajouter que je tiens cette formule d'une Commission spéciale pour supérieure en vue de faire plus rapidement œuvre utile.

La Fédération régionale pourra ainsi, à bref délai, dresser avec précision une carte de développement coopératif qui indique pour chaque société, en laissant toute la souplesse nécessaire à une telle organisation, les limites de son développement.

Enfin, les Fédérations régionales pourront, à leur tour, aider à la constitution d'un plan national d'ensemble du développement coopératif, sans lequel, reconnaissons-le, nous ne pouvons pas faire grandir notre mouvement aussi vite et aussi bien que nous le voulons tous ardemment.

Je suis heureux, bien qu'étonné, qu'à la tribune du Congrès, à l'occasion du rapport moral du Conseil Central, aucun orateur de ceux qui m'ont précédé ne soit intervenu pour entretenir le Congrès de la question des conflits coopératifs.

Tout de même, un de nos camarades a fait une allusion aux « appétits démesurés », a-t-il dit, des sociétés de développement.

On a parlé aussi chez nous, dans maintes réunions, dans maintes conversations et à notre dernier congrès régional, de l'impérialisme des sociétés de développement, de l'oppression des faibles, de la force qui prime le droit. Je demande à nos camarades des sociétés locales d'abandonner ces expressions qui ne sont nullement conformes à la réalité.

Les sociétés de développement travaillent avant tout à la réalisation d'une chose sur laquelle tout le monde doit être d'accord : c'est le développement progressif, méthodique et le plus rapide possible de notre mouvement coopératif.

Derrière cette formule, tout le monde, même et surtout les représentants des sociétés locales parmi lesquels se comptent encore de nombreux pionniers de l'époque héroïque de la coopération, derrière cette formule, dis-je, tout le monde doit se rallier. Nul plus que nos camarades qui ont eu tant à lutter autrefois ne doit souhaiter le développement rapide de notre mouvement coopératif pour lequel ils ont tant fait et font encore tant.

Nous avons, dans notre Nord coopératif, peut-être grâce à cette prospérité et à ce développement, nous avons eu, au cours des années antérieures, et au cours de l'année dernière encore, à régler plusieurs conflits entre sociétés de développement. Je dois le dire, dans la plupart des cas sinon toujours, des arrangements sont intervenus avec une grande facilité.

Entre sociétés locales (je ne dis plus autonomes) et sociétés régionales de développement, les conflits ont été beaucoup plus aigus, beaucoup plus difficiles à résoudre.

Je ne dis pas que les torts ont toujours été du même côté. Cependant volontairement ou non, il est arrivé plusieurs fois que des sociétés régionales — je vois sourire nos camarades des Flandres — se sont trouvées les oppresseurs des sociétés locales. Nous avons dû souvent, à la Fédération régionale, transpirer à grosses gouttes, pour faire rendre la justice coopérative !

Mais cette justice a toujours été rendue. Elle doit continuer d'être rendue plus que jamais.

Tout de même, sur le terrain de la constitution coopérative, comme sur le terrain de l'hygiène ou de la médecine, mieux vaut prévenir que guérir. J'estime que l'institution d'un règlement précis du développement de nos sociétés coopératives pourra très utilement, bien qu'accessoirement, faire œuvre de concorde et de justice.

C'est dans cette intention et sans vous retenir plus longtemps, me réservant de revenir demain devant vous pour une question qui peut très bien être exposée à propos du rapport de notre ami Lévy, que je dépose devant la Commission des Résolutions le vœu suivant :

Le XVe Congrès de la Fédération Nationale des Coopératives de Consommation affirme à nouveau la nécessité d'une concentration de plus en plus complète des forces coopératives et celle d'un développement rationnel et méthodique de nos Sociétés.

A cet effet, chaque Conseil d'administration devra, cette année même, étudier et déterminer ses possibilités de développement, dans les limites où les divers statuts et règlements généraux ou spéciaux lui permettent.

Chaque Fédération régionale recevra et coordonnera ces divers plans, en déterminant à son tour un plan fédéral d'ensemble.

Les Congrès annuels régionaux et nationaux indiqueront la progression accomplie.

Le Président. — La discussion est close. La parole est à E. Poisson.

Discours de E. POISSON

E. Poisson. — Je m'excuse auprès du Congrès, mais, ayant à répondre au nom du Conseil Central, je devrai retenir son attention pendant un temps assez long. Je m'efforcerai d'être aussi bref que possible, afin que nous puissions, sans trop de retard, aller inaugurer l'Exposition Coopérative.

Je voudrais dire d'abord que je me félicite du ton et du caractère qu'ont pris les débats sur le rapport du Conseil Central. Je m'en félicite à la fois pour les interventions nombreuses qui ont eu lieu à cette tribune, venues de la majorité ou même de notre minorité, et pour le fait qu'elles ont pour objet des questions précises et positives.

Nous nous sommes, pour la première fois peut-être, éloignés des grands débats de principe, où étaient invoquées des idées abstraites et où se révélaient des oppositions irréductibles et cela pour entrer dans la voie de l'action.

J'en suis d'autant plus heureux que si nos camarades de la minorité sont, comme l'un d'eux l'a fait remarquer, plus nombreux au Congrès de cette année, le nombre des voix qu'ils auront à exprimer ne sera sans doute pas très sensiblement plus élevé que les années précédentes.

Véritablement, je me demande, à l'heure où je parle, quelles sont les raisons coopératives qui vont bien pouvoir empêcher nos camarades de voter le Rapport du Conseil Central.

Ah ! vous aviez enfourché deux dadas, deux grands dadas ; ils n'ont pas fait long chemin !

Vous aviez enfourché le dada de la loi sur la coopération. Ici, nous nous parlons avec amabilité, avec politesse : on se croirait presque à l'Académie. Mais quand vous parlez de nous dans vos journaux, dans votre organe, dans *Le Coopérateur,* c'est une autre histoire et c'est un autre langage.

Quand vous parlez de Lévy ou de Poisson, ce sont des . . s vendus à la petite bourgeoisie, ce sont des hommes qui font les affaires de la grande, et qui, en tout cas, n'ont plus rien à voir avec le prolétariat conscient et organisé.

Mais ici, le ton change. Quand on a parlé à cette tribune de la loi sur la Coopération, on n'a plus dit que notre projet avait pour but de trahir les intérêts de la coopération et de la livrer, pieds et poings liés, aux pouvoirs publics et à l'Etat.

En fait, quand on a voulu discuter, quand on a pris le problème au fond, dans son détail, quand Ramadier est venu à la tribune, quand Boyet s'est expliqué une deuxième fois, un peu en contradiction avec ses amis, en faisant un éloge mitigé de la loi de 1867, puis en apportant des précisions, il en est résulté que ce projet de loi sur la Coopération a aujourd'hui l'accueil sympathique et l'approbation unanime du mouvement coopératif.

Et nous en avons besoin, en effet, camarades de la minorité ; nous avons besoin qu'à la Chambre, demain, Ramadier et nos amis du nouveau Groupe de la Coopération que nous allons constituer, aient votre appui entier et intégral, pour faire voter la loi par le Parlement qui ne nous connaît pas, qui pourrait nous mal connaître et nous pourrions peut-être trouver des adversaires déguisés et dangereux.

Et naturellement, on se servirait de toutes les oppositions ou de toutes les critiques que vous pourriez faire, pour envoyer des crocs en jambe au projet de loi et pour le jeter par terre au premier coin de rue.

Il faut en effet que ce projet de loi apparaisse comme le vœu unanime de la coopération française, pour qu'il aboutisse.

N'oubliez pas qu'il n'est pas seulement le projet de la Fédération Nationale des Coopératives de Consommation. Il est aussi le projet de loi des autres formes de la Coopération, de la Chambre consultative des Associations ouvrières de Production et de la Fédération Nationale de la Mutualité et de la Coopération Agricoles.

Permettez-moi de vous dire à cet égard que, lorsqu'on établit un projet qui constitue l'armature juridique de l'ensemble de la coopéra-

tion, il est indispensable, malgré tout, de s'entendre, et si, en quelque
partie, il ne donnait pas satisfaction à tout le monde, il faudrait bien
arriver à des transactions. -

Mais il a l'heureuse chance, sans même qu'il soit nécessaire d'accepter des transactions, d'apparaître, dans son ensemble, comme bon.
Il est véritablement un monument historique, et nous devons bien dire
ici que, pour une très large part, nous en devons la précision, la clarté
et la mise au point à celui qui va maintenant le défendre à la Chambre
et qui est notre ami Ramadier.

La question du referendum ? Je suppose qu'elle est liquidée ! Je
suppose que vous n'allez pas voter contre le Conseil Central et contre
la loi sur la Coopération, parce que nous avons mis une disposition
libérale pour permettre que certaines sociétés, si elles le veulent bien
et sans que personne les y oblige, puissent recevoir le vote par correspondance de leurs adhérents.

Il y a des sociétés qui, actuellement déjà, le font ; ce serait porter
atteinte à leur liberté que de les en empêcher.

Boyet. — C'est facultatif. Nous n'insistons pas.

Poisson. — Bon. Alors, il ne reste plus rien de ce côté.

Le reviseur. Il me semble que cette question a été également éclaircie.
C'est maintenant la proposition de Boyet qui va entrer comme amendement dans le projet Ramadier. Et alors, il ne reste rien.

Par conséquent, la loi sur la Coopération, telle qu'elle est, en son
entier, reçoit maintenant l'approbation unanime du Mouvement coopératif français. Voilà ce que je voulais souligner.

Vous aviez enfourché un autre dada, le dada international.

Là, je n'ai pas eu besoin de parler. Si j'avais parlé, cela aurait peut-
être gâté les choses ! Mais enfin, nous sommes tombés tous d'accord
pour approuver l'attitude des délégués de la Coopération française au
Comité Exécutif de l'Alliance Coopérative Internationale.

On aurait pu ajouter les différents organismes ou réunions de l'Alliance Coopérative Internationale, que ce soit à Stockholm, ou même que
ce soit à Amsterdam avec notre ami Cleuet.

Notre position est très claire. En matière internationale, le Mouvement coopératif français est indissolublement lié à l'idée qui préside
à sa propre constitution, l'idée de l'unité coopérative. Et ceux-là seulement qui ne voudront pas en respecter les conditions d'existence en
sortiront d'eux-mêmes, lorsqu'ils trouveront que l'atmosphère est irres-
pirable pour eux.

Oui, il y a, à la base de l'Alliance, un article qui pose le problème
de la neutralité de l'Alliance Coopérative Internationale.

Et permettez-moi de bien vous exposer le problème.

Chaque organisation nationale adhérente de l'Alliance a le droit
d'avoir la politique et les directives qui lui conviennent. Nous avons
les nôtres et nous n'entendons pas, en allant à l'Alliance, les abandonner. Il y a aussi nos amis belges qui ont les leurs ; la Coopération
Belge, vous le savez, à côté de la nôtre indépendante des partis politiques et des questions religieuses la Coopération Belge est ouvrière et
socialiste. La Coopération Russe est bolchévique, non pas par le but
qu'elle se propose, mais par les sentiments de ceux qui la dirigent et
l'immense masse de ceux qui la composent. Et puis, il y a des mouvements très divers ; il y a des mouvements agricoles. Le plus joli, c'est
qu'à un certain moment on m'avait reproché d'être à côté des magyars
hongrois ! Eh bien ! les Magyars hongrois représentent le mouvement
coopératif hongrois que les paysans hongrois se sont donnés à eux-

mêmes. Puis, il y a la Coopération Anglaise, il y a le Mouvement Allemand.

Nous sommes de ceux qui ont lutté pour maintenir et pour agrandir le patrimoine commun. Seulement, nous désirons que l'Alliance Coopérative Internationale, conformément à ses statuts, conformément à un de ses articles fondamentaux, reste neutre en politique et en religion, laissant à ses organisations nationales leur pleine liberté, qu'il s'agisse des Belges, des Russes, des Anglais, des Français.

Et cette liberté, nous la ferons respecter par tous, parce que si on peut encore admettre que, dans un mouvement national, certains des membres qui le composent veuillent en modifier les tendances ou les directions, il ne saurait en être de même dans un mouvement international. Le jour où l'on touchera à la neutralité de l'Alliance Coopérative Internationale, l'unité sera nécessairement brisée, l'Alliance sera mise par terre, et vous qui, tout à l'heure vous proclamiez pour l'unité coopérative internationale, dites-vous bien que si vous êtes à fond pour elle et non pas seulement pour que les Russes y restent, mais pour que tout le monde y reste, il n'y a qu'un moyen, un seul, c'est crier : « Vive la neutralité internationale de la Coopération, ou tout au moins de l'Alliance ! »

Nous n'hésiterons pas à faire notre devoir. Il n'y a pas que les déclarations de principe qui soient portées au compte rendu, il n'y a pas, permettez-moi de le dire, que le délégué Poisson. C'est aussi Cleuet, c'est aussi Lévy, ce sont aussi les autres membres, c'est aussi bien notre vieil et éminent ami Charles Gide, c'est nous tous qui avons eu la même politique.

Vous m'avez demandé si j'étais en accord avec le Conseil Central. Je lui ai fait non seulement le compte rendu de mon mandat, mais avant mon départ j'ai indiqué au Conseil Central la position que nous prendrions, et c'est l'unanimité du Conseil Central, c'est l'unanimité de la Coopération française qui, sans attendre même, comme vous voudriez le dire dans un but de propagande, vos protestations et vos ordres du jour, c'est avant toute action de votre part que, librement, nous avons pris notre décision. Nous sommes simplement heureux, non pas que vous l'ayez provoquée, mais que vous vous y soyez associés.

L'Alliance Coopérative Internationale est pour nous tous une chose sacrée. Vous pouvez être tranquilles : nous ferons de notre mieux pour y défendre la liberté et l'égalité des nations.

Vous savez comme moi — personne ne l'a dit, je veux l'ajouter tout de même d'un mot — vous savez comme moi qu'il n'y a pas seulement le problème de l'unité ; il y a aussi le problème de la langue. En attendant l'admission complète de la langue russe, j'ai fait adopter par le Comité Exécutif une proposition qui permet, dans les congrès internationaux, à ceux des délégués qui ne parlent pas l'une des trois langues officielles, français, anglais ou allemand, de s'exprimer en leur langue, avec la présence d'un traducteur qui traduit en une des langues officielles.

J'ai, du reste, été remercié vivement par la Coopération soviétique, ce qui m'a été extrêmement sensible, je peux bien le dire, comme du reste je n'oublie pas que, sans abdication aucune de nos points de vue — aussi bien sur le terrain des relations syndicales que sur celui de la paix ou de la langue russe, ou encore de l'action dans les congrès — je n'oublie pas qu'en effet, au Congrès international, lorsqu'on m'a fait l'honneur de me présenter comme président, j'ai eu les 14 voix de la Coopération soviétique.

J'ajoute que demain comme hier nous lutterons pour que l'Alliance devienne un grand organisme d'action. Elle est aujourd'hui à la Conférence Economique Internationale ; j'y étais l'année dernière, j'y étais comme expert du Gouvernement français. La collaboration, vous savez où cela mène : on y ramasse des décorations, même quand c'est pour aller s'asseoir à la Conférence de Genève, à côté des membres et des représentants du Gouvernement russe.

J'espère qu'aujourd'hui la Coopération comprendra les grands problèmes dont l'Alliance doit se préoccuper, et je me permets de vous rappeler qu'à la réunion de Brême, nous avons déposé un ordre du jour indiquant ce que nous attendions de la Conférence Economique Internationale.

Nous avons demandé que le problème du sucre et celui du charbon soient mis à l'ordre du jour ; ils y sont du reste.

Nous avons demandé que l'on mit également à l'ordre du jour le problème des trusts internationaux.

Vous demandiez tout à l'heure de lutter contre les trusts internationaux ; par quels moyens pensez-vous que nous puissions y arriver ? Par des ordres du jour ? Permettez-moi de vous dire que cela ne sert à rien du tout. Par des ententes, avec des organisations syndicales et économiques ? Mais, voyons ! conformément à vos principes, dans la société capitaliste actuelle, ce n'est pas cela qui combattra les trusts internationaux. Non, je pense que c'est sur le terrain international, par l'organisation économique de Genève, qu'il est possible, je ne dis pas de réussir, mais d'essayer de réussir. Mais, dans la vie, le tout n'est pas de réussir, ce n'est pas même de savoir si on réussira, c'est d'entreprendre avec la foi en la réussite.

A Genève, il faudra poser la question du contrôle des trusts. Nous avons ici des amis : nous pensons qu'ils seront nos interprètes auprès des dirigeants coopératifs, pour faire connaître ce sentiment.

Et puis, nous avons aussi demandé que soit mise à l'ordre du jour une question à laquelle nous nous étions attachés l'année dernière, la question des relations entre les coopératives de consommation et les coopératives de production.

La Conférence Economique Internationale, sur un rapport que nous avions eu l'honneur de lui faire, avait demandé la constitution spéciale de cette commission.

Nous avons demandé à Brême que la Conférence Economique Internationale réalise cette promesse, adoptée par la Conférence elle-même.

Vous voyez donc que l'action de la Fédération Nationale est toute portée, je ne dis pas vers des réalisations certaines, mais tout au moins vers la possibilité de réalisations, vers l'action.

Et c'est vrai pour notre action intérieure comme pour notre action extérieure.

Au point de vue intérieur, qu'est-ce que nous faisons, à la Fédération Nationale ? Oh ! de notre mieux ! Un de nos camarades de la minorité est venu à la tribune et a dit : « Cela ne marche pas ». Il y a quelque chose de curieux : vos critiques ne sont pas dirigées pour que nous agissions, pour nous présenter des propositions qui nous poussent vers quelque chose de mieux ; il semble au contraire que vous ayez quelquefois une espèce de sadisme curieux qui vous pousse à dénigrer notre mouvement qui est aussi le vôtre, que vous avez une espèce de satisfaction malsaise à dire : « Vous voyez, cela ne marche pas, il y a des sociétés qui meurent, il y a des sociétés qui ne grandissent pas ».

Ce que nous avons fait cette année ? Je dis que la Fédération Nationale a fait beaucoup de choses, et depuis longtemps elle n'en avait peut-être pas fait autant. Ah ! cela ne provient pas seulement d'elle-même, cela provient de ce que, dans l'ensemble, la situation économique devient plus favorable au développement du mouvement coopératif.

Pendant la période de guerre, nous avons grandi : la grande crise a poussé vers nous les consommateurs et aussi les pouvoirs publics qui ne savaient où donner de la tête.

Et puis, après la guerre, les pouvoirs publics se sont retirés, désabusés ; les consommateurs aussi. Ils avaient cru, les uns et les autres, que c'était nous, organes de répartition, qui pouvions arrêter la crise de ce qu'on a appelé la vie chère.

Est-ce que nous n'avons pas souvent répété que nous étions les organes de régularisation des prix, les organes permanents, en temps de crise ou en temps ordinaire, d'une vie économique nouvelle, que c'était cela notre programme ? Mais l'instabilité monétaire et l'instabilité économique ont été toujours croissant pendant cinq ans, et tous les yeux des administrateurs de vos sociétés ont été tournés vers le sauveteur possible, vers le soutien que nous pouvions être, et par prudence on s'est alors fort peu lancé dans le développement.

Mais maintenant, l'heure est venue de reprendre la marche en avant ; l'heure est venue de développer nos organisations, et j'espère que vous accepterez dans leur entier les suggestions et de notre camarade Prache et de notre camarade Fauconnet.

En effet, nous devons, Fédération Nationale, nous occuper de toutes les coopératives, des plus petites comme des plus grandes, et nous devons essayer de développer la Coopération par tous les moyens, sur tous les terrains.

Sans doute, nous pensons que l'évolution économique conduit à la concentration des forces ; sans doute, nous pensons que l'avenir, pour une large part, est aux sociétés, je ne dirai pas démesurément étalées au point de vue territorial, mais aux sociétés constituées suivant la technique moderne et à succursales multiples. Je pense que le gros magasin de quartier ou d'arrondissement a fait son temps et que malheureusement un jour viendra, un jour tout proche, parce que je ne voudrais pas qu'une seule société périsse ou soit en recul, un jour viendra où il faudra en arriver aux formes nouvelles du commerce coopératif.

Mais, si nous marchons vers les grandes sociétés, nous osons dire que nous n'oublierons pas les petites et que nous ferons pour elles le maximum d'efforts, pour les sauver même contre leur propre insuffisance administrative ou comptable. Nous ferons tout pour qu'elles essayent de lutter contre leurs concurrents d'en face. Nous avons déjà commencé à le faire.

Pour cela, nous croyons qu'il faut, en effet, comme le demandait notre camarade Sarraute, une liaison plus étroite entre les sociétés et la Fédération Nationale. Il faut que nous mettions à l'ordre du jour ce que réclamait Sarraute : l'étude des dossiers administratifs et commerciaux. Par exemple, une brûlerie de café se crée, il faut que nous ayons tous les renseignements de sociétés où ce travail se fait, avec les derniers perfectionnements.

Il faut que cela soit fait pour toutes les branches et toutes les matières.

Il faut que nous ayons une documentation plus grande.

Mais, permettez-moi de vous dire que, dès cette année, nous avons fait un effort en ce sens, et je salue un nouveau collaborateur, mon collègue, notre ami Yung : aujourd'hui secrétaire de la Fédération Nationale, plus spécialement qualifié, par son expérience, par son passé, pour donner à la Coopération les instruments que réclamait Sarraute tout à l'heure.

Puis, il faut que la liaison soit aussi plus étendue, au point de vue des questions juridiques. Je ne repousse pas l'idée que soulevait tout à l'heure notre camarade Buiron. Je ne pense pas que c'est sous la forme Nationale, mais sous la forme Régionale, comme l'a dit Ramadier, en liaison avec le Conseil Juridique de la F. N. C. C., qu'il est possible de mettre debout une institution de ce genre.

Je crois du reste que l'heure est venue, comme en a décidé la Fédération dans deux réunions de ses secrétaires fédéraux, de prévoir pour l'avenir une liaison plus étroite avec les Fédérations régionales.

Nous avons dressé le plan d'action réclamé par Prache. Il faut que nos Fédérations régionales aient des services, elles aussi, et il faut que nous mêmes, comme vous l'avez décidé, nous aidions les Fédérations pauvres, les petites Fédérations.

Nous avons déjà commencé, par un plan de propagande pour la Fédération du Centre, Simonnet est là pour vous le dire. Nous continuerons cette action, nous tenterons un effort de propagande.

Je ne crois pas beaucoup à la propagande de réunions publiques. Ce n'est pas cette propagande-là qui porte le plus. La propagande écrite est, actuellement, pas peut-être pour toujours, celle qui, à mon avis, est la première de toutes.

La propagande orale, c'est celle de l'éducation de nos propres sociétaires. Ce que nous devons demander, c'est que nos représentants régionaux ou nationaux aillent dans le plus grand nombre d'assemblées générales ou dans les assemblées de section, parler aux coopérateurs.

Mais ce que nous devons faire, au point de vue oral, ce ne sont pas des campagnes théoriques contre tel ou tel impôt, auprès de la population, où nous ne recueillerions pas l'auditoire indispensable.

Pour la propagande écrite, il me semble que l'année a été fructueuse. Nous avons mis debout *Le Coopérateur de France*, aujourd'hui journal populaire tirant 240.000 exemplaires, vingt-six fois par an, et je puis vous annoncer que peut-être l'année prochaine il sera hebdomadaire.

Nous n'avons pas oublié que, si le journal est devenu populaire, il faut donner des renseignements aussi aux sociétés, et voilà pourquoi nous avons maintenu *L'Action Coopérative*, comme Bulletin de Renseignements de la F. N. C. C. envoyé gratuitement à toutes les sociétés.

De toutes parts aujourd'hui, on nous félicite sur la façon dont est rédigé ce petit organe de renseignements.

L'action intérieure de la Fédération Nationale n'est donc pas négligée. Jamais elle n'a été plus active. Nous nous préparons à des réalisations de demain, et notre action intérieure ne nous fait pas négliger notre action extérieure. Nous croyons que notre représentation dans différentes commissions ou privées ou publiques, peut avoir les plus heureux effets, pour la Coopération elle-même.

Vous me reprochiez d'être dans un certain nombre de conseils gouvernementaux tels que le Conseil National Economique.

Il y a des choses bien amusantes. Pendant quatre ans, vous m'avez reproché surtout d'être au Conseil Consultatif des Chemins de Fer. Et cette année, vous y entrez !

Un Délégué. — Pas par la même porte !

Poisson. — Vous y entrez par la porte ouverte par le même décret, et ma foi, du point de vue coopératif, je trouve ma façon de pénétrer meilleure que la vôtre.

Un Délégué. — C'est un point de vue.

Poisson. — Je vais répondre. Comment ! vous dites n'avoir pas le souci de la démocratie, et que ce qui compte, c'est l'organisation.

J'y suis comme représentant de l'organisation coopérative.

Mais les vôtres y sont élus au suffrage universel de la démocratie. Ce n'est plus l'organisation qui est à la tête, — et c'est là un principe, permettez-moi de vous le dire, qui est à mon avis nettement supérieur, au point de vue de la transformation sociale.

Alors, vous avez abandonné cet argument. Et vous voilà obligés de vous rabattre sur un certain nombre d'autres.

Oui, nous sommes au Conseil National Economique, non seulement moi, mais Lévy, Camin et Cleuet. Je suis à la Commission Permanente, et vous nous dites : « Vous n'aurez pas de réalisations ». Mais vous qui promettez la révolution sociale, vous ne l'aurez pas non plus ! Nous apportons ce que nous pouvons, tout comme vous. Vous, c'est dans l'état actuel des choses, et avant la conquête du pouvoir, zéro. Nous, c'est ce que nous pouvons.

Vous avez parlé de l'insuffisance des résultats ; tout de même, vous avez été obligés de reconnaître, sur un petit problème qui n'a l'air de rien du tout, que nous avions obtenu quelque chose : la pénétration des colis-postaux dans les campagnes.

Vous avez négligé qu'au moment du chômage, le Conseil National Economique n'a pas été au-dessous de sa tâche. Quand il y a du chômage, dans une société capitaliste, il y a deux choses à faire : on peut dire aux travailleurs : « Voyez ce qu'est la société capitaliste, voilà dans quelle voie elle vous mène ; mais, attendez le Grand Soir, il viendra. En attendant, restez là ».

Il y a aussi l'autre manière, qui consiste, tout en attendant le Grand Soir, si l'on veut, d'essayer, dans la société d'aujourd'hui, à apporter quelques améliorations.

Et tout de même, travaux publics pour le département de la Seine, travaux publics pour l'Etat, mesures pour augmenter les secours de chômage, voilà ce que, dans une limite assez étroite, je le reconnais, nous avons pu faire.

Cela valait tout de même mieux que rien ou mieux que des ordres du jour.

Et puis, demain, nous entendons aborder de grands problèmes. Le Conseil National Economique a mis à l'ordre du jour la rationalisation.

En effet, nous sommes pour la rationalisation. Oh ! naturellement, pas sans réserves : la rationalisation bien entendue.

Vous ajoutez tout de suite le mot rationalisation « capitaliste ».

J'ai là dans mon dossier quelques passages de la Coopération russe : on indique que la Russie est en train de rationaliser, et sur quelle échelle !

Il est vrai que vous me direz : « Là-bas, il y eu la conquête du pouvoir ».

Oui, tout est changé, du moment que le pouvoir est entre les mains d'un parti. Pourtant, j'ai là aussi les statistiques de chômage : elles sont impressionnantes. Ce n'est pas moi qui prendrai ici la défense du régime actuel ; mais je constate que même dans la France capitaliste, impérialiste et réactionnaire, il y a, à l'heure actuelle, moins de chômage proportionnellement, que même dans la Russie Soviétique, après la prise du pouvoir.

Je n'en tire qu'une conclusion, c'est que tout de même, dans le régime actuel, il est possible d'essayer de faire quelque chose et que la rationalisation doit être malgré tout ce qui doit rallier ceux qui veulent une meilleure organisation de la production.

Nous voulons aussi et nous le prouvons par nos sociétés, une meilleure répartition. Mais nous savons que le vrai problème pour le monde, est un problème d'adaptation de besoins accrus à une production également accrue, des salaires plus élevés, et qu'il est possible, dans le régime actuel d'apporter des améliorations, parce que, nous le voyons, par-dessus l'Atlantique, dans l'impérialisme et dans le capitalisme international de l'Amérique...

Un Délégué. — Six millions de chômeurs.

Poisson. — Et combien en Russie ?

Paquereaux. — Pas pour les mêmes causes.

Poisson. — Pour le chômeur qui n'a pas de pain, ce n'est pas la cause qui importe, c'est le résultat.

La rationalisation est le problème de demain en matière de répartition.

Nous participons aussi au Comité Technique de l'Alimentation et nous nous y trouvons à côté de représentants de sociétés à succursales multiples, de petits épiciers et de grands épiciers.

Inutilement, direz-vous.

Non. Trois choses simplement à vous indiquer.

Nous n'aurions pas pu, seuls, dans l'état actuel de la vie, établir un Bureau de Documentation Économique et des prix qui puisse mettre à la disposition du commerce et des coopératives un Bulletin comme celui que nous avons fait et que beaucoup d'entre vous, malheureusement, n'ont pas encore lu.

Et puis, nous avons étudié les problèmes de normalisation. Par exemple, croyez-vous qu'il soit possible de continuer à avoir des litres de cinquante espèces différentes, qui ne tiennent d'ailleurs jamais la mesure d'un litre ? Est-ce qu'il ne convient pas de songer à un litre type, qui permette une production meilleure et moins coûteuse, même dans le régime actuel ? Est-ce qu'il est possible d'arriver ainsi à une économie pour l'embouteillage, pour le capsulage ?

Est-ce qu'il est possible, en matière de conserves, de constituer à voir tous les types de boîtes qui existent ; ne pourraient-ils être réduits à un ?

Mais, nous ne pouvons pas le faire seuls, nous ne sommes pas maîtres de la production et de la répartition. Nous voudrions le faire dans nos propres usines, que la concurrence nous en empêcherait : les consommateurs iraient acheter la Saint-Galmier à la place du litre, ou la boîte de conserves qui leur paraîtrait plus grande, parce qu'elle serait bien présentée.

Il y a donc une politique d'entente possible qui n'est pas contraire aux intérêts du capitalisme, sans doute, mais qui est conforme aux intérêts de la Coopération et des consommateurs.

Nous sommes au Comité Technique de l'Alimentation. Et quand il s'est agi du problème douanier, vous nous dites que nous n'avons rien fait. Nous sommes la seule organisation économique qui ait essayé quelque chose de sérieux et de positif.

Sur la question de l'additif douanier industriel et agricole, le Comité Technique de l'Alimentation a fait préparer et a fait défendre à la Chambre, par des amis, quarante à cinquante amendements, luttant pied à pied pour la défense du consommateur.

En dehors de cela, qu'est-ce que nous pouvons faire ? L'appel des masses ? L'appel aux masses sur l'additif douanier ! Nous aurions trouvé en face de nous l'addition des intérêts des producteurs, hélas !

pas seulement des intérêts des producteurs capitalistes ! Quand il s'agit, par exemple, des droits de douane — qui heureusement n'ont pas encore été rétablis mais qui le seront probablement — quand il s'agit des droits de douane sur les houilles, on a vu non pas seulement le Comité des Mines, mais des organisations professionnelles ouvrières, ou qui ne disaient rien, ou qui laissaient faire ; et quand il s'agit d'intérêts professionnels, quelquefois des organisations qui se parent du titre de révolutionnaires, ne songent qu'aux intérêts égoïstes de leur corporation.

En matière de droits de douane, sans doute, les consommateurs ne sont pas encore assez puissants, pour faire valoir leurs droits. Mais s'ils se sont un peu défendus à la Chambre, c'est certainement à la coalition des consommateurs et des autres formes de commerce que nous le devons. Il faut dire la vérité.

A la Chambre, on fait des oppositions irréductibles qui ne signifient rien, ou des oppositions mitigées. Mais la réalité, c'est que, devant les appétits coalisés des producteurs, on a passé par tout ce qu'on a voulu, et on a surchargé le consommateur, on a frappé le pays, on a atteint l'intérêt général.

Nous faisons, là encore, notre devoir, grâce aux organisations auxquelles nous participons.

Nous avons fait cela hier, nous le ferons encore demain, si vous le voulez, pour la défense du consommateur.

A l'heure actuelle, nous avons deux grands projets dont il faut que je dise quelques mots. Vous vous étonneriez que le Congrès se passât sans qu'il en ait été question.

Tout à l'heure, un camarade de Laon a fait une allusion à la Confédération Générale de la Consommation.

Eh bien oui !, le Conseil Central a décidé que nous partiperions à la création de cette Confédération Générale de la Consommation, entre la Fédération des Fonctionnaires, la Fédération des Combattants et des Mutilés, et la Fédération des Travailleurs intellectuels et quelques autres.

Et on nous a fait l'honneur de nous demander de rédiger le programme d'action de cette Confédération.

Nous demanderons, du reste, à nos Fédérations Régionales et à nos organisations locales, de créer des Comités du même genre, qui seront en contact avec l'organisation centrale.

Ce ne seront pas des Ligues de Consommateurs à la de Pierrefeu, le poète de Marseille, parti de Paris et retourné probablement à Chantilly. Non.

Nous avons créé un Comité d'entente entre les organisations.

Le Programme ? Défendre toutes les lois ou propositions de lois protectrices du consommateur. Demander des droits de douane réduits au strict minimum indispensable à l'intérêt du pays, pratiquer une politique d'impôts qui décharge le consommateur, au minimum, dans l'équilibre du budget.

Nous avons demandé une politique internationale à la base de toute économie nouvelle, s'appuyant sur les décisions de Genève.

Ainsi, j'ai fait admettre dès maintenant, par ces organisations, ce qui est contenu dans notre Manifeste.

Vous dites que nous n'avons rien fait ? Et le manifeste que nous avons adressé à tous les candidats à la députation ? Quelqu'un nous a reproché de ne pas l'avoir affiché. C'était aux coopérateurs eux-mêmes, l'ayant lu, d'exiger des candidats des précisions et sur notre politique fiscale et sur notre politique monétaire de stabilisation.

Car nous sommes pour la stabilisation, et notre politique est en notre propre faveur, par la création d'une finance populaire, créant, avec des fonds d'Etat, mis à la disposition des ouvriers, des employés ou des artisans, la possibilité de se libérer des grands établissements financiers et de la finance internationale.

Cela, c'est une action positive et cela a plus d'efficacité que de résoudre le problème par des critiques ou des ordres du jour.

Cette politique-là, nous voyons que vous la défendez. Mais on ne l'a pas toujours défendue. Il n'en est pas moins vrai que, la défense de la consommation, nous l'avons toujours prise de notre mieux, nous l'avons toujours mise en action.

Notre indépendance, ce n'est pas une tour d'ivoire. Nous entendons agir avec les autres, quand c'est utile à la Coopération.

C'est ainsi qu'il y a un deuxième projet que nous venons de mettre debout.

Vous savez que la loi des Assurances Sociales a été votée par l'unanimité du Parlement, en fin de législature, et je ne crois pas par un vote bien chaud.

Ce projet est là. Nous avons participé autrefois à son élaboration, avec Camin, Gaston Lévy et Yung.

Aujourd'hui, nous ne voulons pas en laisser le mérite aux autres, et nous avons pris l'initiative de constituer une entente entre toutes les organisations comprenant des assujettis futurs à la loi des Assurances Sociales.

Nous avons convoqué toutes les organisations : C. G. T., C. G. T. U., Fédérations de la Mutualité et des Retraites, Chambre Consultative des Associations ouvrières de Production, Fédération de la Mutualité et de la Coopération Agricoles. Et nous avons tenu une réunion. A notre grand regret, une de ces institutions ne nous a pas répondu : la C.G.T.U. Nous avons cependant fait toute diligence, par téléphone, nous avons appelé et rappelé. Sans doute que les camarades de la C. G. T. U. ne sont pas pour l'application de la loi.

Les intéressés se sont réunis. Le Comité d'Entente pour l'application de la loi des Assurances Sociales est constitué ; pour modifier la loi, il faut d'abord l'appliquer, si on ne veut pas qu'elle sombre. On travaillera donc à la faire appliquer. On établira des textes interprétatifs pour l'exécution de la loi, qui permettront de discuter honorablement et avec le corps des médecins et avec le corps des pharmaciens, pour aboutir à une véritable loi de la santé publique, qui peu à peu se tourne beaucoup plus vers les moyens préventifs que vers les moyens curatifs pour arriver à une véritable hygiène sociale.

Nous avons pensé qu'il était possible de nous entendre avec ces organisations. Elles ont répondu à notre appel. Nous avons maintenant un Comité qui est créé, et nous avons mis à l'ordre du jour de sa prochaine réunion la création de Comités départementaux et locaux, dans les mêmes conditions et sous les mêmes formes.

Nous n'avons exclu personne. Ceux qui se sont réunis ont déclaré qu'ils formaient maintenant l'institution et que ceux qui voudraient y être admis par la suite devraient être acceptés par l'unanimité des autres.

Voilà donc une grande action positive de demain, dépassant les cadres de notre vie intérieure, faite en vue de l'intérêt général, de l'intérêt du consommateur, et parmi les consommateurs, dans l'intérêt de ceux qui constituent l'énorme masse des adhérents de nos sociétés : les travailleurs des villes et les travailleurs de la terre.

Voilà un programme d'action.

Ce programme d'action, vous voyez que nous le faisons en dehors de nous-mêmes. Nous allons partout où il est possible, nous pénétrons partout où nous croyons devoir prendre place.

C'est cette politique que nous poursuivrons demain, pour répondre à la demande de ceux de nos camarades qui veulent — et avec raison — que nous nous occupions des économats patronaux et des coopératives d'usines.

Nous sommes prêts, en conservant notre indépendance et en nous servant de tous les moyens que notre action commune avec les autres pourra nous procurer, à envisager une action positive qui tende à mettre par terre les coopératives d'usines ou les économats patronaux. Nous ne refusons notre concours à personne.

La politique de la Fédération se tient, elle est une.

Deux idées maîtresses nous guident toujours. Nous prétendons que toute notre action intérieure doit être guidée par l'idée d'unité : c'est même pour cela que nous sommes aussi bien pour l'unité nationale que pour l'unité internationale. Et nous sommes pour l'idée d'unité coopérative, parce que, pour nous, la coopération, ce n'est pas seulement une économie ménagère ni même un moyen de régularisation des prix ; c'est aussi, en même temps et à la fois, une économie sociale nouvelle, c'est un régime économique nouveau, c'est un système.

Et puisque c'est un système, il faut guider notre politique pour que chacune des molécules qui composent l'ensemble soit dirigée vers l'organisation du système.

Nous avons une unité matérielle et une unité morale. L'unité matérielle, c'est d'essayer, non pas peut-être de mettre toutes les sociétés dans le cadre d'une société nationale, mais c'est l'idée qu'il faut en retenir, qui continue à nous pousser, qui fait que nous avons essayé de donner un statut type, c'est-à-dire la même constitution juridique à toutes les sociétés, une unité juridique, et c'est même pour cela que nous sommes aussi, pour la loi sur la Coopération. Et puis, une unité comptable, que nous voulons établir non pas seulement par le moyen des reviseurs, mais par la pénétration continuelle, par l'interpénétration des organismes centraux et des organismes locaux. Nous voulons qu'on arrive à avoir le même bilan, le même compte d'exploitation, la même politique sociale à l'égard des employés : contrat collectif et contrat de direction ; l'idée de la responsabilité administrative, avec le même système de gérance et le même contrat. Et demain, la même boutique de la même couleur, comme nous avons le même drapeau. Unité commerciale dans la somme de la diversité des intérêts. Notre politique d'unité commerciale, c'est la politique du contrat d'achat du Magasin de Gros, c'est, demain, la politique de la production spécialisée qui conserve l'unité d'ensemble, en assurant la souplesse des organismes secondaires ou primaires.

Cette politique d'unité matérielle, elle est consacrée par l'unité morale, de plus en plus grande, de plus en plus forte, après tout, nous osons le dire, notre idée morale, c'est parce que nous la croyons dominante que nous la plaçons au-dessus des partis et de leurs idées. C'est que notre idéal économique nouveau, nous appartient, c'est l'idéal de bâtir la cité du consommateur souverain sans doute, mais d'organiser, avec le producteur industriel ou agricole et de s'associer à lui. Donc, l'unité morale est au fond de notre idée d'émancipation du consommateur, et c'est parce que nous la prenons comme thème que nous ne voulons nous arrêter ni à des concepts plus petits ou plus étroits, qu'ils soient de classe ou qu'ils soient de parti, car nous pensons que notre idée est plus haute et est déjà la synthèse de la coopération. C'est, au milieu du régime actuel, un monde économique nouveau qui se forme, qui se forge et qui se prépare, et c'est parce que cette idée d'unité naît de notre mouvement qu'il en naît une autre, celle du consommateur à défendre, et c'est parce que nous voulons défendre le consommateur que nous allons pénétrer même les organismes privés, même les organismes de l'Etat, que nous entrons partout où cela est possible, sans crainte de perdre notre indépendance.

Nous avons la foi, et quand on a la foi, on ne craint pas d'être contaminé, on va pour contaminer les autres, et quand on va dans un Conseil quel qu'il soit, à mesure qu'on y pénètre, c'est pour y défendre ses idées, c'est pour y gagner davantage de terrain.

L'idée de la défense du consommateur est donc la deuxième idée qui guide le mouvement coopératif, et c'est par là que la Coopération française a sa caractéristique dans la coopération internationale : elle ressemble à d'autres mouvements, elle se distingue et de la coopération anglaise et de la coopération russe : c'est un mouvement qui veut être lui-même, le mouvement du consommateur cherchant son émancipation.

LE PRÉSIDENT. — La parole est à Maurice Camin.

Résultats du vote sur le rapport du Conseil Central

Maurice CAMIN. — Le vote sur le Rapport du Conseil Central a donné les résultats suivants :

Suffrages exprimés	8.094
Pour	7.230
Contre	815
Abstentions	49

LE PRÉSIDENT. — La séance est levée.

DEUXIÈME JOURNÉE

TROISIÈME SÉANCE, VENDREDI 18 MAI (matin)

La séance est ouverte à 9 h. 30.

Poisson. — Le Conseil Central propose de désigner Foucaut pour présider cette séance ; il demande au Congrès de le faire assister par Marcel Martin et Simonnet.

L'ASSURANCE CONTRE LES ACCIDENTS DU TRAVAIL DANS LES SOCIÉTÉS COOPÉRATIVES

Le Président. — L'ordre du jour appelle l'examen du Rapport de Georges Yung. Je lui donne la parole.

Exposé de Georges YUNG, Rapporteur

S'il y a une idée qui est à la base de l'idéal coopératif, c'est bien l'idée de solidarité.

En fait, les sociétés coopératives s'en sont déjà préoccupées, mais d'une façon plus ou moins fragmentaire. Elles se sont préoccupées de l'assurance contre les risques de maladie, de vieillesse et même dans certains cas contre les risques de décès, en créant des caisses de solidarité ou des caisses de secours.

Nous reviendrons, je pense, à la Fédération Nationale, sur cette idée, en la développant et en nous intégrant dans le cadre des Assurances Sociales.

Nous nous sommes préoccupés aussi dans les sociétés, d'assurance incendie, d'assurance accidents, d'assurrance contre les revendications des tiers, et pour cela nous avons adressé aux société coopératives des questionnaires, leur demandant de bien vouloir soutenir l'Assurance Ouvrière, qui est l'organisation nationale non pas uniquement du mouvement coopératif, mais tout de même dans laquelle le mouvement coopératif joue un rôle considérable.

Enfin, à la suite d'une entente, dont il a été déjà question, avec la société d'assurance de nos camarades belges : La Prévoyance Sociale, nous avons invité toutes les sociétés coopératives à se faire les propagandistes de la branche française de La Prévoyance Sociale, en matière d'assurance-vie.

C'est par conséquent tout un ensemble de risques que le mouvement coopératif s'efforce de couvrir.

Je vais en ajouter un autre qui, peut-être, vous paraîtra un peu imprévu, mais qui m'a été suggéré par un rapport déjà ancien de notre ami M. Laferrière, vice-président de l'Union des Coopérateurs de Lorraine, et que peut-être nous pourrons reprendre sous une autre forme, c'est l'assurance des sociétés coopératives contre le risque de décès. Je parle du décès des sociétés elles-mêmes. Peut-être pourrons-nous, à l'image des sociétés étrangères et en particulier du mouvement suédois, créer une organisation couvrant le mouvement coopératif contre les risques de mort des sociétés, en ajoutant évidemment qu'il faudra avoir des moyens préventifs pour empêcher que les sociétés disparaissent.

Mais cela, c'est une autre question, que je signale simplement pour vous montrer que l'idée d'assurance est une idée tout à-fait générale et qu'il faudra que le mouvement coopératif examine dans son ensemble.

Lorsque la Fédération Nationale m'a demandé de vous présenter un rapport sur les assurrances, je l'ai établi, et ce rapport, je lui trouve deux caractères : d'abord, il est peut-être un peu restreint ; ensuite il est un peu trop précis.

Ces deux caractères proviennent de l'incompétence que je me reconnais largement en matière d'assurance ; elles ont par conséquent la même cause. C'est cette incompétence qui m'a poussé à ne prendre qu'une partie du vaste problème général de l'assurance à examiner avec des yeux qu'on pourrait dire tout neufs la partie choisie : celle qui concerne les accidents du travail dans les sociétés coopératives.

L'assurance contre les accidents du travail est une partie assez considérable de nos frais généraux, puisque j'ai pu la chiffrer aux environs de 3 millions de primes par an, au minimum. Mais les chiffres que je vous ai donnés étaient des chiffres très approximatifs, puisque j'ai été obligé d'établir mon rapport à la fin de l'année dernière. A l'heure actuelle, nous avons des chiffres un peu plus précis ; nous pensons pouvoir fixer à 3.600 ou 3.700 millions le chiffre d'affaires des sociétés coopératives, et par conséquent la prime payée par les sociétés aux compagnies, pour les assurances contre les accidents du travail doit s'élever au moins à 4 millions par an. C'est donc, malgré tout, un point important de nos frais généraux.

Les tarifs concernant les accidents du travail sont extrêmement divers. J'ai essayé de consulter les différentes compagnies qui s'occupent des accidents du travail, et je n'ai pas pu obtenir de tarifs, J'ai obtenu seulement un certain nombre d'indications qui dépendent des discussions entre les compagnies et les futurs assurés.

En ce qui concerne les primes payées par les sociétés, elles sont aussi variables que les tarifs des compagnies eux-mêmes. Il y a des sociétés qui payent des primes assez réduites, et j'en ai vu qui payaient jusqu'à 3, 3,50 et j'ai même vu 4,50 pour 100 de primes, pour les accidents du travail, ce qui veut dire que ces sociétés payent des prix trois ou quatre fois trop élevés.

Le second point, c'est que, en ce qui concerne les accidents du travail, les polices des compagnies sont faites de telle façon qu'elles peuvent prêter à des interprétations diverses et qu'il arrive quelquefois, lorsque c'est l'intérêt des compagnies, que l'interprétation est défavorable à la société.

Si la société a fait des omissions ou même des erreurs dans sa comptabilité, cela peut prêter à des difficultés lorsqu'un sinistre se produit, d'autant plus que l'on se rapproche davantage de l'expiration du contrat.

Par conséquent, les deux avantages que je vois à la constitution d'une assurance pour les sociétés coopératives en matières d'accidents du travail, c'est d'abord d'avoir une police qui soit suffisamment bien étudiée pour couvrir d'une façon complète la société contre ces risques ; c'est ensuite que la nécessité pour notre assurance d'essayer de l'améliorer au point de vue du rendement obligera le mouvement coopératif à étudier les risques accidents du travail, et par conséquent à améliorer les conditions de sécurité de travail de nos employés et ouvriers dans les entreprises coopératives.

Vous connaissez, je les rappelle brièvement. les responsabilités des employeurs en matière d'accidents du travail.

L'employeur, en cas de sinistre, doit une indemnité journalière, lorsqu'il y a incapacité temporaire de l'employé ; il doit une rente en cas d'incapacité permanente, que cette incapacité permanente soit partielle ou absolue ; enfin, il doit en cas de mort une pension au conjoint survivant ou aux descendants ou ascendants qui étaient à la charge du sinistré. En plus, le chef d'entreprise doit supporter les frais médicaux et pharmaceutiques qui sont fixés par un barème établi par les soins du Ministère du Travail.

Par conséquent, les risques de l'employeur sont bien délimités.

Comment l'employeur peut-il se couvrir ? D'abord, il n'est pas obligé de se couvrir. Il arrive assez fréquemment, dans les grandes entreprises et il arrive en particulier dans les grandes entreprises publiques ou à caractère public, qu'on ne se couvre pas contre les accidents du travail. Mais dans les petites entreprises et en particulier dans nos sociétés coopératives, petites ou moyennes, il y a intérêt à se couvrir par une assurance.

La loi nous donne trois moyens : la société mutuelle, la société anonyme ou le syndicat de garantie.

Comme je suis tout neuf dans cette question d'assurance, j'ai étudié ces trois moyens et j'ai cherché à me rendre compte des avantages et des inconvénients que présentait chacun d'eux, non pas seulement en soi-même, mais surtout par rapport au mouvement coopératif.

Faire une société mutuelle ou une société anonyme nous obligerait à un certain nombre de conditions qui sont difficiles pour nous.

Et d'abord, dans ces deux cas. nous serions obligés de constituer notre organisation avec un capital, ce qui ne serait pas bien difficile, mais surtout de déposer à la Caisse des Dépôts et Consignations, une somme importante, qui représente la garantie offerte aux assujettis à la loi sur les accidents du travail. Il est logique que la loi oblige une organisation qui fait l'assurance contre les accidents du travail, à déposer un cautionnement pour garantir les obligations qu'elle a contractées envers les assurés qui seront sinistrés. Ce cautionnement a été fixé par la loi à un chiffre de 2 % des salaires annuels, avec un minimum de 400.000 francs. Ce chiffre de 2 % peut ne pas être considérable, lorsqu'il s'agit d'une mutuelle ou d'une société anonyme qui couvre n'importe quels risques, car il y a des risques en matière d'accidents du travail qui exigent une prime beaucoup plus considérable que 2 % ; par exemple, dans le bâtiment, il n'est pas rare de trouver que les chiffres de 8, 9 et même 10 % sont justifiés. Par conséquent, un cautionnement de 2 % est tout à fait justifié.

Mais, en ce qui concerne le mouvement coopératif, ce chiffre de 2 % est considérable parce que, malgré tout, nos risques ne sont pas très grands et n'exigent pas une prime aussi forte.

Je vous ai dit qu'il y a des sociétés coopératives qui peuvent très bien couvrir leurs risques avec une prime de 0,80 ou 1 % par an.

Par conséquent, lorsque la loi nous oblige à constituer un cautionnement de 2 %, elle nous oblige, en réalité, à mettre d'avance de côté une somme qui représente deux ou trois fois la prime annuelle que nous aurions à verser pour nous garantir contre les accidents du travail.

C'est pourquoi je disais que si nous ajoutons à cela un minimum de fonds de roulement qui est indispensable pour le fonctionnement de notre organisation d'assurances, nous serions obligés d'avoir un capital correspondant à 2,50 ou même 3 % de nos salaires.

C'est une des raisons — nous en verrons d'autres — pour lesquelles j'ai écarté la société mutuelle et la société anonyme.

Il est une autre raison, c'est que la société mutuelle ou la société anonyme, à moins de décider dans les statuts que nous restons entre nous — et alors nous tombons dans le cas du syndicat de garantie — la société mutuelle ou la société anonyme devrait étendre ses opérations en dehors du mouvement coopératif et constituer ce qu'on appelle un portefeuille.

Or, la constitution d'un portefeuille exige non seulement des capitaux, parce qu'il faut attendre longtemps avant que le portefeuille soit suffisamment important pour couvrir tous les frais généraux, et ensuite, les frais généraux, comme vous le verrez, dans le domaine dont je viens de parler, sont beaucoup plus considérables, parce que, dans ce cas-là, la société — mutuelle ou anonyme — est obligée de verser des primes assez considérables pour aboutir rapidement à la constitution de ce portefeuille.

Voilà les deux raisons pour lesquelles j'ai écarté ces deux premières formes.

Reste le syndicat de garantie. Le syndicat de garantie, à mon avis, donne satisfaction au mouvement coopératif, une satisfaction peut-être partielle, parce que pendant longtemps le syndicat de garantie nous donne satisfaction parce que, organisant la solidarité entre les sociétés coopératives et cette solidarité étant reconnue efficace par la loi elle-même, on ne nous oblige pas à verser le cautionnement qui est imposé aux sociétés anonymes et aux sociétés mutuelles.

Je ne dis pas qu'il ne faudra pas partir avec des réserves qui sont indispensables dès le départ, et avec un fonds de roulement suffisant pour pouvoir parer aux difficultés qui pourront se présenter dès le début de notre fonctionnement ; mais en tout cas, on ne nous oblige pas à déposer à la Caisse des Dépôts et Consignations une somme considérable, absolument inutilisable pour nous.

Le Syndicat de garantie peut être créé, si nous groupons 2.000 ouvriers et 30 chefs d'entreprise.

Le mouvement coopératif entre tout à fait dans cette définition, car il y a plus de 2000 employés ou ouvriers dans le mouvement coopératif, et je crois que nous pourrions réunir assez vite 300 sociétés coopératives.

La loi facilite ainsi les entreprises qui ont des risques divisés, et il est évident qu'à ce point de vue le mouvement coopératif est un bon risque ; d'ailleurs, les assureurs à qui j'en ai parlé m'ont tous affirmé que le mouvement coopératif, au point de vue des accidents du travail, est un bon risque. Il est bon risque, parce que, il faut bien le dire, nos employés et ouvriers ne sont pas astreints à un travail aussi intensif, aussi surveillé que dans certaines entreprises capitalistes, et aussi parce que les risques sont très divisés, soit qu'on ait affaire à des sociétés petites ou moyennes, soit même qu'on ait affaire à de grosses sociétés, mais dont le risque est dispersé dans un certain nombre de succursales.

Etant donné que nous avons entre nous la solidarité, que nous avons des risques très divisés et bons, il est inutile pour le mouvement coopératif de dépenser des sommes élevées en instituant une mutuelle ou une société anonyme, et nous pouvons nous contenter d'un syndicat de garantie.

La cotisation à ce syndicat de garantie doit, à mon avis, être une cotisation équivalente pour toutes les sociétés, les grandes sociétés ayant un risque plus surveillé, faisant ainsi bénéficier les petites sociétés de leur solidarité en cette matière.

Mais je ne pense pas que la cotisation devrait être exactement pareille
pour toutes les sociétés. Elle doit être uniforme par nature de risque ;
mais elle ne doit pas être exactement semblable, parce que les sociétés
ont des risques divers.

Il est évident qu'on ne peut pas assurer avec la même cotisation
une société qui a une entreprise de boulangerie, et une société qui se
contente par exemple de répartir seulement de l'épicerie.

J'ai dressé, en le prenant dans les barèmes officiels, un tableau d'un
certain nombre de risques qu'on trouve dans les sociétés coopératives,
et en vous demandant de ne pas vous attacher aux chiffres de ce tableau,
qui ne correspondent pas à la réalité actuelle et qui n'ont même pas
correspondu à la réalité au moment où il a été établi, je vous demande
tout de même de considérer que ces primes sont extrêmement différentes, selon les catégories de travailleurs, puisqu'elles vont par exemple
de 3,50 % pour la minoterie, jusqu'à 0,20 % pour les employés de la
Banque des Coopératives par exemple.

L'administration du syndicat de garantie, je ne veux pas en parler ;
elle ne prête à aucune difficulté.

En ce qui concerne la surveillance des risques, il y a, malgré tout,
une difficulté dans le mouvement coopératif, qu'on ne rencontrera peut-
être pas dans les entreprises capitalistes.

Cette difficulté, pour la surveillance des risques, provient précisément
de la même cause qui fait que le risque coopératif est bon, c'est-à-
dire la nature des rapports entre les administrateurs des sociétés coopératives et leurs employés, rapports qui sont meilleurs qu'entre les administrateurs des entreprises capitalistes et leur personnel.

Ces rapports font que peut-être des difficultés pourraient survenir,
du fait que les abus seraient réprimés avec moins de fermeté, moins
d'énergie dans le mouvement coopératif que dans les entreprises capitalistes.

Une organisation nationale aurait également elle-même de la difficulté à surveiller tous les risques dans toutes les sociétés. Ces risques
seront faciles à surveiller dans les grandes sociétés de développement ;
elles le seront moins dans les petites ou moyennes sociétés. Je propose
que la commission qui sera instituée à l'effet d'étudier notre organisation d'assurance contre les accidents du travail, après avoir étudié
les grandes sociétés, étende son action aux sociétés moyennes et aux
petites sociétés, dans la mesure où ces organisations pourront être rattachées à un centre régional (et voilà encore du travail pour nos secrétaires fédéraux), à un centre régional qui surveillera plus particulièrement les risques des accidents du travail.

L'organisation financière du Syndicat de garantie ne comporte pas non
plus de très grandes difficultés, mais tout de même elle est importante
pour le mouvement coopératif.

C'est cette organisation qui m'a même poussé à vous demander la
constitution d'un Syndicat de garantie.

Dans cette organisation financière, on prévoit tout naturellement deux
sortes d'actes financiers qui sont les recettes et les dépenses.

Les recettes sont constituées par les cotisations et droits d'admissions ;
les dépenses sont constituées par deux éléments : d'une part, les frais
médicaux et pharmaceutiques ; d'autre part, des réserves mathématiques
ou des réserves supplémentaires qui doivent être constituées pour faire
les rentes des invalides permanents, ou les pensions des conjoints
survivants en cas de décès.

En ce qui concerne les frais généraux, les indemnités, les frais médicaux et pharmaceutiques, il y aurait peut-être des observations à vous

faire, mais qui ne sont pas extrêmement importantes et que nous pouvons laisser à la Commission qui sera constituée par le Conseil Central.

Mais en ce qui concerne la constitution des réserves mathématiques et des réserves supplémentaires, un choix nous est laissé par la loi.

Pour la constitution des rentes, la loi nous permet soit de faire les versements nécessaires à la Caisse des Dépôts et Consignations, pour que la rente soit assurée à l'invalide ou la pension au conjoint survivant ; soit encore de réserver, par un versement que le Syndicat de garantie se fait à lui-même, l'argent nécessaire à la constitution de cette rente ou de cette pension. C'est ce qu'on appelle constituer une réserve mathématique.

Le mot paraît barbare ; mais au fond, c'est extrêmement simple. Cela veut dire que, lorsqu'on doit constituer une rente à un ouvrier devenu invalide, l'employeur, en l'espèce le Syndicat de garantie, est obligé de mettre de côté un capital, dont les intérêts serviront à donner tous les ans la rente qui est nécessaire à cet invalide.

C'est évidemment cette seconde formule qui paraît la meilleure, étant donné que le Syndicat de garantie gardera ainsi la gestion de ses capitaux qui peuvent être assez considérables.

Cela ne veut pas dire que la gestion de ces capitaux qui constituent la réserve mathématique, est absolument libre, et il est juste que la loi ait pris des précautions à cet égard et ait obligé le syndicat de garantie à un emploi sérieux et contrôlé.

Cet emploi est le suivant : pour les deux tiers de la réserve mathématique, le Syndicat de garantie est obligé de les employer en valeurs qui ont été déterminées par décret : ce sont des valeurs d'Etat, des départements, des communes, ou des obligations de chemins de fer, lorsque ce sont des Compagnies qui jouissent de la garantie de l'Etat. Et pour le tiers restant, le Syndicat de garantie peut s'en servir, en première hypothèque, sur des immeubles, à concurrence de 50 % de la valeur de ces immeubles.

Cela, au point de vue coopératif, est intéressant, parce que le Syndicat de garantie pourra se servir d'une partie de sa réserve mathématique dans le mouvement coopératif lui-même, en faisant aux sociétés, dans les conditions de sécurité indiquées dans le décret du 28 février 1899, des prêts sur des immeubles.

Enfin, 1/10e de cette réserve mathématique peut être employé en des prêts à des sociétés d'habitations à bon marché, à des dispensaires, etc., et par conséquent, c'est encore une possibilité qui est intéressante pour le mouvement coopératif.

En dehors de la réserve mathématique, le Syndicat constitue un fonds de réserve, au moyen d'abord d'un prélèvement sur les excédents bénéficiaires, prélèvement d'ailleurs que la loi laisse libre, au moment de la constitution du Syndicat, et par un autre prélèvement sur la totalité des cotisations annuelles qui sont versées.

Le surplus des excédents bénéficiaires peut être ristourné aux adhérents, et par conséquent le Syndicat de garantie est une véritable société coopérative qui permet de faire des ristournes au propata des risques assurés.

Cette ristourne peut être faite : mais je propose dans mon rapport — les sociétés feront ce qu'elles voudront lorsqu'elles auront constitué le Syndicat — je propose qu'on ne fasse aucune ristourne, tout au moins pendant un certain nombre d'années, de façon à constituer en dehors des réserves mathématiques et de la réserve supplémentaire prévue par la loi, une réserve libre dont les fonds pourront d'ailleurs être gérés librement par le Conseil d'administration, réserve qui permettra de disposer des fonds nécessaires pour faire les études, pour instituer les expériences qui pourront améliorer les conditions de travail des employés et des ouvriers dans les sociétés coopératives, fonds d'ailleurs qui seront bien employés, même financièrement, puisque l'amélioration des conditions de travail permettra une amélioration du risque, et par conséquent du rendement financier du syndicat.

J'ai cherché à déterminer quels étaient les résultats qui avaient été obtenus par les différentes formes de l'organisation des assurances contre les accidents du travail en France.

En dehors des trois types dont je vous ai parlé tout à l'heure, il y a les sociétés étrangères qui, lorsqu'elles opèrent en France, sont contrôlées par les services du Ministère du Travail et dont le Journal Officiel donne les résultats.

Par rapport à 100 francs de prime qui sont encaissés par les quatre sortes d'organisation d'assurances, les paiements effectués réellement aux sinistrés, sous la forme d'indemnités journalières, de frais médicaux ou pharmaceutiques ou de capitaux versés pour leur constituer des rentes, sont très différents selon les organisations.

C'est ainsi que les sociétés mutuelles ont, dans la réalité, effectué 57,96 % de paiements par rapport aux primes encaissées, c'est-à-dire plus de la moitié. Le reste représente des frais généraux, dividendes, etc...

Les sociétés anonymes ont effectué 56,09 % de paiements réels.

Les sociétés étrangères, 54,82 %.

Et les Syndicats de garantie, 71,25 %.

Cela montre que l'efficacité de la prime est plus grande dans les Syndicats de garantie que dans les trois autres sortes d'organisation, puisque, lorsque les assurés payent 100 francs de cotisation, il y a effectivement de versé aux ouvriers 71,25 dans le cas du Syndicat de garantie, et 54,82 seulement dans le cas d'une société anonyme.

Cela provient, comme je vous le rappelais tout à l'heure, de la faiblesse des frais généraux du Syndicat de garantie, par rapport aux autres formes d'organisation.

Les paiements globaux qui sont effectués par les diverses organisations dans l'année qui a été considérée sont les suivants, en les divisant en deux groupes :

1° Les frais occasionnés par l'invalidité permanente et la mort ;

2° Les frais occasionnés par l'invalidité temporaire.

Je vous fais grâce des détails pour arriver au total.

Les sociétés ont distribué :

222 millions pour l'invalidité permanente et la mort ;

284 millions pour l'invalidité temporaire.

Par conséquent, elles ont versé davantage pour l'invalidité temporaire, pour les petits accidents qui n'entraînent pas une longue indisponibilité, que pour l'invalidité permanente et les accidents mortels.

Dans les Syndicats de garantie, c'est le phénomène inverse qui s'est produit. Mais je ne retiens pas la statistique des Syndicats de garantie, parce qu'elle est, je ne dirai pas faussée, le mot dépasserait ma pensée, mais influencée par l'existence du Syndicat de garantie des Entrepreneurs de travaux publics, syndicat extrêmement important, dans lequel les risques pour invalidité permanente et risques mortels sont plus considérables que dans les autres syndicats.

Par 100 francs de cotisations encaissées, je vous ai donné le tableau des paiements effectués par les diverses organisations, différenciés par nature de dépense, c'est-à-dire en capitaux constitutifs, en indemnités

journalières, en frais généraux, en soins médicaux et en frais judiciaires.

Enfin, je vous ai donné également le montant par 100 francs de
cotisation, des frais généraux qui sont nécessaires à ces diverses organisations pour fonctionner.

J'attire votre attention sur les frais généraux qui sont de :

20,41 % pour les mutuelles ;

26,82 % pour les sociétés anonymes ;

29,80 % pour les sociétés étrangères ;

12,09 % pour les syndicats de garantie.

Par conséquent, c'est parce que les frais généraux des Syndicats de
garantie sont moins élevés, que ces syndicats peuvent disposer de plus
de fonds, soit pour diminuer les cotisations, soit pour répondre d'une
façon plus favorable aux risques qui se présentent dans les organisations.

Cela ne veut pas dire que les Syndicats de garantie ont toujours donné
satisfaction, et les services du Ministère du Travail ont enregistré non
seulement un certain nombre de naissances de Syndicats de garantie,
mais aussi un nombre trop considérable de décès. Cela provient de
ce qu'un certain nombre d'industriels ou de commerçants se sont parfois groupés en syndicats de garantie en se figurant que cela leur
permettrait non pas de mieux organiser leur assurance contre les accidents du travail, mais de réduire beaucoup leurs propres frais d'assurances. Ils ont ainsi quelquefois tellement réduit leurs cotisations que
leur syndicat s'est trouvé dans l'impossibilité de répondre à des risques un peu trop élevés.

Et à ce moment-là, lorsqu'on a voulu faire jouer la solidarité qui
est instituée par la loi entre adhérents du syndicat de garantie, comme
la solidarité entre organisations capitalistes n'est pas aussi grande qu'on
le dit, on s'est trouvé devant des dérobades, et les Syndicats de garantie
ont été dissous.

Cela ne veut pas dire que les ouvriers ou employés qui étaient
garantis par l'assurance ont été frustrés, car la loi a prévu la constitution d'une caisse centrale de garantie, qui permet de substituer l'Etat
à une société anonyme, à une mutuelle ou à syndicat défaillant.

Néanmoins, il a été désastreux de constater qu'un certain nombre
de Syndicats de garantie ont dû faire appel à la caisse centrale de
garantie instituée par l'Etat.

Les sociétés coopératives n'ont pas répondu avec un très grand empressement au questionnaire qui leur avait été adressé l'année dernière
par la Fédération Nationale, à l'effet de constituer une documentation
concernant cette assurance.

155 sociétés seulement ont répondu. C'est très peu. Ce chiffre est
d'ailleurs dans la moyenne des réponses que l'on fait aux questionnaires de la Fédération Nationale des Coopératives, et lorsque j'entendais dire hier qu'il fallait constituer un Bureau de Documentation, je
pensais que cette documentation ne serait pas facile, en raison de
l'inertie qu'opposent trop de sociétés coopératives, en présence des questionnaires qui permettraient précisément de constituer cette documentation.

Si on établissait le pourcentage, on verrait que c'est en France qu'on
met le moins d'empressement à cet effort de statistique coopérative.

Le total des primes payées par les sociétés qui ont répondu s'élevait
à 553.517 francs, et parmi ces sociétés, qui sont engagées par leurs
contrats sur des périodes qui s'échelonnent entre un an et dix ans,
23 sociétés, représentant 285.000 francs de prime voient leurs polices

échoir en 1928, et par conséquent pourraient entrer rapidement dans un Syndicat de garantie.

Il nous sera difficile d'obtenir dès la première année, les 300 sociétés adhérentes indiquées par la loi, puisqu'il n'y en a que 23 qui vont pouvoir adhérer en 1928.

Mais comme nous avons parmi nos sociétés de grosses entreprises entrant dans la catégorie spéciale qui est prévue par la loi, nous pourrions très facilement constituer dès le début notre Syndicat de garantie, avec un certain nombre de grosses sociétés de développement et avec le Magasin de Gros.

En résumé, l'étude de la question à laquelle je me suis livré me permet de vous dire que, à mon sens, c'est le Syndicat de garantie qui constitue l'organisme qui s'adaptera le mieux à nos besoins.

Je vous ait dit tout à l'heure que mon inexpérience m'avait fait commettre peut-être deux erreurs, d'une part vous présenter un projet un peu réduit qui ne concerne que nos sociétés coopératives, qui ne peut envisager pour longtemps l'extension de l'assurance à des commerçants ou des industriels privés que peut-être nous pourrions amener à nous pour constituer un portefeuille un peu plus considérable ; et mon inexpérience aussi m'a fait peut-être un peu trop précis, en vous présentant comme solution unique, le Syndicat de garantie.

Nos amis de l'Union des Coopérateurs de Paris — je m'excuse de leur couper l'herbe sous les pieds, ils prendront la parole tout à l'heure — pensent que peut-être la constitution d'une société mutuelle serait préférable pour le mouvement coopératif. Je vous ai indiqué mes raisons ; ils vous indiqueront les leurs.

Peut-être d'autres camarades pensent que la constitution d'une société anonyme serait préférable pour le mouvement coopératif.

Je crois que ce ne serait pas le lieu de trancher des questions d'ordre technique dans un Congrès, et que nous pourrions laisser à une Commission, nommée par le Conseil Central, Commission qui serait composée d'une part de techniciens de l'assurance, de techniciens des finances, et d'autre part de représentants des sociétés coopératives s'intéressant à l'assurance accidents du travail, le soin de déterminer quelle serait la meilleure forme d'organisation à donner à notre organisation nationale.

Je m'y ferai le champion du Syndicat de garantie ; mais je ne veux pas écarter la possibilité d'examiner la question de la société mutuelle ou même de la société anonyme. Et j'accepterais la modification de la résolution qui vous est proposée, modification qui consisterait à laisser au Conseil Central le soin de nommer cette commission, en lui indiquant qu'il y a nécessité d'aboutir dans le courant de l'année qui vient, de façon à ce que cette Commission ne se contente pas d'étudier, sans jamais aboutir à une conclusion qui permette l'action.

Par conséquent, camarades, je vous propose la résolution que vous avez sous les yeux, avec l'amendement dont je viens de parler et qui vous sera présenté, je crois, par notre ami Buguet, tout à l'heure.

Ce qu'il faut retenir, c'est que le mouvement coopératif, dans son Congrès de cette année, marque sa volonté de discuter des questions précises, positives, concrètes, et d'aboutir à des réalisations qui permettront au mouvement coopératif de travailler au moins sur un point très important et d'organiser entre les sociétés une solidarité effective, en ce qui concerne tout au moins les risques accidents du travail.

C'est un premier point, c'est un point de départ. Le mouvement coopératif se devra à lui-même d'organiser nationalement son assurance, et par conséquent d'aboutir à une organisation permettant aux sociétés coopératives de solidariser leurs forces, pour la couverture de tous les risques concernant non seulement nos sociétés coopératives, mais tous les membres de ces sociétés.

Le Président. — La parole est à Richard, de l'*Union des Travailleurs de Saint-Etienne.*

Intervention de RICHARD

Richard. — Nous sommes pleinement partisans des déclarations qui viennent d'être faites ; nous avons étudié de près cette question et nous avons l'honneur de vous soumettre ce qui va suivre.

Nous sommes heureux de voir la Fédération Nationale mettre à l'ordre du jour du Congrès la question des assurances.

Les coopératives sont majeures ; elles peuvent, elles doivent éliminer de plus en plus les organismes parasitaires qui alourdissent la marche en avant.

L'assurance est un des plus lourds de ces organismes parasitaires.

Toutefois, nous croyons que ce n'est pas supprimer le parasite que de le remplacer simplement par un autre de la même catégorie.

Nous sommes donc profondément surpris de la proposition de la Fédération, concernant l'Assurance Ouvrière.

Cette Compagnie est comme les autres ; son fonctionnement est identique, et si les relations avec elle peuvent être cordiales, ces relations ne feront pas avancer d'un pas la seule solution possible : être nos propres assureurs.

Elle pourra peut-être nous aider plus agréablement qu'une autre à traverser la période transitoire que nous allons étudier, mais, en fin de compte, nous devrons l'éliminer, elle comme les autres.

La Fédération Nationale n'a donc pas à se faire l'agent général d'une Compagnie d'assurances quelconque, c'est une véritable abdication.

Elle devia être son propre assureur, pour apporter enfin dans les règlements de sinistre le caractère de réparation sociale que nous chercherons toujours en vain dans une Compagnie d'assurances, entreprise mercantile avant tout.

Au groupement Région Forez, Auvergne, Bourbonnais, nous avons déjà étudié la question.

De son examen, il résulte qu'il convient avant tout de connaître exactement la matière à assurer.

Rares sont les coopératives dont l'inventaire général a été établi avec estimation au cours du jour. Bâtiments, matériel, sont fixés après des amortissements nombreux, donc très dépréciés.

Les responsabilités locatives, de voisinage, sont toujours négligées parce que inconnues ou volontairement dissimulées.

Dans la partie accidents, aucun travail préparatoire n'a été accompli.

En un mot, il n'existe à peu près rien dans les coopératives pour permettre la création d'un organisme intérieur des assurances.

L'adhésion à l'Assurance Ouvrière créera-t-elle ces organismes ?

Nous le croyons d'autant moins que, dans la circulaire, la Fédération dégage tout de suite la responsabilité des représentants, à qui elle demande d'être de simples boîtes aux lettres.

Quand, au contraire, il faudrait des spécialistes très avertis, pour établir des contrats évitant les surprises des règlements de sinistres.

Dans notre région qui groupe, comme nous l'avons dit plus haut, 115.000 sociétaires avec un chiffre d'affaires annuel de 130 millions de francs, que représente pour nous l'Assurance Ouvrière avec ses 59.000 sociétaires ?

Autre chose serait de constituer dans chaque région, au sein de l'une des coopératives de cette région, un organisme qui aurait pour premier but d'établir une statistique des valeurs existant ou des responsabilités à couvrir dans chacune des coopératives de la région, et en second lieu connaître les contrats d'assurances existant et en faire une première mise au point en exigeant des compagnies déjà intéressées des tarifs spéciaux que l'on obtient toujours d'autant plus facilement que l'organisme représente une plus grosse masse de coopératives.

Assurer au sein de cet organisme un service d'expertise donnant toute sécurité aux sociétaires.

En un mot, faire l'éducation nécessaire pour préparer le passage de l'assurance, des compagnies aux sociétés coopératives elles-mêmes.

A ce moment, la région pourra envisager l'assurance directe en se couvrant par des réassurances de masse diminuées chaque année.

Création d'une caisse d'assurance alimentée par les économies des contrats en cours.

L'assurance directe deviendra alors possible par échelons successifs, en se couvrant par des réassurances massives au fur et à mesure de l'encaisse.

En un mot, chaque région représente une masse suffisante pour devenir elle-même son propre assureur : il suffit de le faire avec la prudence nécessaire, en s'entourant des éléments qualifiés pour aboutir.

Le Président. — La parole est à Buguet.

Exposé de BUGUET

E. Buguet. — Au nom de l'*Union des Coopérateurs de la Région Parisienne*, nous aurions quelques observations à faire, sur le rapport soumis par notre camarade Yung au Congrès.

Yung, au cours de l'exposé si précis et si clair qu'il a fait tout à l'heure, nous a déjà donné un certain nombre de satisfactions. Nous voudrions préciser, au cours de notre intervention, les points sur lesquels nous ne sommes pas tout à fait d'accord avec lui.

Yung examine trois possibilités de réalisation ainsi qu'il vous l'a indiqué : la forme mutuelle, la forme de la société anonyme et le syndicat de garantie. Il écarte tout de suite les deux premières formes, c'est-à-dire la mutuelle et la société anonyme, en raison des charges financières qu'elles pourraient entraîner pour le mouvement coopératif, et se rallie à la forme du syndicat de garantie, forme plus étroite, à notre avis trop étroite.

En effet, si du point de vue financier, la forme du syndicat de garantie donne certainement satisfaction aux coopératives, d'un autre côté nous disons que c'est une forme trop étroite, et nous craignons certains inconvénients. Parce que, en somme, qu'est-ce que c'est que l'assurance ? C'est une branche de production, particulière c'est vrai, mais enfin nous avons des exemples, dans la production purement coopérative, que justement les inconvénients que nous avons rencontrés, les difficultés auxquelles nous nous sommes heurtés au cours de la production, ont surgi de la base trop étroite que nous avions envisagée pour l'écoulement de cette production.

Nous pensons que renouveler, pour l'assurance, les mêmes difficultés, ne serait pas un gage de bonne administration.

Le défaut du Syndicat de garantie, je le répète, est d'être à base trop étroite.

Nous nous rallierons plus facilement à la forme mutuelle, car nous pourrions ainsi toucher, en dehors des sociétés coopératives, un certain nombre de nos adhérents, nous pourrions élargir l'exploitation de l'assurance et obtenir des résultats plus satisfaisants que par la forme du syndicat de garantie.

Yung dit : « Les Syndicats de garantie ont disparu dans une grande proportion ». Mais il ajoute que les statistiques fournies par les Syndicats de garantie ne peuvent pas être prises dans leurs chiffres intégraux, pour la raison que ces chiffres sont handicapés par les syndicats de garantie présentant de forts risques..

En effet, c'est que la grande majorité des syndicats de garantie qui ont résisté à l'application sont ceux qui se sont constitués pour couvrir des risques que les sociétés d'assurances acceptent difficilement ou avec de très fortes primes.

Cela est déjà, à notre avis, une critique assez sérieuse de la forme proposée.

Il faut, en effet, aussi, d'un autre point de vue, pour les sociétés coopératives, être sûr que les sacrifices, que les primes qui seront demandées par le Syndicat de garantie, ne viennent pas aggraver les charges qu'actuellement elles assument par leurs paiements aux Compagnies d'assurance.

D'après les taux donnés par notre camarade Yung, taux que lui-même reconnaît ne pas être suffisants dans certains cas, si j'en crois deux rapports que j'ai ici, de personnes qui, de par leur fonction, ont été appelés à suivre les questions d'assurances et leur application dans les sociétés, il ressortirait une aggravation de charges pour les sociétés.

C'est en tenant compte de ces considérations que nous avons été amenés à penser que ce n'était peut-être pas au Congrès de décider de la forme que devait revêtir l'assurance.

A notre avis, le Congrès est tout à fait qualifié pour adopter le principe de la création de l'assurance accidents par le mouvement coopératif.

Nous croyons par contre que s'il décidait, sans avoir étudié suffisamment les possibilités de réalisation du mode d'application, il serait à craindre que nous courrions le risque de voir cette résolution rester lettre morte, ce qui est arrivé à pas mal de décisions de Congrès.

Si nous voulons que cette décision donne tous les fruits que l'on est en droit d'en attendre, il faut qu'elle soit étudiée très attentivement afin que les sociétés aient la certitude que le système adopté apporte une amélioration à ce qui existe.

Nous pensons donc qu'il y a lieu, si nous voulons faire un travail sérieux, de demander simplement au Congrès l'acceptation du principe de l'organisation de l'assurance accidents par le Mouvement coopératif, et de laisser le soin, comme le disait tout à l'heure notre ami Yung, à une Commission désignée par le Conseil Central, d'examiner les modalités de réalisation.

Nous ne voulons pas préjuger de la solution qui sera adoptée. Il est possible qu'à la suite d'un examen approfondi des camarades qu'indiquait Yung tout à l'heure, techniciens et administrateurs, il est possible que la formule du Syndicat de garantie soit préférée ; mais alors ce sera en toute connaissance de cause.

Par conséquent, nous allons non pas déposer un amendement à la proposition de Yung, mais nous allons vous demander de substituer à cette proposition celle dont je vais vous donner connaissance.

L'*Union des Coopérateurs de Paris* demande de substituer la proposition suivante à celle du camarade Yung, concernant les assurances accidents :

Le Congrès de la F. N. C. C., réuni à Grenoble, accepte le principe de la création d'une organisation coopérative de l'assurance-accidents ;

Il charge le Conseil central de désigner une Commission qui étudiera les modalités de réalisation à soumettre par le Conseil central à une Assemblée constitutive.

Ainsi, ceux qui, après avoir pris connaissance du rapport de la Commission désignée à cet effet, voudront faire partie de l'assemblée constitutive, pourront examiner si la forme retenue par la Commission leur convient, et on pourra constituer une organisation viable, une organisation susceptible de donner aux sociétés les satisfactions qu'elles sont en droit d'attendre d'une telle création.

Nous vous demandons donc d'accepter la proposition que nous vous soumettons, et je pense que le Congrès fera preuve de sagesse en l'acceptant.

Le Président. — La parole est à Gaston Lévy.

Intervention de Gaston LÉVY

Gaston Lévy. — J'avais l'intention de ne pas parler contre la proposition de la Fédération, mais d'indiquer au Congrès quel serait peut-être, selon moi, le danger de l'accepter, au risque de reculer encore la constitution de notre organisation d'assurance accidents.

J'y reviendrai peut-être, parce que je me crois obligé, après l'intervention du camarade Richard, de donner d'une part au Congrès quelques explications sur les conditions dans lesquelles la Fédération Nationale a pris des arrangements avec l'Assurance Ouvrière, et pour donner aussi quelques renseignements sur cette société que nos camarades de Saint-Etienne semblent méconnaître, à peu près d'ailleurs dans les mêmes conditions qu'ils méconnaissent les autres organisations centrales qui appartiennent au mouvement coopératif, à part la Fédération Nationale.

Il est tout de même curieux que lorsque, pour la première fois, on essaye dans un Congrès coopératif d'aborder cette question de l'assurance par la partie qui a semblé, à ceux qui l'ont étudiée, la plus pratique et la plus facile pour les sociétés coopératives, des camarades viennent nous dire : « Mais, vous n'en faites pas assez, il ne s'agit pas seulement de l'assurance accidents, c'est une petite chose, vous n'êtes pas préparés pour cela, il faut s'occuper de toutes les formes d'assurance, et particulièrement il faut s'occuper de l'assurance incendie. Comment ! nous dit-on encore, vous proposez une combinaison avec une société d'assurance qui est une société comme les autres ! »

Nous allons nous expliquer là-dessus. Mais j'ai le droit tout de même de poser une question à nos camarades de Saint-Etienne qui n'adhèrent ni au Magasin de Gros des Coopératives, probablement parce qu'il est plus commode de critiquer en restant en dehors que de se rendre compte des résultats que l'on peut obtenir en participant à une action effective, ni à la Banque des Coopératives, et qui se refuseraient, c'est certain, à adhérer au Syndicat de garantie, tout en nous réclamant plus de propagande, plus d'efforts, plus de travail et une organisation beaucoup plus générale qui, sans doute, ne recevrait pas davantage l'adhésion de l'*Union des Travailleurs de Saint-Etienne*.

L'Assurance Ouvrière n'est évidemment pas une organisation purement coopérative, si on veut admettre que n'est purement coopérative qu'une organisation constituée par des sociétés coopératives à l'exclusion de tout autre organisme.

Mais lorsque nous faisons la comparaison de nos œuvres coopératives avec les œuvres coopératives de l'étranger et que nous constatons malheureusement notre faiblesse relative par rapport aux organisations étrangères, nous avons le devoir de rechercher comment nos camarades coopérateurs des autres pays ont résolu certains problèmes qui se posent à nous.

Dans les questions d'assurances, je ne connais pas — il est probable que notre camarade Richard est mieux renseigné, mais il ne nous l'a pas dit — je ne connais pas de pays où l'organisation de l'assurance soit instituée d'une façon empirique, par des coopératives elles-mêmes, sans techniciens, sans organisation spéciale qui repose sur les données mathématiques sur lesquelles doivent reposer toutes les affaires d'assurance.

Dans tous les pays, il y a des organisations d'assurance qui ont des rapports et des contacts avec les organisations coopératives. Les camarades anglais eux-mêmes qui, cependant — et j'y insisterai davantage cet après-midi à propos du rapport que je dois développer devant vous — qui ont toujours eu la tentation de centraliser l'ensemble de leurs organisations dans une même unité organique et juridique, ont fait exception pour l'assurance, alors que leur Magasin de Gros englobe toutes les formes de la production, même l'organisation bancaire, ont créé une société spéciale pour l'assurance.

Nos camarades allemands qui, eux aussi, ont pratiqué la politique de l'intégration le plus complètement possible, à l'intérieur de leur organisation de gros, ont une société spéciale pour l'assurance.

Nos camarades suédois qui, eux aussi, ont pratiqué l'intégration en partie, ont une société spéciale pour l'assurance.

Nos camarades de Finlande ont des sociétés spéciales pour l'assurance.

Les Suisses, nos amis Belges ont également des sociétés spéciales pour l'assurance, les Hongrois... je pourrais faire tout le tour de la Coopération.

Il suffit d'examiner ce qu'est l'organisation de l'assurance pour se rendre compte qu'il est matériellement impossible de limiter à l'assurance incendie et l'assurance vie les opérations qui peuvent être faites et qu'il n'est pas possible non plus de faire autrement que d'employer, pour réussir les opérations que l'on entreprend, les règles mathématiques qui sont à la base de toute organisation d'assurance.

Qu'est-ce que c'est que l'assurance ? Que ce soit sous forme de société anonyme ou de société mutuelle, le principe est le même : il s'agit, par le versement d'une prime la plus faible possible de s'assurer contre un risque éventuel.

Il faut donc que l'on établisse le barême proportionnel du risque. qui établit lui-même selon le nombre d'assurés les sinistres qui sont à prévoir. C'est parce que l'on connaît mathématiquement, sur des règles qui ont été établies depuis de longues années, les risques qui sont susceptibles de se produire, que l'on peut établir la prime qu'il faudra demander à chaque assuré.

Dans une société anonyme, il se produit ceci. Comme il y a un excédent entre le versement des primes et le montant des sinistres à régler, le bénéfice qui en résulte, déduction faite des frais généraux et des impôts retourne aux capitalistes qui ont constitué la société, sous la forme de dividendes.

Dans une société mutuelle, au lieu de retourner sous la forme de dividende aux actionnaires, les ristournes qui s'accumulent dans la société permettent, à un moment donné, de diminuer l'importance de la prime, par le fait de l'utilisation possible des réserves constituées par les primes anciennes.

Ce système est celui de l'Assurance Ouvrière.

L'Assurance Ouvrière n'est pas très grande, elle n'a pas encore acquis une importance très considérable. Mais quand a-t-elle été constituée ? par qui a-t-elle été constituée ? quelle est sa force présente ? et en face de cette force, qui appartient en grande partie au mouvement coopératif, qu'est-ce que vous nous proposez pour la remplacer ?

L'Assurance Ouvrière a été créée en 1900, par les organisations syndicales et coopératives.

Actuellement, la plupart des sociétés coopératives adhèrent à l'Assurance Ouvrière, font couvrir leurs risques par elle, et déjà à l'heure présente, l'Assurance Ouvrière encaisse chaque année 1.450.000 francs de primes.

Jusqu'à ce que vous soyez arrivé, par vos organisations régionales que vous recommandez, à encaisser 1.450.000 francs de primes et par conséquent à pouvoir vous permettre de prendre les risques qui correspondent à ce chiffre, il y a loin !

J'entends bien quels reproches vous pouvez faire à l'Assurance Ouvrière.

Une société comme une autre ? Non. Ce n'est pas une société comme une autre. D'abord, c'est une société mutuelle et qui applique de ce fait non pas les tarifs des sociétés anonymes qui sont obligés de prévoir les bénéfices à répartir entre les capitalistes sous forme de dividendes, mais un tarif qui correspond exactement à peu près à ce qui, dans la plupart des cas, est d'environ 20 % au-dessous du tarif des sociétés anonymes. C'est là un premier avantage.

Deuxième avantage : les réserves ne sont pas réparties. Je me trompe : il y a une petite répartition qui est faite, c'est-à-dire que l'Assurance Ouvrière, dans chaque assemblée générale, vote 3, 4, 5.000 francs sur les bénéfices qu'elle a réalisés, pour la Fédération Nationale des Coopératives, pour l'Enfance Coopérative, pour les organisations syndicales, pour un certain nombre d'organisations qui peuvent apparaître à l'Assurance Ouvrière comme intéressantes, non seulement au point de vue de son développement, mais en raison des œuvres accomplies par elles.

L'Assurance Ouvrière est administrée par un Conseil d'Administration où les 9/10ᵉ des membres sont des coopérateurs ; elle est administrée par des gens qui s'efforcent le plus possible de mêler l'action de la Coopération à l'action de l'Assurance...

Poisson. — Et le dernier dixième est syndical.

Lévy. — Et c'est cette société qu'on nous présente comme une compagnie capitaliste ordinaire !

Et on nous propose bien quelque chose ! on nous propose que la Fédération Nationale des Coopératives se fasse le courtier de sociétés capitalistes, de façon à avoir, comme on le disait tout à l'heure, la possibilité d'obtenir des différences sur les primes.

Eh bien ! cela, on peut le faire pour l'Assurance Ouvrière, et ce que l'Assurance Ouvrière a fait dans sa convention avec la Fédération Nationale, c'est de permettre à celle-ci d'agir comme courtier et de bénéficier de la remise que l'on est obligé de faire au courtier, de façon que la Fédération Nationale puisse remettre aux sociétés coopératives qui utiliseront son canal la part de courtage qui était jusqu'à présent touchée par le courtier.

Est-ce que nous devons être plutôt le courtier de notre organisation, ou est-ce que nous devons être le courtier des sociétés capitalistes.

d'assurances ? Voilà comment se pose le problème et voilà ce qu'on nous offre, en remplacement de ce que nous avons proposé !

La Coopération ne pourra pas, du jour au lendemain, organiser son assurance incendie. Il y a un risque assez gros, il y a des sinistres qui doivent être réglés régulièrement, il y a tout un système d'assurances et de réassurances qui entraîneront des frais généraux considérables. Et malgré tout, quelle que soit l'importance des sociétés coopératives, nous ne pouvons pas dire que l'ensemble des réserves des sociétés pourra arriver à faire vivre une société d'assurance incendie.

Reste la question des sociétés coopératives essayant de trouver, dans l'ensemble de leurs membres, des adhérents à l'organisation qui aura été créée.

Que l'on commence par faire l'effort de demander à tous les sociétaires des sociétés coopératives de devenir les assurés de l'Assurance Ouvrière, qui est adhérente à la Fédération Nationale et qui est contrôlée par le Mouvement Coopératif.

Et lorsque nous aurons, à l'intérieur de l'Assurance Ouvrière, une masse d'assurés coopérateurs, il n'est pas douteux que l'organisation que nous aurons créée retournera tout entière au mouvement coopératif.

C'est cet appel là que je vous fais, en réponse à la proposition de notre camarade Richard.

Je m'excuse d'être intervenu sur un point qui, au fond, n'est pas à l'ordre du jour. Je reviens au rapport de Yung et je regrette pour ma part qu'il ait accepté l'amendement ou la proposition de la Fédération de la Région Parisienne.

J'entends bien qu'il est toujours difficile, dans un Congrès, de refuser la constitution d'une Commission de techniciens, pour examiner les conditions dans lesquelles on établira une société. Il est difficile de le refuser et je ne me sentirais pas le courage moi-même d'opposer un tel refus.

Mais je voudrais attirer votre attention sur l'inconvénient que cela peut présenter, et je demanderai au Congrès de se prononcer sur un point à mon avis extrêmement important, et que notre ami Buguet a tout à l'heure développé devant vous.

L'idée de nos amis de la Fédération de la Région Parisienne, en n'acceptant pas immédiatement la constitution de l'organisme que nous voulons créer sous la forme de Syndicat de garantie, leur préférence marquée pour la constitution d'une mutuelle, on nous l'a bien dit, se rattache au désir d'élargir le cadre de notre organisation. Et on a fait appel, en dehors des sociétés coopératives, aux coopérateurs qui pourraient se trouver dans la nécessité d'assurer leurs ouvriers, s'ils en ont, contre les accidents du travail.

C'est ce point qui me paraît grave et qui me paraît plein d'inconvénients.

Grave, parce que, autant il est possible de chiffrer à peu près exactement l'importance des sinistres qui peuvent se produire dans une société coopérative — parce que, à cet égard, quoi qu'en ait dit Richard, nous avons des éléments d'appréciation, il est facile de les trouver dans les sinistres qui ont été réglés, dans la plupart des cas, par les sociétés coopératives elles-mêmes, de même que nous connaissons le montant des primes que les sociétés payent à différentes compagnies d'assurance. Nous connaissons donc à peu près l'importance des recettes qui y correspondent, et si nous avons la sagesse de demander aux sociétés coopératives qui le peuvent, c'est-à-dire aux plus importantes, de prendre à leur compte une partie du risque, nous avons la quasi-certitude que la surveillance des sinistres sera bien faite. Mais si nous allons en dehors de notre mouvement coopératif, au point de vue des sinistres possibles, naturellement nous nous trouvons en présence d'une multiplicité de risques beaucoup plus grande et les calculs que nous avons pu établir, d'après les données statistiques que nous possédons nous-mêmes, ne seront plus justes et nous serons dans l'obligation d'établir nos calculs de primes sur des tables générales.

Et tout à l'heure, Yung vous a bien expliqué toute la différence considérable qu'il y a entre la prime que l'on est obligé d'exiger pour telle catégorie de risque ou pour telle autre. Plus nous multiplions les modes différents de risque, plus nous sommes dans l'inconnu au point de vue de l'établissement de notre tarification. C'est donc un inconvénient très grand.

Mais il y en a d'autres qui sont plus grands encore. C'est qu'il n'y a plus de surveillance directe des sinistres. Parce que les sociétés coopératives peuvent surveiller leurs propres sinistres, elles le peuvent d'autant plus facilement qu'elles les connaissent ; elles peuvent prendre des dispositions pour éviter que les sinistres ne s'aggravent en nombre, et c'est ce qu'indiquait tout à l'heure Yung, lorsqu'il montrait que, lorsque nous établirons notre système d'assurance contre les accidents du travail, nous devrons moins rechercher l'économie immédiate en ne payant pas de primes trop fortes, que d'essayer d'atténuer le plus possible le nombre de nos sinistres, en nous intéressant nous-mêmes à une organisation plus rationnelle, plus normale, à une organisation plus saine du travail, car ce que nous devons avant tout rechercher — et là, notre intérêt matériel se trouvera lié à nos aspirations morales — c'est la disparition presque totale des accidents du travail.

Cet effort, que nous pouvons accomplir et faire aboutir en suivant les risques que nous connaissons et qui sont les nôtres, nous ne pourrons plus le faire si nous étendons notre organisation d'assurance à des particuliers qui, même lorsqu'ils seront coopérateurs, n'auront ni le même intérêt matériel ni les mêmes intérêts moraux que les sociétés coopératives pourront avoir.

Autre inconvénient : Le syndicat de garantie offre un avantage marqué sur les autres formes d'organisation, à cause de la faiblesse de ses frais généraux. Mais tout l'avantage de cette faiblesse des frais généraux disparaîtra à partir du moment où, par le fait de l'extension que nous aurons donnée à notre organisation, nous serons obligés d'organiser tous les services de surveillance de risques et de sinistres, et par conséquent où nos frais généraux se rapprocheront beaucoup plus de ceux des grandes sociétés anonymes ou mutuelles, que des frais généraux qui incombent à un syndicat de garantie.

Ce sont ces raisons qui me font appuyer très fermement l'idée de la constitution, sous la forme de syndicat de garantie, ce qui peut être fait au point de vue des assurances accidents. Et je crois qu'en tout cas ils est important, même si on ne voulait pas se prononcer aujourd'hui sur la formule du syndicat de garantie par rapport à la mutuelle ou à la société anonyme, il est important que le Congrès se prononce sur un point : L'organisation que nous faisons est-elle faite seulement pour les sociétés coopératives, ou est-ce que nous admettrons qu'en dehors des sociétés coopératives, l'organisation puisse courir des risques en prenant des assurés parmi ses membres ?

C'est, je crois, un point important sur lequel il faut que le Congrès se prononce, de façon à ce que votre commission de techniciens ne nous présente pas quelque chose qui ne soit pas ce que vous voulez faire.

Le Président. — La parole est à Poisson.

Intervention de **POISSON**

E. Poisson. — Je pense que le principal est d'aboutir et je crois qu'en effet, qu'il y ait commission ou qu'il n'y ait pas commission, il faut, en tout cas qu'on fixe un délai à ne pas dépasser. Si une commission doit être nommée, il importe que le Congrès décide que, par exemple dans un délai de trois mois, cette Commission devra revenir devant le Conseil Central qui, en dernière analyse, aura la décision à prendre, puisque c'est lui qui doit convoquer l'assemblée constitutive de la société, quelle qu'elle soit, mutuelle, anonyme ou syndicat de garantie.

Je crois qu'il est bon de prendre la précaution que les techniciens ne s'éternisent pas dans des discussions académiques et aboutissent dans un délai rapproché.

Je vois là-haut Ramadier, et sa présence me remet en mémoire ce qu'il nous en a coûté de temps d'être allés trouver des techniciens, pour la loi organique. C'est pour cela que quelques-uns de nos camarades pouvaient faire des observations ; c'est qu'en vérité les techniciens ont mis bien longtemps pour accoucher d'un premier projet que nous avons dû amender et qui n'est pas celui du Conseil Supérieur de la Coopération.

Je voudrais bien que cela ne recommence pas pour les assurances, et je demande qu'il soit bien entendu que, si la proposition de Buguet est acceptée, dans un délai maximum à fixer, le Conseil Central sera appelé à délibérer ou même reprendra sa liberté et proposera sa solution.

Je voudrais indiquer en second lieu l'état d'esprit dans lequel nous devons, je pense, aborder ce problème de l'assurance-accident. Et puisque nous avons une organisation adhérente, l'*Assurance Ouvrière*, je pense que c'est en rattachant l'organisme que nous créerons, tout au moins au point de vue de sa gestion, à l'*Assurance Ouvrière,* que nous ferons une bonne coordination de nos efforts.

Je ne crois pas que la proposition d'aujourd'hui doive avoir pour conséquence de nous séparer de l'*Assurance Ouvrière*. Je crois, au contraire, qu'elle doit nous lier davantage à elle.

C'est même pour cela que, poursuivant cette politique, nous avons, cette année même, fait une convention avec l'*Assurance Ouvrière,* dont Lévy vous a dit un mot, et je me permets d'y insister parce beaucoup de coopératives n'ont pas encore répondu à notre circulaire.

Nous avons obtenu que la Fédération Nationale soit considérée comme l'Agent général de l'*Assurance Ouvrière* et que les sociétés soient considérées comme des sous-agents. C'est là un résultat très important, et je demande que le Congrès rappelle cela aux sociétés et leur demande de mettre la question à l'ordre du jour de leur conseil d'administration.

Je sais bien qu'il y a une petite difficulté : dans certaines localités, l'*Assurance Ouvrière* a installé des agents, et il y a des camarades qui sont même quelquefois membres de nos conseils d'administration et agents de l'*Assurance Ouvrière*. J'entends bien que cela blesse un peu leur intérêt particulier : mais tout de même, quel que soit mon désir de satisfaire les intérêts de tous et de chacun, je dirai que l'intérêt général doit dépasser l'intérêt particulier et qu'à condition d'y mettre de la bonne volonté et de l'entregent, il n'est peut-être pas très difficile d'arriver à une entente, la société elle-même pouvant prendre comme correspondant celui qui est actuellement l'agent de l'*Assurance Ouvrière*.

Mais en tout cas, il faut que, dans un délai très bref, les sociétés aient appliqué notre convention.

C'est que nous y avons le plus grand intérêt, pour lier ainsi l'assurance accidents du travail à l'assurance incendie, quelle que soit la forme que nous adoptions, — car en effet, l'*Assurance Ouvrière* n'est pas entièrement coopérative, mais elle est tout de même coopérative, et ceux qui ont vécu l'histoire de la coopération d'il y a vingt-cinq ou trente ans se rappellent les difficultés, aujourd'hui passées dans l'histoire, entre l'*Assurance Ouvrière* et la Fédération Nationale. Tout cela n'est que du passé et n'existe plus. Mais il est incontestable que nous devons faire de l'*Assurance Ouvrière* une assurance totalement coopérative.

Non pas que l'on doive éloigner d'elle ceux qui l'ont constituée : organisations professionnelles ou même municipalités qui lui apportent une part de recettes ; mais nous devons en avoir la gestion totale et complète.

C'est une question importante que nous avons posée à l'*Assurance Ouvrière* elle-même, lors de notre convention.

J'espère que les derniers récalcitrants, — j'allais dire un mot qui aurait pu paraître une injure et je le retire avant de l'avoir prononcé, — j'espère que les derniers récalcitrants qui existent à l'*Assurance Ouvrière*, les derniers arriérés comprendront que les temps sont changés et que, pour le développement même de l'*Assurance Ouvrière*, il faut qu'elle se modernise et devienne une assurance coopérative totale.

J'ajoute que peut-être aussi il faudra lui donner son véritable nom. Je ne voudrais pas que nos camarades puissent croire que c'est pour retirer à l'*Assurance Ouvrière* je ne sais quel caractère de classe et que je ne voudrais pas qu'elle fût l'*Assurance Ouvrière*. Mais je dis très franchement à nos camarades de l'*Assurance* que le mot ouvrier, que je ne réprouve pas — je ne veux pas certes faire cette injure, — le mot ouvrier gêne le recrutement. Les employés croient que ce n'est pas une assurance pour employés : de même les paysans ne croient pas que c'est une assurance pour les travailleurs des champs. Maintenir ce titre, c'est vouloir restreindre le recrutement. Il ne s'agit pas du tout de retirer à l'*Assurance Ouvrière* son caractère d'émancipation ; bien au contraire, dans ma pensée, il s'agit de trouver le moyen que véritablement elle appelle à elle tous les travailleurs. Cela peut paraître un paradoxe, de lui retirer le mot ouvrier pour faire appel à tous les travailleurs ; oh bien ! pour qu'elle soit une assurance de tous les travailleurs, de la ville et des champs, c'est cela qu'il faut faire.

J'ajoute que nous aurons du mal pour défendre cette organisation d'assurance qui coordonnera les forces de l'incendie et des accidents. Nous savons que nous allons trouver devant nous les organisations d'assurances capitalistes, et malheureusement — je parle clair — je ne suis par très sûr que dans certaines sociétés (je veux croire qu'elles ne sont pas adhérents) il n'y aura pas les agissements des agents des assurances privées et capitalistes, pour essayer d'empêcher, sous les prétextes les plus divers et les plus saugrenus, quelquefois par des surenchères, les adhésions aux assurances coopératives qui libèrent précisément des assurances capitalistes et de leurs agents. En admettant même que ce ne soit pas pour des raisons d'intérêt, il y a quelquefois des complaisances morales. Eh bien ! il faut que vous empêchiez ces complaisances morales. Quelquefois, c'est simplement parce que l'agent de l'assurance est un ami, un camarade, un coopérateur ; on veut lui faire plaisir, comme à l'agent de l'*Assurance Ouvrière*. Je demande aux sociétés coopératives de réfléchir sur ce point et de faire un effort pour venir à l'assurance coopérative entière.

Je voudrais même aller plus loin. Il n'y a pas que l'assurance accidents, il n'y a pas que l'assurance incendie à examiner, du point de vue coopératif : il y a aussi l'assurance vie.

Sans doute, nous nous félicitons de l'accord qui est intervenu entre nous et *La Prévoyance Sociale*, l'assurance coopérative belge. Nous n'avons qu'à nous louer de l'accueil que nous y avons reçu. Nous avons, là aussi, fait des accords pour son développement en France, puisqu'elle dépassait les limites de ses propres frontières territoriales, mais il n'y avait pas, entre nos amis belges et nous, de frontières de cœur ou de sentiment. Nous avons même un comité mixte avec *La Prévoyance Sociale*.

Sans doute, nous ferons de notre mieux pour que *La Prévoyance*, qui fait l'assurance vie, se développe en France sans heurts et sans conflits, avec notre propre assurance. Mais tout de même, sur un point, il y a une grosse question qui reste. La plupart de nos sociétés ont des caisses de solidarité, caisses de solidarité qui prévoient ou le décès ou le secours en cas de maternité. Il y a même des sociétés — à tout seigneur tout honneur — comme *La Fraternelle de Saint-Claude*, qui font aussi l'assurance maladie. Et on la fait dans des proportions considérables. Il y en a même qui font quelquefois l'assurance chômage.

Evidemment, la loi sur les assurances sociales va nous conduire à une adaptation de nos caisses dans les cadres de la législation nouvelle. La Fédération Nationale par elle-même — notre ami Yung, du reste, a une compétence sur laquelle je n'ai pas besoin d'insister — la Fédération va se préoccuper de l'adaptation des caisses de solidarité à la législation nouvelle.

Peut-être envisagera-t-on si vous devez créer des caisses primaires, dans le cadre de la loi, ou au contraire aller à la caisse départementale que nous avions préconisée quand elle devait être unique, mais où nous pouvons reprendre notre liberté, en face des caisses mutualistes ou des caisses syndicales, dans l'état actuel des choses, tout en coordonnant les efforts ; mais il est possible aussi que le mouvement coopératif conserve ses caisses de solidarité, en plus des assurances sociales.

Pour ma part, je suis de ceux qui préconisent cette solution.

Mais alors, il y a un problème qui se pose, celui de la diversité de ces caisses, de la complexité dans chacune de nos organisations, pour la caisse de solidarité. On peut le dire : Autant de sociétés, autant de règlements, et dans chaque société, autant de variétés qu'il y a d'années. On remet cela à peu près tous les ans sur le chantier, on transforme et on n'obtient pas les résultats que l'on voudrait.

La caisse de solidarité doit être par excellence une caisse de propagande. Evidemment, elle n'assure pas, elle procure simplement un don ou un secours, parfois un droit mais limité.

Si nous voulons que cette force de propagande porte ses fruits, il faut examiner dans quelles conditions elle sera le mieux appliquée, sans exiger des ressources trop considérables, suivant l'état financier des sociétés, et je crois que nous devrions aboutir à un règlement type des caisses de solidarité.

Mais je crois que nous devons aller plus loin et je voudrais que nous fassions examiner l'effort nécessaire par toutes nos sociétés, pour transformer leur caisse de solidarité en une caisse nationale coopérative d'assurance vie, pour tous les coopérateurs.

Je pense que nous ferions ainsi quelque chose d'utile, si nous trouvons les concours nécessaires.

C'est difficile. Nous allons nous heurter aux auteurs des règlements qui tiennent à leurs conceptions et qui n'en voient jamais d'autres que les leurs. Nous allons nous heurter aux commissions qui sont habituées à répartir les fonds dans telles ou telles conditions.

Mais si nous voulons remplir notre devoir, nous tenterons la chose.

Je disais hier qu'il faut d'abord croire et entreprendre, sans savoir même si la réussite est certaine. Eh bien, si vous nommez une commission pour l'étude des caisses de solidarité, je demande qu'on mette à son ordre du jour l'examen de l'unification des caisses de solidarité et la possibilité de leur transformation en une caisse d'assurance vie, mission pour laquelle je lui donne volontiers plus de trois mois.

Et j'émets le vœu qu'à force de bonne volonté et avec un projet qui reviendrait devant le Congrès, nous aboutissions à proposer cette transformation.

Nous aurions créé ainsi une autre branche qui, à côté de *La Prévoyance Sociale* et avec notre *Assurance Coopérative*, feraient un ensemble d'organisations d'assurances qui véritablement serait digne de notre Mouvement et de l'idéal que nous mettons en lui.

Le Président. — La parole est à Georges Yung, rapporteur.

Réponse de Georges YUNG

G. Yung. — Poisson nous a entraînés assez loin des assurances accidents. Il me permettra d'y revenir, pour dire à notre ami Buguet, de l'*Union des Coopérateurs de la Région Parisienne*, que les craintes qu'il a exprimées en ce qui concerne les syndicats de garantie, je les avais exprimées moi-même ; mais je m'étais donné, de plus, la peine de rechercher pour quelles raisons un certain nombre de syndicats avaient disparu ; ces raisons, je les ai données et j'ajoute encore celle-ci : l'hostilité parfois de fonctionnaires, et surtout l'hostilité des grandes compagnies anonymes d'assurance, françaises ou étrangères, et même d'un certain nombre de sociétés mutuelles qui, comme vous le savez, n'ont de mutuel que le nom.

En réalité, des exemples prouvent que des syndicats de garantie peuvent parfaitement fonctionner, et je ne parle pas d'un syndicat très puissant, celui des entrepreneurs des travaux publics, qui s'est constitué dans des conditions tout à fait particulières, parce que, en effet, comme le rappelait Buguet, les compagnies anonymes n'ont plus voulu assurer les risques de cette industrie qui sont considérables. Les Entrepreneurs ont donc constitué un syndicat de garantie qui a assuré ce risque et qui donne satisfaction à ses adhérents.

J'ai été voir sur place un syndicat de garantie plus modeste, qui correspond mieux à notre organisation coopérative, le Syndicat de garantie des Charcutiers de France.

Ce syndicat groupe environ 5.000 adhérents. Il a réussi, par son action, d'une part à constituer des réserves collectives pour tous les adhérents ; d'autre part, à diminuer, dans une certaine mesure, la cotisation qui était demandée autrefois par les compagnies privées ; mais il a surtout réussi à faire modifier certains travaux dangereux, à faire transformer les machines qui sont utilisées en charcuterie, à agir sur les fournisseurs de ces machines et à réduire ainsi dans de notables proportions les risques d'accidents du travail.

Il a obtenu ces résultats avec le nombre d'employés suivant : j'ai vu moi-même le syndicat fonctionner avec deux employés, pour 5.000 adhérents, répartis dans toute la France. Ces deux employés travaillent évidemment avec l'aide des présidents des organisations régionales ou locales du syndicat ; dans un cadre qui existe déjà et qui ne nécessite pas de frais supplémentaires.

Je crois, par conséquent, que l'indication donnée par Buguet, qu'aux syndicats de garantie avaient seulement adhéré des employeurs dont des compagnies ne voulaient pas à cause des risques trop élevés de leur industrie, je crois que cette indication ne répond pas à la réalité. Et même si elle était exacte, cela prouverait que le syndicat de garantie est une formule qui permet de réussir, là où les compagnies elles-mêmes déclarent ne pas pouvoir faire de bénéfices. .

Les taux indiqués dans mon rapport seraient, paraît-il, trop élevés. Je n'en sais rien. J'ai pris la précaution de vous dire qu'il ne fallait pas s'attacher aux chiffres qui n'avaient pour objet que de vous montrer la différence à faire entre les différentes branches qui concernent les sociétés coopératives.

Ces chiffres, en effet, datent de 1920. Ils ont été établis par les services du ministère dans des conditions dont je ne garantis pas l'exactitude.

Depuis, la loi a été transformée, les risques sont aujourd'hui plus considérables pour les employeurs, et dernièrement encore, une nouvelle loi vient d'augmenter la responsabilité des patrons, si bien que les primes ont été élevées dans la proportion de 40 ou 50 % pour répondre à cet accroissement du risque.

Malgré tout, je ne veux pas écarter la possibilité que nous laisse le texte présenté par l'*Union des Coopérateurs*, d'élargir le débat dans la commission prévue, et d'examiner d'autres formes.

A ce point de vue, je remercie notre ami Lévy d'avoir si vigoureusement et si éloquemment appuyé le rapport que je vous présentais. Il m'a créé malgré tout un embarras, car il demandait au Congrès de se prononcer sur la question importante de savoir si notre organisation était faite uniquement pour nos sociétés coopératives, ou si nous allions l'étendre au-delà de cette limite.

Si le Congrès indiquait que l'organisation sera créée uniquement pour les sociétés coopératives, je crois que Buguet retirerait immédiatement son texte, car il n'aurait plus de raison d'être, puisque dans ce cas il n'y aurait plus aucun motif de créer une mutuelle et nous aurions tout intérêt à nous en tenir au syndicat de garantie.

Buguet. — C'est exact.

Yung, *rapporteur*. — Si Buguet a présenté ce texte, c'est qu'il envisage l'extension autour des sociétés coopératives de l'assurance que nous voulons constituer.

Mais l'extension à qui ? Aux membres des sociétés coopératives. C'est ceux-là qui nous viendraient surtout. Or, les membres des sociétés coopératives qui sont eux-mêmes employeurs et voudraient ainsi se couvrir contre les risques d'assurance accident ne sont pas très considérables ; nous n'avons pas parmi nous beaucoup de patrons, de commerçants ou d'industriels.

Je ne dis pas qu'il faut écarter l'idée de nous étendre dans la suite et je ne dis pas qu'il n'y a pas, autour des sociétés coopératives, des petits artisans ou des agriculteurs — puisque maintenant les agriculteurs sont assujettis à la loi sur les accidents du travail — auxquels nous pourrons étendre notre assurance.

Mais je crois que cette extension n'est pas très urgente et que ce n'est pas une condition de création et d'organisation de notre assurance. Cette extension, au contraire, nous occasionnerait des frais généraux considérables, car il nous faudrait constituer un portefeuille au moyen d'agents, de courtiers et par conséquent de commissions. Il faudrait également constituer le cautionnement dont je parlais tout à l'heure, et nous devrions prévoir, pendant un certain nombre d'années, des frais généraux considérables, jusqu'à ce que notre portefeuille soit constitué, sans que nous obtenions un rendement correspondant et normal.

Tous nos camarades, aussi bien de l'*Assurance Ouvrière* que de *La Trévoyance Sociale* qui sont ici pourraient vous dire qu'il est extrêmement long et coûteux de constituer un portefeuille d'assurance.

Je n'ai pas voulu engager immédiatement le Mouvement Coopératif dans une entreprise qui, malgré tout, présente quelque aléa.

Mais, ne voulant pas écarter l'examen de la question de la mutuelle ou de la société anonyme, j'accepte la rédaction présentée par notre camarade Buguet, avec quelques petites modifications ou précisions que que je lui demande d'accepter.

Voici le texte que je propose :

Le Congrès de la F. N. C. C., réuni à Grenoble,

Décide la création d'une organisation de l'assurance-accidents par le mouvement coopératif ;

Charge le Conseil central de désigner une Commission qui étudiera les modalités de réalisation à soumettre le plus rapidement possible à une Assemblée constitutive.

Je ne précise pas trois mois, comme le demandait notre ami Poisson parce qu'il ne me semble pas nécessaire de fixer le nombre de jours ou de semaines ; l'expression « le plus rapidement possible » indique suffisamment, à mon sens, la volonté qu'a le Congrès d'arriver à une réalisation.

Poisson. — Mettons « cette année ».

Yung. — Mettons « cette année ».

Charge le Conseil Central de désigner une Commission qui étudiera les modalités de réalisation à soumettre cette année à une assemblée constitutive.

Le Président. — Camarades, vous venez d'entendre l'intéressante discussion qui vient d'avoir lieu concernant les assurances. Je crois que le Congrès sera unanime à se rallier à la résolution acceptée par le rapporteur qui tient compte à la fois des desiderara de l'*Union des Coopérateurs de la Région Parisienne* et des observations présentées par Poisson et par Lévy.

Il est bien entendu que cette résolution sera appliquée dans le courant de l'année, c'est-à-dire que la caisse d'assurance sera constituée avant le 1er janvier 1929.

Que tous ceux qui acceptent cette proposition le manifestent en levant la main.

La proposition est adoptée à l'unanimité.

Le Pésident. — Personne ne vote contre, même pas la petite minorité !

Poisson. — Nous l'en remercions.

La séance est levée à 11 h. 45.

La séance est ouverte à 14 h. 30.

E. Poisson. — Le Conseil Central vous propose de désigner notre ami Cozette pour présider et Lucas et Laferrière comme assesseurs.

Le Président. — Je donne la parole à Gaston Prache, rapporteur de la Commission des résolutions.

RAPPORT
DE LA COMMISSION DES RÉSOLUTIONS

Gaston Prache, *rapporteur*. — La Commission des Résolutions a examiné les divers vœux et propositions qui lui ont été soumis.

Un vœu a été présenté par la Fédération de l'Ouest et *La Laborieuse* de Troyes, au sujet des économats patronaux. A la suite de la discussion qui a eu lieu à la commission, l'unanimité s'est faite sur le texte suivant :

Le Congrès National met en garde les consommateurs contre les organisations telles que les Economats patronaux, ouverts ou déguisés qui, souvent, se parent faussement du titre de coopératives afin de mieux tromper le public.

Nul n'ignore, en effet, que les sacrifices consentis en apparence par les industries pour faire vivre ces organisations, sont très largement récupérés par la réduction opérée consécutivement sur les salaires ou primes supplémentaires.

Le Congrès demande au Conseil Central d'entreprendre une campagne énergique contre ces groupements en dénonçant le but qu'ils poursuivent et l'apparence faussement coopérative qu'ils revêtent parfois.

Prache, *rapporteur*. — Vœu déposé hier par votre serviteur, sur la nécessité d'un plan de développement coopératif :

Le XVe Congrès National affirme à nouveau la nécessité d'une concentration de plus en plus complète des forces coopératives et celle d'un développement rationnel et méthodique de nos sociétés.

A cet effet, chaque Conseil d'administration devra, cette année même, étudier et déterminer les possibilités de développement de son organisation dans les limites où les divers statuts et règlements, généraux ou spéciaux le lui permettent.

Chaque Fédération Régionale recevra et coordonnera les plans des sociétés et, par leur intermédiaire, la Fédération Nationale déterminera à son tour, un plan national d'ensemble de développement coopératif.

Les Congrès annuels, régionaux et nationaux, indiqueront la progression accomplie.

Gaston Prache, *rapporteur*. — Vœu proposé par *Biarritz-Coopération.* La première partie vous est proposée par la Commission :

Le Congrès émet le vœu que le Conseil Central réunisse une documentation complète au point de vue technique, en vue de l'installation des sociétés de répartition.

Gaston PRACHE, *rapporteur*. — Après discussion, les autres vœux proposés par Biarritz-Coopération ont été adoptés par la Commission des Résolutions, sous la forme suivante :

Le Congrès National demande aux Fédérations Régionales de rechercher les moyens financiers nécessaires pour organiser régionalement un service de revision des comptabilités coopératives.

Il attire l'attention des sociétés sur l'impérieuse nécessité qu'il y a pour toutes d'adhérer à ces services de revision et surtout de s'en servir.

Le Congrès demande au Conseil Central d'examiner les possibilités d'espacer la périodicité de ses réunions ; il l'approuve de convoquer régulièrement et au moins deux fois par an la Conférence des secrétaires fédéraux et de rechercher tous les moyens propres à assurer la liaison permanente entre la F. N. C. C. et les Fédérations Régionales.

Gaston PRACHE, *rapporteur*. — Vœux relatifs à l'unité internationale du mouvement coopératif.

Deux vœux avaient été déposés à ce sujet, l'un par *La Fraternelle d'Auron* et l'autre par l'*U. D. C. de Paris*.

Après discussion, c'est le vœu de l'*U. D. C. de Paris* qui, à l'unanimité, a été adopté par la Commission.

Il est ainsi conçu :

Le XVe Congrès National affirme à nouveau que le mouvement coopératif français est résolu à maintenir l'unité du mouvement coopératif international.

En conséquence il approuve l'attitude de ses délégués au Comité Central de l'Alliance Coopérative Internationale.

La Commission des Résolutions a été saisie, à ce sujet, de la question d'organiser une délégation de coopérateurs français, du Mouvement central et du Mouvement régional, pour rendre visite, quand la chose sera possible, aux organisations coopératives de l'U. R. S. S.

Il a été entendu que le nécessaire serait fait pour organiser dès que possible cette délégation, en spécifiant bien que les camarades coopérateurs ainsi délégués se rendraient là-bas aux frais du Mouvement coopératif français central ou de leurs organisations coopératives.

LE PRÉSIDENT. — Notre camarade Poisson fait remarquer que les sociétés seraient sollicitées aussi, pour envoyer une délégation.

E. POISSON. — Je demande à dire un mot sur ce point. Non seulement la Commission a décidé de proposer cela au Congrès, mais je rappelle que, conformément à ce qui se passe d'une façon normale, pour la première fois — parce que nous n'avons pu le faire plus tôt et que cela coûte assez cher — la Fédération Nationale a désigné notre ami Cleuet pour représenter le Mouvement coopératif français au prochain congrès coopératif russe, qui devait se tenir le 7 juin et qui est remis à une date ultérieure mais sans doute assez prochaine.

J'ajoute, en ce qui concerne la délégation dont l'envoi vous est proposé et va sans doute être décidé, les membres du Conseil Central et moi-même nous nous ferons un plaisir et un devoir d'en faire partie et de nous mettre à sa tête.

BOYET. — Ne serait-il pas souhaitable que cette adjonction fut insérée dans la résolution elle-même et qu'elle ne fût pas simplement l'objet d'une déclaration ?

PAQUEREAUX. — Ce n'est pas la peine. Le problème de la délégation est réglé ; il est réglé de l'accord unanime des délégués ; il n'y a rien à ajouter ni rien à retrancher.

Poisson. — Très bien Paquereaux !

Prache, *rapporteur*. — Vœu présenté par la Fédération de Lorraine et des Ardennes, sur la loi de la Coopération :

Le Congrès national considérant que les sociétés coopératives ont un caractère particulier qui doit être consacré légalement ; considérant également que la Coopération doit être protégée contre les contrefaçons de toutes formes ; approuve la F. N. C. C. de l'action qu'elle a menée pour obtenir une loi sur la Coopération dont il accepte les principes et les lignes générales.

Il prend acte du fait que le Conseil Central a envoyé le texte du projet à toutes les sociétés et qu'il est prêt à examiner toutes les propositions de modification qui pourraient lui être faites et qui ne porteraient pas atteinte au caractère général de la loi, d'en réclamer l'introduction dans le texte en instance devant le Parlement.

Le Président. — Pas d'observation : le vœu est adopté à l'unanimité.

Gaston Prache, *rapporteur*. — Vœu présenté par *La Laborieuse* d'Annonay :

Le Congrès demande à la F. N. C. C. d'intervenir auprès du ministère du Travail pour que les délais d'attribution des prêts consentis aux sociétés coopératives soient réduits le plus possible et que la mise à la disposition des sociétés des prêts attribués se fasse dans un bref délai après l'approbation ministérielle, les sociétés sollicitant des prêts ressentent, en effet, ce besoin généralement au moment même de la demande.

La seconde partie du vœu a été écartée ; elle tendait à faire porter à 5 ans la durée du prêt, ce qui a déjà été obtenu.

Le Président. — Cette proposition est adoptée à l'unanimité.

Gaston Prache, *rapporteur*. — Vœu relatif à la composition du Conseil Central.

Le Congrès a été saisi de deux propositions, la première, faite par le Conseil Central de la Fédération Nationale ; la seconde, par la Fédération du Centre-Océan, appuyée par la Fédération du Sud-Ouest.

Après discussion en sous-commission et adoption par la Commission des Résolutions, le vœu suivant vous est proposé :

Le Congrès estime que, dans l'état actuel de notre organisation coopérative où le Conseil Central de la F. N. C. C. est en même temps Conseil d'administration du M. D. G. et de la B. C. F., le nombre des membres de ce Conseil ne peut dépasser le maximum de 36.

Il accepte la proposition du Conseil Central d'élever présentement à cent millions la tranche nécessaire donnant droit à un délégué supplémentaire mais charge en même temps cet organisme de présenter au prochain Congrès National un projet de répartition mieux proportionnée de la représentation régionale à ce Conseil.

Le Président. — Ce texte est adopté à l'unanimité.

Gaston Prache, *rapporteur*. — Pour le renouvellement du Conseil Central, le rapport du Conseil Central vous propose les candidatures suivantes, que la Commission des Résolutions a ratifiées : Daudé-Bancel (Afrique du Nord), Gaillard et Fauconnet (Région Parisienne), Berland (Limoges), Chiousse (Grenoble), Lepouriel (Nantes), Bertrand (Marseille), Lavielle (Bordeaux), Bricout (Lille), Marcel Brot (Nancy).

Affre, Cleuet, Lebon et Lucas sont présentés directement au Congrès.

De plus, en raison du décès de Henri Ponard, la Commission des Résolutions propose Paul Foucaut, pour le remplacer.

Le Président. — Ces propositions sont adoptées à l'unanimité par le Congrès.

Gaston Prache, *rapporteur*. — J'ajoute que la situation du Conseil Central serait la suivante, après le vote.

Le Conseil Central comporterait exactement 36 membres, ce qui constitue son maximum, et que la situation bâtarde qui était faite à un de ses membres serait, de ce fait, régularisée.

Poisson. — Il faut donner une explication plus complète.

Gaston Prache, *rapporteur*. — La situation bâtarde dont je parle est celle qui concerne votre serviteur, qui était membre du Conseil Central pour la Fédération Nationale et pour la Banque, mais qui ne l'était pas pour le Magasin de Gros, ce qui faisait qu'assistant aux réunions du Magasin de Gros, il n'en était tout de même pas membre.

Berland. — Dans les explications de Prache, il n'est pas fait allusion à la deuxième partie de ma proposition qui vise les délégués nationaux.
Il va de soi que ce point doit également être examiné.

Prache, *rapporteur*. — Il y a eu accord sur ce point.
Renouvellement de la Commission de contrôle. — Les membres renouvelables sont David, Ducrocq, Jevais et Tutin. En remplacement de Droneau, qui n'a pas sollicité le renouvellement de son mandat pour raisons de santé, nous proposons la candidature de notre camarade Wilks, secrétaire de la Fédération Lyonnaise, dont la candidature a été présentée par la Fédération de Lorraine, qui marque par là son désir de voir étendre la représentation régionale au sein des organismes centraux.

Le Président. — Cette proposition est adoptée.

Gaston Prache, *rapporteur*. — En ce qui concerne la délimitation des Fédérations Régionales, le Rapport vous donne, à la page 25, les propositions qui avaient été ratifiées par le Conseil Central.

Ces propositions valent encore, tout au moins pour ce qui concerne les Fédérations Lyonnaise, de l'Ouest, de Lorraine et des Ardennes.

En ce qui concerne la Fédération de la Somme, par suite de difficultés de divers ordres qui sont survenues, la Commission des Résolutions propose le maintien du *statu quo*, la Fédération de la Somme restant telle qu'elle est constituée actuellement, avec la Somme et le Nord de l'Aisne.

Pour la Fédération de la Région Parisienne qui devait recevoir la Somme, rien de changé.

En ce qui concerne le Nord et le Pas-de-Calais à qui devait être rattaché le nord du département de l'Aisne, rien de changé non plus.

Dans le cas particulier de la Coopérative de Bergerac, sur l'accord des deux Fédérations intéressées, la question sera renvoyée à l'examen de ces Fédérations.

Par ailleurs, l'arrondissement de Chatillon-sur-Seine, à la suite d'un accord entre les deux Fédérations de Bourgogne et de l'Est, passe à la Fédération de l'Est.

Le Président. — Cette proposition est adoptée. — Je donne la parole à Gaston Lévy.

MÉTHODES PROPRES A ASSURER LA PRODUCTION COOPÉRATIVE

Exposé de Gaston LÉVY

Gaston Lévy, *rapporteur*. — L'année dernière, au Congrès de Nîmes, un certain nombre de camarades et particulièrement nos amis de l'*Union des Coopérateurs des Flandres*, s'étaient plaints, à juste titre, que les Congrès de la Fédération Nationale ne donnaient pas une place suffisante aux questions d'organisation technique et matérielle qui intéressaient les sociétés coopératives.

D'autre part, au Congrès de Nîmes également, nous avons eu à examiner les questions qui étaient portées à l'ordre du jour du Congrès international de Stockholm, et parmi ces questions il y avait celle de l'organisation des moyens modernes de développement de la Coopération.

Le rapport que j'ai l'honneur de présenter au Congrès, au nom du Conseil Central, est la suite logique de ces deux ordres d'idées :

1° Nous avons voulu marquer, autant par la question qui a été discutée ce matin que par celle que nous allons examiner maintenant, l'intérêt qu'il y avait, pour le mouvement coopératif, à se préoccuper d'une façon sérieuse et précise des problèmes qui peuvent être posés devant lui.

2° Nous devions tenir compte tout naturellement des enseignements que le Congrès international de Stockholm nous a donnés, en ce qui concerne les conditions dans lesquelles le mouvement coopératif s'était organisé dans les autres pays, sur les points qui nous préoccupaient.

Il n'est pas douteux que la question de la production coopérative est, pour nous coopérateurs français, une question qui n'est pas nouvelle, mais dont nous devons nous préoccuper, si nous voulons aboutir un jour à réaliser plus complètement le programme coopératif que nous nous sommes tracé.

Et il est évident que, en ce qui concerne notre mouvement, nous apparaissons, plus encore que ce n'est la réalité, comme en état d'infériorité marquée, par rapport aux mouvements coopératifs étrangers.

Or, si nous voulons envisager, à un moment donné, l'organisation du commerce international coopératisé, il est évident que nous ne pourrons l'envisager avec quelque espérance de succès que si les organisations nationales coopératives sont elles-mêmes d'une force proportionnelle à peu près égale. Lorsque nous discutons, dans nos congrès internationaux, il y a souvent de notre part une certaine timidité qui provient de la faiblesse relative de notre mouvement. Et si nous nous laissons par trop dépasser par les autres mouvements coopératifs, cette faiblesse relative apparaît encore davantage, et tous les efforts que nous pouvons faire pour entraîner le mouvement coopératif international dans les voies des réalisations coopératives internationales, sont viciées à la base par le fait que nous ne pouvons pas présenter un développement aussi considérable que celui des autres pays.

Ce n'est pas seulement sur la production coopérative que notre infériorité apparaît. Je profite de la circonstance pour indiquer en passant les vœux que le Conseil Central et que la réunion des Secrétaires fédéraux, dans sa dernière séance, ont émis en ce qui concerne la faiblesse même de l'effort que nous faisons pour nous documenter.

A tel point que la Revue de l'Alliance Coopérative Internationale, qui est rédigée en trois langues : anglais, allemand et français, voit toujours le budget de son édition française en très grand déficit, déficit qui serait encore plus considérable, si nos camarades belges, avec leur petite organisation coopérative, n'avaient pas un nombre d'abonnements à peu près deux fois supérieur à celui des abonnements français. Je livre cela à vos méditations, vous qui pensez qu'il faut s'occuper des questions d'idéal, et je reviens à l'organisation matérielle de la production.

Evidemment, nous paraissons faibles, mais nous paraissons encore plus faible que nous le sommes, parce que, lorsque nous établissons nos comparaisons statistiques, même celles que j'ai données dans le rapport, nous sommes bien obligés de tenir compte du chiffre d'affaires qui est fait par notre organisation centrale de gros, aussi bien en ce qui nous concerne, qu'en ce qui concerne les autres pays.

Vous savez qu'avec le système que nous avons heureusement innové au Magasin de Gros, depuis quelques années, le chiffre d'affaires du Magasin de Gros est fait, dans une mesure relativement forte, par les bureaux d'achat. Mais ce chiffre d'affaires ne correspond pas d'une façon exacte à celui que nous faisions autrefois, alors que notre organisme central ne se bornait pas à un rôle de commissionnaire et vendait des marchandises qu'il avait préalablement achetées.

Notre chiffre est plus gros ; mais il ne s'agit pas du même genre d'affaires.

Cette réserve faite, notre proportion de production coopérative est inférieure à celle de beaucoup d'autres pays.

J'ai essayé de l'établir dans un tableau statistique (page 7) qui montre quelle est la différence — assez considérable — qui existe entre la France, dont la production atteint 5,16 % de son chiffre d'affaires, et les autres pays que nous voyons produire, par rapport à leur chiffre d'affaires, la Tchéco-Slovaquie, 22,59 % ; le Danemarck, 31,55 % : la Grande-Bretagne, 34,30 % ; l'Ecosse, 34,36 % ; la Suède, 36,50 % ; l'Allemagne, 15,52 %. Ce chiffre est d'ailleurs actuellement inexact, puisqu'il se rapporte à l'année 1926 et que l'Allemagne a inauguré depuis cette date des productions assez comparables à celles qu'elle possédait préalablement. De même en ce qui concerne la Pologne, on a bien voulu m'indiquer que les chiffres rapportés ici et qui sont ceux de 1925, ont été modifiés par ceux de 1926, puisque le chiffre d'affaires a été de 1.250.000 livres sterling environ, et que la production compte pour 61.000 livres sterling.

Si nous prenons les chiffres comparables des productions coopératives des autres pays, par rapport à celle de notre Magasin de Gros, en tenant compte de son chiffre d'affaires, nous sommes inconstestablement en état d'infériorité.

Mais il ne suffit pas de constater le fait ; il faut rechercher les raisons pour lesquelles cette infériorité se manifeste, et peut-être allons-nous trouver que les méthodes que nous avons employées jusqu'à présent n'étaient peut-être pas les plus propices, en ce qui concerne l'organisation de la production.

Tout d'abord, un premier fait. Les mouvements coopératifs qui ont la plus forte proportion de production coopérative — si je mets à part l'Angleterre et l'Ecosse qui doivent leur grande proportion de production à l'existence déjà très ancienne de leur mouvement, puisque le mouvement coopératif anglais est en avance d'au moins trente années sur les autres pays où la part de production est importante, — ce n'est que quelques années après la création du Magasin de Gros, que la production a été organisée, et quelquefois très longtemps après, comme par exemple en Allemagne, qui a créé son Magasin de Gros en 1894 et qui n'a commencé à produire qu'en 1910, seize ans plus tard.

Voilà une première constatation : les Magasins de Gros qui ont organisé leur production dans des conditions qui paraissent rationnelles et qui ont abouti à une proportion importante, n'ont commencé cette production que longtemps après leur propre fondation.

Qu'est-ce à dire ? Que les mouvements coopératifs ont attendu patiemment le moment où ils pourraient organiser la production d'une façon rationnelle, et que c'est parce qu'ils ont attendu le moment propice qu'ils ont pu tout de suite organiser leur production dans des conditions telles qu'elle devait réussir et entraîner l'ensemble du mouvement coopératif à accroître encore son effort en vue de la production.

Deuxième constatation : un mouvement qui a un certain âge, possède généralement plus de réserves qu'un mouvement jeune. Et l'importance des réserves permet leur investissement dans des organisations productrices.

Il est déjà difficile, pour nos sociétés coopératives, de trouver les capitaux nécessaires aux investissements qui devront s'amortir en un temps cependant assez rapide, puisqu'on estime qu'un fonds de commerce, une boutique — sans parler des stocks — doit s'amortir entre cinq et dix années. Malgré la faiblesse des investissements à faire, nous avons des difficultés à trouver les capitaux nécessaires et nous sommes obligés, dans beaucoup de cas, de nous adresser à des capitaux de crédit quelquefois non sans quelque danger, parce que nous ne trouvons pas chez les coopérateurs eux-mêmes la possibilité d'avoir le capital que nous recherchons.

Ceci est également vrai pour le matériel roulant, pour le matériel de répartition qui doit s'amortir assez vite. Ceci est vrai pour la nécessité d'avoir du stock qui roule avec une rapidité beaucoup plus grande, puisqu'une organisation coopérative bien constituée doit voir rouler son stock au moins six fois par an.

Mais, si nous éprouvons de la difficulté à nous procurer ces capitaux, nous en éprouverons davantage pour trouver les capitaux infiniment plus importants, destinés à organiser la production industrielle d'abord, et si on voulait se lancer comme on l'a fait quelquefois, à organiser la production agricole.

Dans la production industrielle, la situation est toute différente. Presque toujours, elle nécessite la construction de bâtiments. Nécessité d'avoir des bâtiments ; nécessité d'avoir un matériel souvent coûteux, un matériel qui doit se renouveler assez fréquemment, mais qui exige des investissements de capitaux assez considérables ; nécessité d'avoir non seulement de l'argent pour la constitution de stocks, mais nécessité d'avoir de l'argent pour des stocks qui ne se renouvelleront peut-être que deux ou trois fois dans l'année, si même il n'arrive pas que certaines matières premières soient conservées pendant plusieurs années.

Vous vous rendez compte, par conséquent, que les nécessités de capitaux à investir sont beaucoup plus considérables.

D'où le risque, à vouloir aller trop vite, à vouloir organiser la production malgré tout, à vouloir dire qu'on fait comme les autres, qu'on organise la production pour développer l'idée coopérative et qu'on réalise notre programme, d'où le risque d'arriver à un échec parce qu'on aura été poussé par les événements, poussé aussi par les sol-

disant besoins des sociétés coopératives qui sont comparables, au point
de vue de la production, aux soi-disant besoins de la consommation,
qui, si on les écoutait, entraîneraient souvent le conseil d'administration à entreprendre des opérations auxquelles ne pourraient pas suffire
les capitaux dont il dispose.

Ainsi entraîné, on peut être amené à organiser la production, en disant
« Nous n'avons qu'à utiliser les capitaux qui peuvent être mis à notre
disposition ». Et le danger est alors d'utiliser des capitaux d'emprunt
qui peuvent être réclamés par les prêteurs, alors qu'ils doivent être
investis.

Il faut donc attendre le moment favorable pour se procurer les capitaux nécessaires, à des conditions qui permettent de les rémunérer,
et en quantité suffisante pour organiser la production, de façon telle
qu'elle puisse donner des résultats.

Mais vouloir pousser trop vite l'organisation de la production, travailler avec des capitaux de crédit, être dans l'obligation de trouver une
rémunération le plus rapide possible et par conséquent à tirer le
maximum dès le début de l'organisation de cette production, cela ne
peut aboutir qu'à de petites choses qui ne répondent en aucune façon
aux besoins des sociétés coopératives et des consommateurs.

Et alors, plutôt que de s'orienter vers cette organisation étriquée de
la production, ne vaut-il pas mieux limiter et sérier nos efforts, et c'est
pourquoi je faisais allusion tout à l'heure à la résolution que nous
avions adoptée au Congrès de Stockholm. Je rappelais que, dans le
rapport de Johannson, que nous avons à d'autres points de vue critiqué, il y avait une idée essentielle qui montre bien que cette préoccupation ne nous est pas particulière : l'idée de sérier les efforts, de façon
à aboutir dans ce que l'on entreprend, se retrouve également chez nos
camarades des autres pays.

J'entends bien que mon ami Poisson, disant ce matin, répétant ce
qu'il avait déjà dit hier, que, lorsqu'on entreprend quelque chose, il ne
faut pas toujours se soucier de la réussite. C'est là une conception que
je lui pardonne volontiers, parce qu'il s'agit pour lui d'entraîner toujours
les organisations coopératives par un effort toujours plus grand. Mais
quand nous nous occupons de questions matérielles dans lesquelles les
intérêts des sociétés se trouvent sérieusement engagés, et quand je dis
engagés, ce n'est point seulement au point de vue matériel, c'est aussi au
point de vue des répercussions morales qu'a sur l'ensemble du mouvement coopératif tout échec quel qu'il soit, nous devons nous préoccuper, je ne dis pas de réussir certainement, mais tout au moins de
prendre les dispositions les plus susceptibles d'assurer la réussite, de
n'agir qu'avec la plus circonspecte prudence et de nous engager que
dans une voie qui, normalement, doit nous conduire au succès.

Le vieux proverbe « Qui trop embrasse mal étreint », est toujours
vrai. Vouloir aller vite, vouloir organiser la production dans différentes
branches, c'est risquer de ne rien organiser de façon satisfaisante et
de façon convenable.

Nous savons ce qui a été fait dans les autres pays. Je citais, par
exemple, nos camarades suédois qui, ayant créé leur organisation du
Magasin de Gros en 1904, n'ont commencé à organiser la production
qu'en 1918, et ont commencé par une production unique, celle de la margarine, ayant porté tout leur effort, ayant demandé à leurs sociétés de
porter tout leur effort dans ce sens.

Lorsqu'ils ont organisé leur production, ils avaient des capitaux qui leur appartenaient en propre et qu'ils ont pu investir comme ils l'ont voulu, sans avoir à se préoccuper de les rémunérer. En second lieu, ils ont fait porter leur effort sur une production unique, et ils ont fait une propagande sérieuse qui a encouragé les sociétés à suivre l'organisation centrale. Il en est résulté que, dès leurs premières opérations de production, nos camarades suédois ont connu le succès.

Je ne veux pas critiquer ce qui s'est fait en France. Nous devons nous féliciter, au contraire, de l'effort que nous avons accompli et du résultat auquel nous avons abouti pour l'organisation de certaines de nos productions coopératives.

Mais il faut bien reconnaître que nous avons un peu agi, pour l'organisation de notre production coopérative, surtout au début, à peu près de la même façon que nous avions agi, pour donner satisfaction, soi-disant aux besoins des sociétés coopératives, lorsque nous avons ouvert un peu partout des entrepôts, sans nous préoccuper de savoir si les frais engagés n'allaient pas être plutôt une charge qui réclamaient l'ouverture de ces entrepôts.

Pour la production coopérative, cela a été un peu la même chose en France. Je voudrais rappeler brièvement que, pour les trois usines de chaussures que nous possédons à l'heure actuelle, pour deux tout au moins, la situation était assez médiocre pour que la reprise par le Magasin de Gros se soit présentée plutôt comme un sauvetage que comme don de joyeux avènement, de la coopération de production à la coopération de consommation.

D'autre part, pour une de nos usines de conserves, même situation.

Si j'ajoute que le Magasin de Gros, créé en 1906, avait déjà une usine de production en 1907, vous voyez tout de suite que notre situation était un peu différente de celle que j'indiquais tout à l'heure tant pour l'Allemagne que pour la Suède.

Et s'il fallait ajouter encore, ce que je ne ferai pas, qu'elle était l'importance du Magasin de Gros à cette époque, nous nous apercevrions qu'aucune des conditions indispensables à la réalisation d'une bonne production n'avait été réalisée avant qu'on ne crée la première usine du Magasin de Gros.

Je n'insisterai pas davantage sur les conditions qui font que peut-être les déceptions partielles que nous avons rencontrées dans l'organisation de la production sont dues à la rapidité avec laquelle nous avons voulu organiser cette production, pour réaliser le programme coopératif.

Par conséquent, la condition première, pour l'organisation de la production coopérative, la méthode que l'on doit employer, à mon sens, est d'abord d'avoir des réserves et des capitaux suffisants pour pouvoir investir ce qui est nécessaire pour organiser la production dans des conditions satisfaisantes, car il s'agit maintenant de la deuxième condition.

Si nous voulons que la production coopérative réussisse, il est indispensable que les conditions de cette production soient au moins égales comme qualité et comme prix, à la production capitaliste.

Si nous n'apportons pas aux coopérateurs associés des avantages qui soient au moins égaux à ceux que le capitalisme peut leur donner, nous n'avons pas le droit de leur réclamer l'effort indispensable qu'ils doivent donner pour que la production puisse fonctionner dans de bonnes conditions.

Mais si nous apportons ces avantages, alors, nous n'avons pas le droit d'entreprendre la production avant de nous être assurés que, ces avantages étant accordés, la fidélité des sociétés coopératives nous est acquise.

Et pour que la fidélité des sociétés coopératives nous soit acquise, il ne suffira pas, il ne peut pas nous suffire d'obtenir un vœu ou des applaudissements dans un congrès. Pour que la fidélité nous soit acquise, il faut que les sociétés coopératives soient engagées matériellement dans l'organisation de la production et qu'elles courent, avec l'organisation centrale, les risques de l'échec possible de cette production.

Il faut donc que nous obtenions des sociétés coopératives l'assurance de leur fidélité, qui se traduira, je le répète, non pas par des engagements verbaux, mais par des engagements réels et matériels.

Et comme, dans le régime sous lequel nous vivons, il n'y a malheureusement pas d'autre sanction que celle des bénéfices ou des pertes, il faut que si l'organisation coopérative de la production subit des pertes à cause de l'infidélité des sociétés, ce soit les sociétés elles-mêmes qui subissent ces pertes.

De même que s'il y a des bénéfices réalisés, il faut que ce soit les sociétés qui en aient l'avantage.

Il est donc indispensable que nous nous assurions cette fidélité-là.

Reprenant toujours l'exemple de ce qui s'est fait dans les autres pays nous constatons que le système de l'intégration, tel que nous l'avons pratiqué dès le début de notre organisation, tel qu'on le pratique encore dans certains pays, qui sont de vieux pays coopératifs, l'Angleterre et l'Ecosse, et dans des plus jeunes dans le mouvement, comme l'Allemagne, nous constatons que ce système de l'intégration n'a pas suffisamment de souplesse pour permettre de compter efficacement sur la fidélité des sociétés coopératives.

Ce qu'il y a de curieux, c'est que, si vous avez lu mon rapport, vous avez vu que j'ai tenu à citer un certain nombre d'articles ou de résolutions ou de décisions qui ont été prises dans les différents congrès étrangers et où est marquée la préoccupation constante de sortir de cette voie de l'intégration qui pèse quelquefois un peu lourdement sur les différents mouvements coopératifs.

Je me permets de vous rappeler que nous avions déjà envisagé cette conception, lorsque, au Congrès de Bordeaux, nous avons parlé de la nécessité, ayant un organisme de centralisation de la coopération, de décomposer en partie cette organisation commerciale, nous préoccupant peu des mots, mais voulant surtout conserver à l'organisation coopérative la souplesse qui est nécessaire pour son développement et son progrès.

En Angleterre, en Ecosse, en Angleterre surtout, malgré les admirables résultats du mouvement coopératif anglais, on sent l'inquiétude et la difficulté, on les lit dans les résolutions des commissions qui ont été nommées spcialement à cet effet.

Il y a d'ailleurs un autre sentiment qui est considérable, c'est qu'il apparaît que la production coopérative, dans ces pays, tend à devenir supérieure aux besoins des sociétés de consommation. Et on voit que se pose en ce moment un problème redoutable pour ceux qui ont organisé la production : où et comment écouler l'excédent de cette production ?

Voilà le danger. Car, de deux choses l'une : ou l'on cherchera à écouler cet excédent de production dans le commerce privé, — c'est un danger qui n'est peut-être pas aussi considérable qu'il paraît, mais qui ne doit pas être négligé et ce ne doit en tout cas pas être une méthode. Si on peut admettre qu'au début une organisation de production coopérative recherche l'écoulement de ses produits dans le commerce on ne peut admettre cette conception comme normale et cette vente au commerce comme devant se reproduire chaque année.

Une autre solution consiste à rechercher des débouchés extérieurs, territorialement, au mouvement coopératif qui produit.

Et alors, lorsque nous nous réunissons avec nos camarades des autres Magasins de Gros, dans les réunions internationales, et que nous recherchons ensemble quels sont les moyens d'activer le commerce international, nous nous trouvons fréquemment en présence de Magasins de Gros ayant des usines de production et qui ne considèrent le développement du mouvement coopératif international du point de vue commercial que par la vente de l'excédent de leur production coopérative nationale, aux pays qui n'auraient pas une production coopérative nationale suffisante.

C'est une conception ; mais le danger est que presque partout, dans tous les pays, ce sont les mêmes productions qui sont en excédent et que lorsque, l'année dernière par exemple, nous subissions notre crise de la chaussure et que nous aurions voulu écouler de la marchandise dans les mouvements coopératifs étrangers, c'était presque toujours des chaussures qu'on nous proposait.

Il y a là un danger, vous le comprenez très bien, et nous n'en sommes pas encore au stade de l'organisation de la coopération internationale qui nous permettrait d'envisager, d'accord avec les autres mouvements coopératifs, l'organisation de productions coopératives qui seraient efficacement et effectivement internationalisées.

Il faut donc que nous nous préoccupions de notre organisation de production coopérative.

Au contraire, dans d'autres pays, on a bien senti cette nécessité de trouver cette fidélité coopérative, appuyée sur la responsabilité matérielle des sociétés coopératives. D'une part pour bien obtenir plus de souplesse, d'autre part pour obtenir cette responsabilité, on s'est orienté dans la voie de l'organisation des sociétés à buts spéciaux, indépendantes ou supposées indépendantes de l'organisation coopérative centrale, ce qui n'est pas nécessairement le système de l'intégration, mais le système de l'organisation spécialisée d'une production déterminée, pour laquelle on peut demander aux sociétés — qui peuvent ne pas être toutes les sociétés — de s'y intéresser matériellement et moralement.

C'est le cas par exemple de la Suisse. En Suisse, toute la production coopérative est organisée sur ce type. C'est le cas de la Suède. C'est le cas d'un certain nombre de pays, et même en Angleterre — je prends toujours cet exemple — chez les plus riches, on sent aussi là nécessité, pour l'organisation rationnelle de la production, de pousser à l'organisation de ces sociétés à buts spéciaux.

En France, nous avons réalisé par un premier effort la constitution de ces sociétés à buts spéciaux. La Banque des Coopératives, qui est déjà une organisation à but spécial, est juridiquement indépendante du Magasin de Gros, et cette séparation n'a pas du tout diminué d'un iota la fidélité et la solidarité qui existe enre les hommes qui sont à la tête de la Banque et du Magasin de Gros et de la Fédération Nationale, cette solidarité reste entière, complète et unanime .

Il n'est pas douteux que l'organisation de la Banque des Coopératives a permis un développement que nous n'aurions jamais pu espérer avec notre ancienne organisation.

Mais, en dehors de la Banque, la Saline d'Einville est aussi une société à but spécial, avec participation effective, matérielle, des sociétés, qui assure leur fidélité, dans des conditions telles que les coopératives actionnaires de la Saline et consommatrices du sel de la Saline, n'ont évidemment aucun reproche à faire aux conditions dans lesquelles cette production est organisée.

Voilà donc quelles sont, selon nous, les méthodes à entreprendre.

Mais je reviens sur le point qui me paraît le plus important, à savoir que nous ne pouvons pas organiser des usines de production d'un seul coup.

Cherchons un article, choisissons-le simple, examinons si nos possibilités d'organiser cette production sont réalisées, et organisons-la ensuite avec le maximum de chances pour aboutir à un résultat palpable.

Peut-être devrons-nous d'abord faire un effort de plus ou moins longue durée de fidélité préalable par l'organisation de marchés sur cet article, établis uniquement par notre organisation de gros, et qui permettrait de concentrer efficacement tous les efforts, en vue de la satisfaction des besoins des sociétés coopératives.

Fidélité d'abord.

Et puis, lorsque nous serons assurés d'avoir une qualité pour un article qui sera à nous, dont nous suivrons la composition, dont nous pourrons à la fois indiquer exactement quelle est la qualité et la justifier, indiquer qu'elles sont les conditions dans lesquelles la production peut être avantageuse, réalisons cette production.

Mais réalisons cette production par nos propres ressources, ressources des sociétés coopératives, ressources de l'organisation centrale.

Puisque nous avons un organisme bancaire qui appartient à l'ensemble du mouvement coopératif, il est tout naturel — et vous serez de cet avis, et l'Assemblée Générale de la Banque sera de cet avis — il est indispensable que les réserves de la Banque, qui ne sont que le patrimoine de l'ensemble du mouvement coopératif de la collectivité des sociétés coopératives, il est indispensable que ce capital, qui appartient en propre à la Banque, soit mis au service du mouvement coopératif, pour l'organisation de sa production. Nous sommes d'accord sur ce point.

Mais il faudra en même temps que l'effort des sociétés s'accomplisse, et peut-être y a-t-il lieu d'envisager si nous devons attendre que nous ayons un minimum de besoins à satisfaire, qui correspondra à un minimum de production que nous devrons atteindre pour obtenir une production rationnelle. J'entends par production rationnelle celle qui offre aux sociétés coopératives des avantages au moins égaux à ceux de la production capitaliste.

Et peut-être, étant donné que, pour certains articles, nous ne pouvons pas espérer de longtemps obtenir cet effort de consommation suffisant, peut-être pourrions-nous aussi essayer d'utiliser l'appoint que nous pourrions apporter dans une production déjà existante, pour entrer dans la voie d'organisation qui aurait pour effet des participations que nous prendrions dans certaines organisations capitalistes, où nous porterions notre force de consommation et notre part de capitaux, et nous aurions l'intention bien indiquée à l'avance à ceux avec qui nous serions amenés à traiter, de voir grandir notre part de contrôle et notre part de gestion dans ces entreprises, au fur et à mesure que notre capacité de consommation s'accroîtrait, en même temps que nous pourrions réaliser pour nos propres besoins l'organisation de la production coopérative.

Peut-être pouvons-nous envisager également cette formule. En tout cas, et pour me résumer, il me semble qu'il est tout à fait indispensable que le mouvement coopératif soit convaincu que l'organisation de la production coopérative n'est pas une chose que l'on peut décréter dans un congrès, mais qu'ayant fait confiance aux organismes centraux pour déterminer à quel moment et sur quel article l'effort doit être entrepris, il faut que de ce congrès sorte l'engagement des sociétés coopératives qu'elles répondront à l'appel qui leur sera fait et qu'elles n'y répondront pas seulement du bout des lèvres, qu'elles ne feront pas comme certaines ont fait pour le chocolat de la Chocolaterie — je parle de celles qui ont attendu qu'il soit connu pour l'acheter. Il faut qu'elles s'engagent à participer à l'organisation de cette production, et aussi qu'elles s'engagent à assurer la fidélité nécessaire.

Répondant à cet appel, il n'est pas douteux que si nous allons prudemment, si nous nous bornons à organiser une production article par article, en choisissant ceux qui nous paraissent les plus intéressants, nous aboutirons, dans un délai plus ou moins long mais qui sera d'autant plus court que les sociétés coopératives auront fait avec nous l'effort nécessaire, à organiser un embryon de production coopérative. Je dis un embryon parce qu'il ne s'agira d'abord que d'une ou deux usines : mais c'est avec les résultats probants de l'exemple de la production coopérative que cet embryon grossira et que nous réaliserons ce nouveau point de notre programme ! Produire non plus pour la recherche du profit, mais pour la satisfaction des besoins des consommateurs.

Le Président. — La parole est à Lavielle.

Intervention de LAVIELLE

Lavielle. — La question que je voulais poser, à l'occasion du Rapport de notre camarade Lévy est la suivante : dans quelle mesure notre effort pour la production peut-il rejoindre celui des coopératives de production ?

Ce matin, à l'occasion du problème des assurances accidents, nous nous sommes quelque peu étendus et c'est pour cela que je pense que mon intervention peut être déplacée, si je me préoccupe de régler ici le sort des coopératives de production, au moment où le mouvement coopératif de consommation se préoccupe d'organiser sa propre production.

Sans doute, notre camarade Lévy a posé la question qui préoccupe les sociétés coopératives de consommation, du point de vue de leurs besoins, et je suis d'accord avec lui pour dire que le débouché doit commander notre production coopérative. Et il ajoute : à une condition, celle de la fidélité des sociétés coopératives, pour l'effort qui pourrait être fourni par les sociétés coopératives de notre pays, pour s'organiser sur le terrain de la production coopérative.

Je crois qu'il n'est peut-être pas inutile de dire qu'il faudrait, dans notre congrès et dans nos fédérations, nous préoccuper de ceux qui ont organisé jusqu'ici les sociétés coopératives de production.

Je crois, en effet, que notre mouvement doit se préoccuper d'associer l'effort du producteur à l'organisation du travail de nos sociétés coopératives.

Il y a là des intérêts qui, à certain moment, se rencontrent, se heurtent : l'intérêt du producteur et l'intérêt du consommateur.

Nous devons nous appliquer à en faire dans une certaine mesure la synthèse, et c'est après cela que je pose cette question, au moment où nous nous préoccupons de développer notre production coopérative.

Je sais que la première préoccupation que nous devons avoir, c'est d'unifier notre production coopérative. Peut-être même pourrions-nous commencer, dans cet ordre d'idées, par l'unification de nos marques.

Je crains qu'à un moment donné, puisqu'il était question de rationalisation hier dans la bouche de notre camarade Poisson, je crains qu'à un moment donné, nos sociétés coopératives, ayant adopté chacune une présentation et une dénomination pour certains articles, soient gênées, au moment où notre production coopérative pourra intervenir.

Il y a intérêt à demander à notre production coopérative de se faire dans le cadre de l'unification dans la production. Et si les sociétés coopératives qui représentent le débouché ne peuvent pas ou ne sont pas préparées à écouler nos produits, nous éprouverons des difficultés.

Il faudrait donc que notre Fédération Nationale se préoccupât d'unifier les méthodes de présentation des divers produits. Cela a déjà été d'ailleurs à son ordre du jour.

Je ne fais qu'ajouter un mot aux préoccupations de Lévy. Je voudrais simplement demander à nos camarades de penser qu'au moment où on parle de production coopérative, il faudrait se préoccuper de la fonction des producteurs : je parle de la participation à la gestion, de la participation sous la forme de l'intérêt qui est le moteur des hommes et qui est à la base de la production coopérative.

Voilà, camarades, les quelques réflexions que je voulais vous soumettre, à propos du rapport présenté par Lévy.

Le Présipent. — La parole est à Bricout.

Intervention de E. BRICOUT

E. Bricout. — Après le discours qui a été fait par le camarade Lévy, qui a retourné le problème de la production coopérative sous toutes ses faces, il est difficile d'apporter de nouveaux arguments.

Néanmoins, je crois qu'on pourrait rattacher à cette question celle de la présentation des produits.

Et puis, il faudrait demander aux sociétés de ne plus faire de créations industrielles sans s'intéresser d'abord à ce qui pourrait être fait régionalement.

Dans notre région du Nord et du Pas-de-Calais, trois sociétés ont monté des moulins. Je ne dis pas que ces sociétés ne tireront pas avantage de ces moulins, je ne dis pas qu'elles ont fait plus qu'il ne fallait pour leurs besoins; elles ont au contraire mesuré ces moulins à leurs proportions.

Mais elles n'ont pas envisagé l'intérêt que cela pourrait avoir pour les petites sociétés, pour le mouvement coopératif dans son ensemble.

Il en résulte que nous travaillons avec des moyens qui ne sont pas en rapport avec le progrès et il peut se faire qu'à un certain moment l'industrie capitaliste apporte des procédés techniques tellement perfectionnés que ces moulins soient obligés de fermer, leur prix de revient étant trop élevé.

Il faudrait, à mon avis, moins d'individualisme. Si chacun de nous croit être le meilleur acheteur, avoir le nez le plus fin pour déterminer le meilleur article et obtenir le meilleur prix, il est difficile d'aboutir. Nous sommes sept camarades qui nous réunissons à Lille et c'est avec les plus grandes difficultés que nous arrivons à faire quelques achats collectifs.

C'est là l'erreur. Il faudrait avoir la volonté de dire : Si je n'accepte pas la totalité de l'achat, parce que j'ai habitué les consommateurs à telle ou telle marque, à tel ou tel produit, il faut tout de même essayer de concentrer l'effort et arriver petit à petit à introduire un produit unique dans la région.

Ce qui est vrai pour la région doit être vrai pour l'ensemble du mouvement coopératif français.

Les produits se ressemblent. Ce n'est qu'une question de présentation. Toutes les sociétés vous diront que si elles n'ont pas tel paquetage pour telle marchandise, même si cette marchandise est inférieure, elles seront incapables de vendre un produit meilleur.

Pensez-vous que ce soit une méthode qui permette de s'orienter vers la production, alors que déjà nous ne savons pas nous mettre d'accord sur une étiquette ? Car ce n'est même pas sur la marchandise, c'est sur l'étiquette !

On comprend que le Conseil d'Administration hésite à s'embarquer vers la production ! Il hésite surtout parce qu'il n'est pas certain de votre fidélité.

C'est le point sur lequel Lévy appuyait le plus.

En effet, je me rappelle que, dans des congrès précédents, où la chaussure était à l'ordre du jour, où on n'arrivait pas à écouler les stocks, j'ai signalé que des sociétés fidèles au mouvement coopératif, qui ne regardent pas si elles perdront de l'argent, passent des commandes, sans être certaines de vendre, simplement pour que les usines ne disparaissent pas du mouvement coopératif.

Et à côté de cela, nous voyons la majorité du mouvement coopératif se désintéresser totalement des usines et dire : d'abord nous, d'abord notre société, il n'y a qu'elle qui compte.

Ils se disent coopérateurs, ils reprochent parfois à leurs camarades de ne pas l'être, et eux-mêmes se désintéressent du mouvement coopératif, n'achètent pas la production coopérative ; ils sont coopérateurs pour leur société, ils ne le sont pas pour le mouvement coopératif.

Mais est-ce à dire que nous ne pouvons pas faire un effort ? Nous pouvons le faire. Pour cela, il faut que le mouvement coopératif choisisse d'abord de bons produits et qu'il y mette sa marque.

C'est là qu'il faut faire attention, parce que, si vous achetez un produit dans une fabrique quelconque, elle peut vous servir convenablement pendant un certain temps, puis vous donner des produits de second choix.

Il ne suffit pas de dire aux coopérateurs que le fournisseur nous a mal livré et que nous allons le quitter. A ce moment il est trop tard. Les sociétés sont empoisonnées avec leur article à la marque du Magasin de Gros, elles ne savent comment s'en débarrasser.

Il faudrait, comme nos amis étrangers, comme nous l'avons vu à Hambourg, avoir un homme qui vérifie la marchandise, non pas quand il y a des réclamations, mais d'une façon constante et méthodique, justement pour qu'il n'y ait pas de réclamations.

Il faudrait aussi que le mouvement coopératif fasse ce qui existe actuellement en Suède : avoir une documentation de toutes les coopératives. En Suède, toutes les sociétés ont un répertoire par production et pour l'ensemble des produits. Chaque fois qu'une difficulté se produit dans une société, ce n'est pas la société qui se défend, c'est le mouvement tout entier, c'est le Conseil Central qui intervient.

Vous sentez bien qu'il est possible, avec une documentation bien ordonnée et complète, de connaître la consommation du produit dont on pourrait avoir l'idée d'entreprendre la fabrication.

Vous avez entendu le camarade Lévy vous dire : Nous avons simplement la documentation qui vient de ceux qui achètent au mouvement coopératif.

Il a donné des chiffres. Sont-ils la moitié, sont-ils le tiers, sont-ils le quart de la consommation du mouvement coopératif ? Il est incapable de vous le dire.

Et ce matin, Yung se plaignait de ce que les demandes de documentation envoyées par la Fédération ne reçoivent qu'un nombre tout à fait dérisoire de réponses.

Vous voyez que, dans des conditions pareilles, le problème est difficile.

Il faut que chacun ait ici la compréhension de ses devoirs ; il faut que, rentrés chez eux, les administrateurs de sociétés tiennent les promesses qui sont faites dans les congrès.

On reproche toujours à ceux qui dirigent le mouvement coopératif de ne pas aller vite.

On peut aller vite, mais il faut vouloir, et si au lieu d'être obligé de tirer les coopératives vers eux, les membres du Conseil Central se sentaient suivis, ils pourraient faire quelque chose.

Ce qu'il y a d'étonnant, c'est qu'ils travaillent et que ce soit vous qui vous étonniez qu'ils ne fassent rien : toute la responsabilité est à vous et à vous seuls.

Je voudrais que le Conseil Central ne réglât cependant pas seul la question ; il faudrait faire appel, à mon avis, aux représentants techniquement qualifiés des sociétés les plus importantes de France. Ils seraient obligés de prendre leurs responsabilités et ne pourraient ensuite pas prendre de faux-fuyants.

Un mot de la mentalité de nos administrateurs. Je connais des gens qui ne veulent pas venir à la coopération, parce que le boulanger leur a fait crédit. Est-ce que c'est une raison ? Eh bien, on retrouve cette mentalité chez certains administrateurs qui tiennent exactement le même raisonnement sous prétexte que leur société a dû faire appel au crédit des fournisseurs et de ce fait ignorent le M. D. G.

Il faudrait aussi que les bureaux d'achat ne soient pas seulement des bureaux d'achat de sociétés, et servent à améliorer les conditions matérielles du Magasin de Gros ce qui donnerait plus de facilités aux sociétés.

Le Magasin de Gros devrait faire un effort pour que tous les acheteurs aient une liaison et voient jusqu'à quel point on pourrait unifier les produits.

Je vois ici mes camarades des Flandres ; leur phare éclaire tout le département du Nord et celui du Pas-de-Calais ; ils vont sans doute nous fusionner à l'occasion et c'est pour cela que leur phare éclaire jusque chez nous.

Ces camarades ont donc leur étiquette. Elle est bien conçue, c'est entendu ; mais cela va à l'encontre du but poursuivi, parce qu'il faut que le public s'habitue à la marque du Magasin de Gros, mais pas à des marques de société.

Voilà dans quelle forme notre travail doit s'accomplir.

Je crois que les camarades comprendront qu'il y a ici un acte de foi à faire. Nous devons être coopérateurs jusqu'au bout, non pas seulement pour notre société, mais pour le mouvement coopératif tout entier.

Il faut que nous arrivions à être maîtres du marché national, qui nous ouvrira le marché mondial. Ce n'est que dans cette mesure que nous pourrons faire du bon travail.

Je termine en demandant à la Fédération Nationale de faire participer quelques membres des sociétés coopératives à l'étude des produits à fabriquer, et donner la voie par laquelle on commencera de s'en occuper.

De même que, pour les assurances, il faut que cela ne soit pas remis aux calendes grecques et que les sociétés puissent en bénéficier sans retard.

Le Président. — La parole est à Offerlé, de Mulhouse.

Intervention d'OFFERLÉ

Offerlé, de Mulhouse. — Comme nous sommes en train de parler de nouvelles branches de la production, je crois nécessaire de dire que les sociétés coopératives de consommation devraient s'occuper plus qu'elles ne le font de la vente du lait.

Nous avons constitué à Mulhouse une laiterie qui vend aux consommateurs, par la société coopérative de consommation, chaque jour, à peu près 10.000 litres de lait.

Je crois qu'on pourrait placer la question de la vente du lait dans l'étude qui se fait en ce moment sur l'extension de la production.

A Mulhouse, à côté de la vente du lait au détail, nous avons une fabrication de fromage. Nous avons réussi dans notre mouvement, parce que nous pouvons dire que nous sommes, à Mulhouse, l'organisation qui fixe le prix du lait.

Quand le prix du lait baisse à la culture, dans la région de Mulhouse, les paysans disent que c'est la coopérative qui a fait la baisse ; par contre, quand le prix remonte, les ouvriers de la ville disent que c'est de notre faute.

Toutefois ils savent bien que la qualité vendue par nous est la meilleure, et c'est d'ailleurs pour cela que nous sommes les fournisseurs de tous les hôpitaux.

Je crois que nous sommes, en France, le plus grand établissement qui existe dans cette production.

Les ingénieurs qui ont monté notre établissement de Mulhouse nous ont dit que cet établissement était le seul de cette importance dans la France entière.

Si j'ai pris la parole, c'est pour inciter les grandes coopératives à faire le nécessaire pour organiser la vente du lait en détail. C'est une branche nouvelle pour beaucoup de sociétés ; mais vous savez que tous ceux qui achètent de l'épicerie achètent aussi du lait, et il ne vous sera pas difficile de les amener à vous.

Nous avons à Mulhouse un système qui est celui-ci : nous portons le lait de maison en maison, et nous avons la certitude que notre établissement fortifie la pensée coopérative dans toute la ville de Mulhouse.

Si des sociétés désiraient nous demander des renseignements, en vue d'organiser la vente du lait, nous sommes à leur entière disposition.

Le Président. — La parole est à Delhay.

Intervention de E. DELHAY

E. Delhay, de l'*Union des Coopérateurs du Cambrésis*. — Nous avons estimé que le rapport Lévy était celui sur lequel le congrès devrait s'appesantir le plus parce qu'il pose un problème vital pour la coopération. Nous sommes de ceux qui croient à la nécessité de la production coopérative et nous voulons faire tous nos efforts pour la réaliser.

Il est visible que la concentration industrielle actuelle s'achemine vers la généralisation du trust. La puissance productrice s'organise pour rester maîtresse du produit fabriqué par ses soins jusqu'au moment où il est abandonné au public. Les maisons d'alimentation Potin ou Damoy ont été des premières à réaliser cette concentration en créant des succursales de vente dans toutes les grandes villes. Dans d'autres cas (savons de luxe, lampes électriques, cirages, chocolats, etc.), la firme productrice fixe ses prix de vente au public et par une adroite publicité s'impose au distributeur. La coopération se trouvera certainement un jour à la merci de ses trusts. Ceux-ci pourront boycotter sa méthode de distribution sans profit qui dénonce leur malfaisance et en arriveront peut-être même à lui refuser leurs produits. C'est ainsi que le trust Vilgrain, qui a acheté un grand nombre de moulins, en vue de supprimer la concurrence, ne revend les immeubles qu'avec une clause d'interdiction d'établir toute industrie similaire. Où s'arrêteront ses exigences.

Et puis notre propre concentration en vue d'une force d'achat accrue arrivera un jour à un point mort : nous trouverons de moins en moins des fabricants qui consentent à nous réserver la totalité de leur fabrication. Ils sentiront vite le danger qu'ils courent en ne servant que de gros clients qui peuvent, en leur faisant défaut, subitement ruiner leur industrie.

Nous avons également intérêt à devenir notre propre producteur, parce que nous doublerons ainsi le bien-être que nous donnons aux consommateurs en leur remettant les profits qu'ils laissent aux producteurs et nous serons enfin maîtres de la qualité de nos produits.

Enfin, la certitude des débouchés et l'élimination de la concurrence rationalisera la production, réalisera un grand progrès économique et libérera une grande partie des forces vives de la nation qui s'épuisent dans une production anarchique et multipliée.

Toutes ces raisons nous incitent à orienter nos efforts vers la production.

Mais c'est ici que se pose le véritable problème. Comment surmonter les difficultés qui ont arrêté la coopération française dans les essais qu'elle a tentés jusqu'à présent.

La certitude des débouchés est la condition primordiale à réaliser avant la création de toute entreprise. Voilà déjà quelques années que notre société insiste par l'organe de ses délégués aux congrès régionaux et nationaux pour que l'obligation d'achat devienne une réalité dans les branches où le M. D. G. a commencé à produire, afin que ses services puissent s'étendre et se multiplier. Les résultats de cette croisade ont été nuls. Ce sont toujours les mêmes sociétés qui restent fidèles à l'organisme central et celui-ci ne se développe qu'en raison du développement propre de ces sociétés.

Nos délégués aux congrès, à maintes reprises ont préconisé une méthode contraire à celle qui a prévalu jusqu'à présent. Actuellement on laisse produire un organisme de production indépendant (le M.D.G. actuel), qui vient présenter sa fabrication à une clientèle restreinte qu'on lui défend de dépasser, clientèle qui a d'ailleurs la faculté de dédaigner les produits présentés. On lui fait des conditions d'existence pires que celles de l'industrie privée et l'on critique sa stagnation. Nous voudrions voir des sociétés sentant le besoin de passer à la production se grouper et édifier des usines proportionnées à leurs besoins et s'obliger à acheter la totalité de leur consommation avec menace de sanction pécuniaire pour tout manquement à l'engagement pris. Le M. D. G. pourrait devenir l'organe de liaison et même participer à l'entreprise proportionnellement à l'importance de sa clientèle extérieure à la région.

Cette méthode de production régionale aurait encore l'avantage de trouver sur place la main-d'œuvre adéquate et de ne pas créer trop de perturbations sur le marché national du travail.

Cette façon de comprendre la production est d'ailleurs celle qui correspond le mieux à nos moyens financiers.

Il serait utile de chiffrer, grâce à un travail statistique, les capitaux qu'il faudrait trouver pour créer des usines rationnellement construites et capables d'assurer la production totale de certains articles que distribue le mouvement coopératif français ou qu'il compte distribuer. Nous serions frappés par la faiblesse des moyens financiers dont nous disposerions si nous voulions entreprendre la production d'une manière systématique et généralisée. Que l'on compare le magasin qui vend le tulle et les usines qui le tissent et l'apprêtent, le chantier qui vend le charbon et la mine qui l'extrait, le comptoir qui vend le pain et la minoterie-boulangerie qui le fabrique, et on concluera qu'il est nécessaire de réunir d'immenses capitaux pour assurer la production. Si l'on en trouve chez les petits épargnants qui ne sont pas encore investis, on ne saurait guère en trouver suffisamment pour doubler l'appareil de production capitaliste d'un appareil qui devra se substituer au sien. Et même si théoriquement cela était possible, ce ne serait pas rationnel, et une véritable erreur économique que d'abandonner ces merveilleux moyens de produire que le capitalisme a édifiés, surtout grâce aux profits qu'il a prélevés sur l'ensemble des consommateurs.

S'il nous est permis d'espérer qu'à la suite d'un mouvement d'émancipation sociale ces moyens seront remis entre les mains des consommateurs associés en coopératives pour les gérer avec suppression du profit, ce ne sont que des espérances et en attendant nous devons faire quelque chose de positif.

Si nos ressources ne nous permettent pas de nous comparer au capitalisme producteur, notre création aura tout de même la valeur d'une expérience et prouvera que nous sommes capables avec nos méthodes coopératives de gérer mieux que nos adversaires les entreprises de production.

Le rapport de Gaston Lévy nous dit qu'à l'étranger la production coopérative a donné plus de résultats qu'en France. Il aurait été nécessaire de nous faire connaître, dans le détail, quelles méthodes nos camarades étrangers ont employées pour réussir, quels capitaux il leur a fallu trouver et comment ils les ont trouvés.

On ne parle que pour mémoire de la méthode de participation, c'est pourtant un des moyens de s'approprier peu à peu l'appareil de production existant au fur et à mesure des besoins et d'en arriver à éliminer l'élément capitaliste. Les grandes coopératives étrangères ont sans doute largement usé de ces procédés.

Nous estimons malgré tout que nous ne pourrons réaliser la production que très lentement et par étapes. Et puisque nous devons faire un choix parmi tous les articles à produire, nous commencerons par ceux dans lesquels nous sommes le plus directement menacé par les trusts.

Pour nous résumer, notre avis est qu'il est nécessaire d'orienter la coopération française vers la production, que le mouvement doit venir d'en bas, de groupements de sociétés et comporter l'obligation d'achat, que la participation est un moyen à préconiser et que l'on doit commencer à produire les articles pour lesquels il y aura le plus d'urgence à se libérer des trusts capitalistes.

Le Président. — La parole est à Cleuet.

Intervention de CLEUET

A.-J. Cleuet. — Maintenant qu'on me donne la parole, je me demande ce que je viens faire à cette tribune, puisque je suis d'accord avec Lévy, non seulement à titre personnel, mais aussi comme le porte-parole du Comité Administratif du Magasin de Gros et je ne pourrais que développer certains points déjà mis en lumière, ce qui me paraît inutile, devant une assemblée aussi éclairée que la vôtre.

Bricout vient de terminer son intervention en exprimant ce vœu qu'il ne fallait pas nous en tenir, pour cette discussion, à un débat purement théorique.

Je ne crois pas, en effet, qu'il s'agisse d'un débat théorique. Certes, il ne peut pas être question, dans une assemblée aussi nombreuse, de préciser à la fois les articles ou denrées et les procédés par lesquels nous activerons la production coopérative, mais Lévy vous a formellement demandé, tant dans son rapport que dans ses conclusions, un mandat pour le Conseil Central ou pour le Conseil du Magasin de Gros, ce qui est la même chose, puisqu'il est composé des mêmes hommes, de voir quand les circonstances prévues dans le rapport se produiront.

La production coopérative peut en effet s'accroître suivant l'application de plusieurs systèmes ou plans.

D'abord, il n'est pas dit que le Magasin de Gros ne pourra pas encore réunir dans son giron un certain nombre de productions, production qu'il aura la possibilité de gérer grâce à la technicité qu'il a acquise, et par des capitaux qu'il pourra facilement se procurer, ne serait-ce que par la *Banque des Coopératives*. Il n'est donc pas dit que, de ce côté, la porte soit fermée.

De même, en ce qui concerne la constitution des sociétés nationales ou des sociétés à buts spéciaux. La chose a été faite déjà, puisque la Saline d'Einville est, en réalité, une société à but déterminé, qui s'est constituée par la réunion des sociétés coopératives du Nord et de l'Est qui ont concentré leur consommation en sel et ont fourni les capitaux nécessaires à l'opération ; depuis ce moment-là, cette société marche bien grâce à la fidélité des coopératives qui l'ont constituée, et grâce aussi à une exploitation technique tout à fait au point, qui fait donner à la Saline de bons résultats.

Nous pouvons donc être appelés à renouveler cette expérience pour d'autres denrées ou pour la chaussure, par exemple.

Mais il reste un plan extrêmement important, c'est celui des participations.

J'ai été heureux pour ma part d'entendre le délégué qui m'a précédé à cette tribune exposer qu'à son point de vue c'était le moyen rationnel et sans doute le plus rapide d'arriver à un résultat. Je le crois aussi. Je

Je crois non seulement parce que cette conception est depuis longtemps dans mon esprit, mais parce que j'ai souvent songé aux moyens de développer la production coopérative, non seulement grâce à la fidélité et au concours des sociétés, mais par la recherche des capitaux et par l'importance qu'il faut attacher à la technicité, non seulement industrielle, mais aussi commerciale et de publicité ; j'ai donc été amené à songer au système des participations, parce que c'était le moyen à la fois le plus rapide et le plus sûr, et c'est là justement où nous ne sommes plus dans le débat théorique.

La résolution que vous prendrez tout à l'heure, en adoptant les conclusions de notre camarade Gaston Lévy, c'est le mandat permanent que vous donnez au Conseil d'Administration de la Banque et du Magasin de Gros d'entrer dans ces participations quand l'occasion se présentera.

Je ne pense pas qu'à ce point de vue il y ait des oppositions de principe. S'il y en avait, il faudrait qu'elles se manifestent ici.

Au point de vue moral, quand nous examinons au Congrès l'activité du mouvement, il nous semble que sont tombées toutes les oppositions concernant la participation de la Fédération Nationale dans des Comités consultatifs publics et privés.

Nous arrivons fort heureusement à concevoir notre action de la façon suivante : toute la politique de la Coopération doit être une politique de pénétration et non une politique d'isolement.

Eh bien ! en matière de production et en matière de finances, nous ne devons pas avoir plus d'appréhension à nous asseoir dans des conseils d'administration de sociétés privées que nos camarades de la Fédération Nationale qui participent aux travaux des comités consultatifs de tels ou tels services publics ou au Comité technique de l'Alimentation.

Je pense que même en minorité, cela présente un intérêt, et par le fait qu'on nous aura donné l'occasion d'entrer, dans le Conseil d'une société privée, si celle-ci veut se développer ou a momentanément des défaillances de trésorerie, nous pourrons peut-être prendre une place prépondérante.

Et déjà, nous faisons ainsi sous un angle restreint, c'est vrai, un contrôle du consommateur sur les prix sur les fabrications et sur les qualités ; nous faisons également là notre apprentissage, parce qu'il n'est pas suffisant de dire à des tribunes de congrès :

« Dès l'instant où vous faites appel à un personnel technique, dès l'instant où vous savez vous outiller à la moderne, vous êtes certains de réussir ».

Ce n'est pas exact. Il y a d'autres éléments à considérer, en matière de fabrication, de direction du personnel, de liaison avec la clientèle, qui ne s'acquièrent pas du jour au lendemain, et je prétends que, d'une façon générale, parce que d'abord nous sommes un mouvement jeune, que les organisations privées sont nettement supérieures aux nôtres, qu'il s'agisse de nos coopératives de détail ou de nos organisations centrales.

J'estime donc que nous devons saisir les occasions qui nous sont offertes de prendre des participations dans telle ou telle affaire et pour tel ou tel article plus spécialement consommé dans nos sociétés ; c'est par ce moyen que nous activerons considérablement le développement de la production coopérative.

Notre camarade du Cambrésis a eu le souci, tout à l'heure, de demander si les progrès réalisés par les Magasins de Gros étrangers étaient dus à des participations. Peu importe. Ce qui est certain, c'est que ces progrès, comme l'a rappelé Lévy, ont été faits à des époques qui ne sont pas comparables à celle-ci.

Est-ce que vous pensez que la position du Magasin de Gros Anglais, constitué il y a soixante ans, avec quarante années d'avance sur nous, ne s'explique pas en grande partie par la différence considérable de la situation économique entre ces deux époques ?

Les conditions économiques étaient, avant 1870, toutes différentes de ce qu'elles sont aujourd'hui ; et notamment, le commerce de détail, d'ailleurs complètement inorganisé alors, ne ressemblait en rien au commerce qui se fait de nos jours. De sorte que même si nos camarades étrangers n'ont pas fait appel au système des participations, je dis qu'il n'y a pas lieu de s'arrêter à cet argument et que les conditions économiques nous commandent d'adapter nos méthodes à la situation actuelle; je serais heureux pour ma part que le Congrès vote la résolution de Lévy, avec, d'une manière tout à fait marquée, le désir d'entrer et de développer les participations dont il a si éloquemment défendu le système tout à l'heure.

Le Président. — La parole est à E. Buguet.

Intervention de E. BUGUET

E. Buguet. — J'ai entendu des camarades émettre à cette tribune des regrets sur la situation de la production coopérative en France.

Je crois qu'il aurait été bon de rappeler quelle était la situation du mouvement coopératif avant la guerre, et de se rendre compte dans quelles conditions il évoluait, et même ou pourrait ajouter, de sa situation après la guerre.

Avant la guerre, nous étions en présence d'un mouvement coopératif émietté, n'ayant aucune fidélité vis-à-vis des organismes centraux, et tout à l'heure encore on se plaignait de ce que, même à l'heure actuelle, il était impossible aux organismes centraux d'obtenir les renseignements qu'ils demandent aux sociétés.

Je vous assure pourtant que bien des progrès ont été réalisés depuis l'époque dont je parlais il y a un instant ! Malgré tout, on peut bien dire que les mêmes défauts se retrouvent encore dans le mouvement coopératif.

Dans ces conditions, il est extrêmement difficile de réclamer beaucoup aux organismes centraux. Il est extrêmement facile, dans des ordres du jour véhéments ou dans des interventions plus véhémentes encore, de dire : « Il faut faire ceci, il faut faire cela ».

Si, à l'heure actuelle, il est possible de se rendre compte dans une certaine mesure des besoins du mouvement coopératif, c'est parce qu'une évolution dans le sens de la fidélité s'est opérée.

En effet, tout à l'heure, je crois que Bricout a commis une erreur ou que sa parole a trahi sa pensée. Je ne crois pas que les bureaux d'achat aient été constitués parce que le Magasin de Gros des Sociétés Coopératives était dans une situation délicate. Je ne voudrais pas que cette idée prît naissance dans le Congrès. Je crois au contraire que la constitution des bureaux d'achat s'est faite pour remédier aux défaillances de fidélité des sociétés.

J'appartiens à une société qui a été fidèle dès sa création aux organismes centraux. Il est incontestable que si toutes les sociétés avaient montré cette fidélité, il n'y aurait pas eu besoin de recourir à la formule des bureaux d'achat.

Incontestablement, cette formule s'imposait, du moment qu'on ne pouvait pas obtenir par la bonne volonté les résultats qu'il fallait cependant obtenir ; on les a alors cherchés par des contrats qui lient plus ou moins les sociétés à l'organisme central.

C'est pourquoi, à mon avis, notre camarade Lévy, qui dans son rapport semble avoir une préférence pour les sociétés à buts spéciaux, n'a peut-être pas suffisamment insisté dans sa résolution sur la nécessité qu'il y a de recourir à ces sociétés à buts spéciaux.

Tout à l'heure, notre ami Cleuet parlait de la production centralisée et des résultats obtenus malgré les difficultés rencontrées, résultats qui s'ils ne sont pas des plus satisfaisants au point de vue financier le sont du point de vue qualité.

Nous ne nions pas ces résultats et si nous sommes partisans des sociétés à buts spéciaux c'est parce que nous avons peur encore que demain, quand le Magasin de Gros aura organisé la production, il se trouve en présence de l'infidélité des sociétés coopératives, et je pense qu'au contraire, si nous avons organisé notre production sur le mode adopté pour la Saline d'Einville, il y aura quelque chose de changé, parce que les sociétés, ayant leur responsabilité engagée, se feront un devoir d'écouler la production coopérative.

Je pense que c'est le meilleur moyen.

Ce n'est pas que je sois hostile à la participation dans des sociétés capitalistes ; au contraire, je pense que quand ce ne serait que pour y recueillir les éléments nécessaires au développement de nos propres institutions, nous aurions intérêt à assister aux conseils d'administration qu'indiquait notre camarade Cleuet tout à l'heure.

Le rapport de notre ami Lévy vient, à mon avis, à son heure.

Jusqu'à maintenant, on peut dire que la production du Magasin de Gros a été organisée d'une façon anarchique. En effet, on parle d'organisation ! est-ce que c'est quand le Magasin de Gros reprenait les coopératives de production qui allaient mourir qu'il faisait de l'organisation rationnelle ? Je ne le pense pas et je crois que personne n'oserait le soutenir.

Mais le Magasin de Gros n'a peut-être pas si mal fait qu'on semble l'indiquer aujourd'hui, en empêchant quelques sociétés de disparaître. Il a fait ce que les sociétés de développement sont en train de faire à l'heure actuelle, et peut-être que malgré tout, dans une certaine mesure, l'idée coopérative a été servie par ces actes de solidarité. Il ne faut donc pas trop médire du passé.

Mais il faut surtout l'examiner avec la volonté de ne pas retomber dans les erreurs anciennes et aussi avec la volonté de ne pas tout demander aux pouvoirs centraux, mais de faire tout son devoir envers ces organismes.

C'est pourquoi le débat actuel est extrêmement intéressant.

On dit qu'il ne doit pas rester lettre morte. C'est entendu ; mais tout de même je ne crois pas que le mouvement coopératif ait montré autant d'inertie qu'on semblait l'indiquer. Certainement, au cours de nos séances de congrès, nous avons souvent entendu des discussions oiseuses ; souvent des idées ont mis plus ou moins longtemps à mûrir ; mais enfin, il y en a quelques-unes qui ont mûri et dont le mouvement coopératif français peut être fier.

Je ne voudrais pas qu'on se hâte. Il ne faut pas rester sur place ; mais il faut faire quelque chose qui soit rationnel.

C'est le moment de dire que nous devons rationaliser, et pour cela il faut auparavant étudier exactement nos besoins, savoir ce que nous voulons faire et voir quels sont les moyens nécessaire pour réaliser.

Je pense que le rapport de Lévy, si intéressant, sera la base indispensable d'un développement qui ira plus ou moins vite suivant que les organismes de base le voudront, et j'ai surtout pris la parole ici pour présenter un léger amendement à la proposition qui conclut le rapport de Lévy, amendement rédigé ainsi qu'il suit :

Nous voudrions ajouter à la suite du troisième paragraphe de la résolution présentée par Lévy la phrase suivante :

Toutefois, il croit devoir indiquer qu'il lui apparaît que, dans beaucoup de cas, c'est par la constitution de sociétés à buts spéciaux que l'organisation rationnelle de la production pourra être atteinte.

Nous pensons que les sociétés à buts spéciaux ont le mérite de lier la responsabilité des sociétés, de les obliger à écouler la production, et qu'ainsi nous aurons organisé la production sur des bases rationnelles.

LE PRÉSIDENT. — La parole est à Dettweiler, de *l'Union des Coopérateurs d'Algérie*.

Intervention de DETTWEILER

DETTWEILER, de *l'Union des Coopérateurs d'Algérie*. — En ce qui concerne le très important problème de la production coopérative, il semble à première vue qu'il est nécessaire d'examiner si la situation générale de la France permet d'envisager le développement de la production coopérative dans de bonnes conditions.

Ce qu'il est nécessaire de voir en premier lieu, c'est si la nécessité de la production coopérative s'affirme.

En étudiant d'une façon un peu attentive, depuis la fin de la guerre, le développement qu'a pris l'industrie capitaliste, on est obligé de constater que, pour répondre à des besoins extrêmement importants mais momentanés, dus à la nécessité de satisfaire les besoins des armées belligérantes, on se rend compte que ce développement est tout à fait exagéré.

On en a fait la constatation dans tous les pays.

Ce développement de l'industrie répondait à des besoins momentanés ; mais il devenait nécessaire que ces usines se résorbent et en quelque sorte qu'elles se classent, sans nuire au consommateur et plus encore sans nuire aux capitaux investis dans ces usines elles-mêmes.

Or, il est certain que les usines coopératives se sont trouvées en opposition, dans la période qui a suivi la guerre, avec la concurrence très sérieuse des usines coopératives.

Toutes les usines, dans les moments difficiles, après la crise de 1920, ont dû, pour ne pas sombrer, rechercher les moyens techniques les plus favorables à une production de plus en plus améliorée, au point de vue technique, afin d'obtenir des prix de revient avantageux.

On parle beaucoup de rationalisation. C'est un fait, elle existe ; mais si la rationalisation existe, c'est que la nécessité s'en est fait sentir d'une façon tout à fait adéquate, sur le marché français par exemple.

A ce moment, la production coopérative était mise presque en échec. Elle y est encore à certains moments, d'une part à cause de la concurrence que se font les usines entre elles ; d'autre part, on l'a dit avant moi, en raison de l'infidélité des sociétés, et peut-être aussi du manque de perfectionnement des usines de la Coopération.

Il apparait bien, en effet, que la Coopération ait besoin de produire, car il devient indispensable d'introduire dans la vie économique le maximum de produits portant notre marque.

La grosse difficulté de lutter contre la concurrence pour les prix, en particulier lorsque des usines font des tarifs différents et qu'elles veulent enlever des ordres, c'est de pouvoir vendre la même marchandise dans des boutiques qui sont quelquefois situées les unes en face des autres.

Or, si nous introduisons nos produits à la marque de la Coopération, quelles que soient les difficultés qui président au lancement des produits, il est certain qu'une fois nos produits introduits dans la circulation des marchandises, la concurrence sera à peu près supprimée.

Or, toutes les sociétés qui se sont acharnées à cette expérience ont obtenu de bons résultats.

Donc, il devient indispensable, du point de vue du consommateur et du point de vue des sociétés, d'arriver à produire dans la Coopération.

Et puis, Camarades, il y a aussi une nécessité, à mon avis, beaucoup plus importante. J'ai eu l'honneur d'être directeur d'un bureau d'achat, avec nos amis de Château-Thierry, qui dans cette région ont fait un effort considérable, et j'ai pu étudier d'une façon très efficace la force des sociétés à succursales multiples, dont le siège est actuellement à Reims.

Dans cette ville, située à 120 kilomètres de Paris, 5 grosses sociétés font par année un chiffre d'affaires qui dépasse 1.200 millions.

Ces 5 sociétés, constituées avec des capitaux considérables, qui ont à leur actif 25 ou 30 années d'expérience, ont commencé depuis quelques années la production et deviennent des concurrents extrêmement sérieux pour nos sociétés coopératives.

La production engagée par ces sociétés dans des chocolateries, dans des biscuiteries, n'a pas encore réuni dans ces milieux l'unanimité : mais il est probable que lorsque notre mouvement se dressera d'une façon sérieuse vis-à-vis des sociétés à succursales multiples qui seront le dernier bastion de la résistance d'en face, ces sociétés pourront engager des centaines de millions dans la production, si cela est nécessaire.

La fidélité de ces sociétés vis-à-vis de leurs organismes de production est facilement acquise, puisque ces sociétés sont actionnaires des usines, et qu'ensuite les capitaux engagés sont formidables et particulièrement intéressés.

La nécessité de notre production réside, au point de vue économique, surtout dans le danger que présente dans l'avenir la force des sociétés capitalistes concurrentes.

Ces sociétés, groupées en un syndicat national, représentaient, il y a deux ans, 14.000 succursales.

Dans la Coopération, malgré l'effort fait dans toutes les régions, nous n'approchons pas de ces chiffres.

Ces sociétés pourraient arriver à constituer très vite ce que le Mouvement coopératif a réussi à faire en vingt années, au Magasin de Gros des Coopératives de France.

Je crois que le jour où l'effort sera tenté par elles, il sera fait avec une telle vigueur qu'à ce moment-là, il sera nécessaire de dresser contre elles une production coopérative puissante et dont les sociétés coopératives auront la garde dans la formule dont a parlé Lévy tout à l'heure.

Au point de vue économique, en effet, dans l'avenir, il semble bien que deux formules seulement doivent se distribuer le marché mondial : D'un côté, les sociétés coopératives, qui représentent l'intérêt collectif et l'idéal coopératif ; d'un autre côté, les sociétés à succursales multiples qui représentent le capital privé et la vieille formule capitaliste.

La lutte n'est pas encore apparue d'une façon aiguë, parce que le choc n'a pu se produire d'une façon ardente dans toutes les régions.

Mais nous avons cependant vu dans certains départements des sociétés capitalistes dont je ne cite pas le nom ici, arriver à vider pendant quelques mois nos boutiques coopératives, par la concurrence qu'elles ont faite en vendant presque au prix de revient.

Le danger réside pour l'avenir dans ces sociétés et dans la production qu'elles pourraient entreprendre, avec les puissants capitaux qu'elles possèdent.

Buguet a parlé tout à l'heure des bureaux d'achats, en disant tout le perfectionnement que cette formule représente pour le mouvement coopératif. Je pourrais dire que le contrat d'achat a été une formule qui a précédé d'une façon très adroite et très efficace la production coopérative. Il fallait, en effet, faire cette première expérience d'une concentration des achats, pour savoir que, dans la suite, cette concentration pourrait aboutir à un minimum de production coopérative.

En effet, dans les bureaux d'achat, on a d'abord traité d'une façon un peu éparse toute la chocolaterie nécessaire à la vente dans nos magasins ; puis on s'est aperçu un beau jour que la chocolaterie de Bordeaux pouvait fournir toutes les sociétés coopératives.

Le résultat n'a pas été rapide ; il a fallu des années pour décider les sociétés à abandonner leurs fournisseurs capitalistes qui étaient en proie eux-mêmes à des crises difficiles puisqu'il y a encore deux ans, on mettait en vente 10 chocolateries parmi les plus importantes ; et il a fallu enfin que les sociétés coopératives consentent à porter à la chocolaterie de Bordeaux toute leur force de consommation.

Les bureaux d'achat furent donc indiscutablement la préparation à la production coopérative, comme ils seront la préparation à l'exportation coopérative dans une période plus lointaine.

Ceci dit, le moment est-il vraiment venu de tenter la production coopérative sur une plus grande échelle, et c'est ici qu'il apparait bien que la prudence s'impose.

En effet, faut-il que la Coopération se glisse dans cette lutte formidable qui met aux prises en ce moment les concurrents producteurs capitalistes ; ou la Coopération ne doit-elle pas en tirer profit d'une façon plus efficace ?

Je veux dire, par exemple, pour ne parler que de l'huile et du savon ; sur une place comme Marseille, sur une autre place comme Bordeaux, où depuis la guerre, on a construit des usines représentant une production considérable, et dont une bonne partie sont en mauvaise posture, faut-il que nous allions édifier une nouvelle usine, ou faut-il profiter de cette concurrence entre les usines capitalistes ?

C'est ici que la formule intermédiaire parait devoir donner un bon résultat : la participation coopérative dans des usines capitalistes en mauvaise posture peut certainement l'emporter sur l'autre. Cependant, il ne faudrait pas tirer de l'expérience d'Einville des conclusions définitives ; il s'agit d'une industrie facile ; mais lorsque nous allons entreprendre la production coopérative, nous savons tous qu'il a fallu dix, quinze ou vingt ans même, dans des usines coopératives, pour aboutir à une production à peu près satisfaisante ; ce qui veut dire qu'il est nécessaire, au point de vue industriel, d'acquérir une expérience.

Au contraire, les usines capitalistes en mauvaise posture peuvent donner des satisfactions quant à la production.

La production coopérative peut donner certainement des résultats ; mais il paraît bien qu'il sera nécessaire de demander au Conseil Central et au Conseil du Magasin de Gros de n'engager la production coopérative qu'avec la certitude que l'usine envisagée possède, au point de vue technique, une organisation donnant les garanties nécessaires, et en s'assurant en second lieu la fidélité des sociétés coopératives.

Aucune usine actuellement, dans le monde capitaliste, ne peut produire dans de parfaites conditions, si elle n'a la possibilité de faire tourner son matériel à fond. Les immobilisations matérielles représentent de nos jours un capital tel que si la production n'atteint pas ce maximum, la concurrence peut couler l'usine.

Il faut donc orienter la production coopérative vers cette participation, en s'assurant la fidélité des sociétés.

Le Président. — La parole est à Georges Yung.

Intervention de Georges YUNG

Georges Yung. — Je ne vais pas prendre un grand élan pour enfoncer une porte ouverte et pour vous dire qu'il est nécessaire que le mouvement coopératif intervienne dans la production.

Si, en effet, nos organismes continuent à n'être que des entreprises de répartition, il est certain que, dans la mesure où nous nous substituons simplement au commerce, nous ne sommes que les gérants responsables chargés de l'écoulement de la production capitaliste.

Et par conséquent, notre rôle n'est pas entièrement accompli, pour l'émancipation du consommateur.

Mais il y a un problème extrêmement important qui se pose devant nous, quand nous examinons la production coopérative ; c'est non seulement celui qui vous a été exposé tout à l'heure de la fidélité des sociétés, mais c'est surtout celui de trouver les capitaux nécessaires à la production coopérative.

Il faut bien le dire, le mouvement coopératif français est extrêmement pauvre et n'a pas les capitaux qu'il faudrait pour organiser la production coopérative.

Si, dans le mouvement coopératif étranger, on a pu faire de la production, c'est parce que le mouvement avait des réserves suffisantes et des capitaux investis dans les sociétés, dans les Magasins de Gros. C'est quelquefois aussi, comme par exemple en Suisse, que le mouvement a pu intervenir avec des capitaux suffisants dans la production capitaliste et par conséquent la contrôler.

En France, est-ce que nous pouvons à l'heure actuelle faire la même chose ? Est-ce que vous avez fait l'inventaire des capitaux que nous pouvons mettre à la disposition du mouvement pour faire de la production ? Je crois que si on le faisait, on verrait que le total est tout à fait médiocre.

Ni le Magasin de Gros des Coopératives, ni les sociétés coopératives elles-mêmes, sauf quelques-unes, les plus anciennes et assez rares, n'ont les réserves et les capitaux suffisants pour se livrer à la production

rationnelle,' c'est-à-dire à la construction d'usines, à des immobilisations
en matériel et en stocks de matières premières, pour aboutir à un prix
de revient suffisamment bas.

Comment, en effet, allons-nous procéder ? à la création, par exemple,
de sociétés spécialisées, lorsqu'il aura été reconnu que l'écoulement
d'un produit dans les sociétés coopératives et la fidélité de ces sociétés
seront suffisants pour permettre à la production de s'organiser.

La création d'une société spécialisée présuppose l'établissement d'un
plan de production, d'un plan commercial et d'un plan financier.

Dans le plan financier entre naturellement la question du capital à
immobiliser et la vitesse d'amortissement de ce capital.

Je ne crois pas qu'on puisse demander aux sociétés l'effort qui consisterait à apporter le capital nécessaire aux immobilisations d'une ou
de plusieurs usines à gros rendement.

Il faudra donc trouver d'autres formes financières qui nous permettront de donner au mouvement coopératif les capitaux nécessaires à
ces immobilisations.

Déjà on s'est préoccupé, en France de cette question dans les sociétés
coopératives importantes qui n'avaient pas les capitaux nécessaires pour
les immobilisations dont elles avaient besoin, et on a préconisé, on a
réussi des émissions d'obligations.

Il est évident que, d'une part, les obligations coopératives permettent
de donner à une société de production les capitaux qui lui sont nécessaires, avec la vitesse d'amortissement qui a été calculée dans le plan
financier dont nous parlions tout à l'heure.

Et s'il est nécessaire que, pendant un certain nombre d'années, au
début, les sociétés de production tiennent compte que les bénéfices
seront forcément plus réduits, on peut ne prévoir le commencement de
l'amortissement que lorsque sera passée la période du début.

A ce point de vue, la Banque des Coopératives de France pourra non
seulement être utile, mais nécessaire à la base de l'organisation financière des sociétés de production. Et j'ai confiance qu'elle réussira dans
cet ordre d'idées, parce que dernièrement, pour une émission d'obligations d'un million de la Coopérative du Beauvaisis, c'est en l'espace de
cinq jours que, dans la clientèle de la Banque, cette émission a pu
être couverte.

Mais, à côté de ces sociétés spécialisées, le mouvement coopératif sera
peut-être appelé à d'autres formes d'organisation de production, soit
parce qu'il ne pourra pas à lui tout seul assurer l'écoulement d'une
grosse usine, soit parce que, comme c'était le cas de la Saline d'Einville,
cas particulier d'ailleurs, il sera impossible au mouvement coopératif
de créer par lui-même cette production coopérative. Le mouvement
coopératif ne peut pas créer une saline : il faut qu'elle existe d'abord.

J'ai été extrêmement heureux, tout à l'heure, de l'intervention de
Clouet. Il est indispensable que le mouvement coopératif, avec toute la
prudence qui est nécessaire en pareil cas, il est indispensable que, dans
certains cas, il entre dans la voie de la participation financière dans les
sociétés capitalistes, soit parce que le mouvement coopératif n'a pas à
lui tout seul, la faculté d'écoulement, soit encore parce qu'il trouvera
dans la technique capitaliste elle-même l'organisme de production qui
est tout à fait adéquat aux besoins de la Coopération.

Et précisément, nous avons, à ce point de vue. une grande supériorité
sur l'organisation capitaliste, c'est que les capitalistes ne peuvent pas
pénétrer dans nos sociétés coopératives ; nous avons des statuts et nous

avons des principes qui rendraient leur participation impossible, en tout cas sans intérêt pour eux ; tandis qu'au contraire, l'organisation capitaliste permet au mouvement coopératif de pénétrer en lui, d'acheter des actions et d'obtenir, proportionnellement aux actions achetées, la part de gestion et de direction qui est réservée par le mouvement capitaliste aux détenteurs d'actions.

Par conséquent, pourquoi ne pas nous servir de cette possibilité, et pourquoi, au lieu de rester toujours passifs devant la production capitaliste, ne pas avoir une attitude de pénétration et de combat ?

Mais pour faire des achats d'actions, pour participer à la production capitaliste, il nous faudra également des capitaux qui sont difficiles à trouver dans le mouvement coopératif.

J'entends bien que, tout à l'heure, Lévy nous disait que la Banque des Coopératives de France mettra certainement à la disposition du mouvement coopératif — et c'est son rôle — les réserves dont elle dispose, mais seulement, pour prendre des participations dans les organismes capitalistes.

Mais vous avez bien entendu qu'il ne s'agit que de réserves et qu'il ne peut pas s'agir des capitaux déposés à la Banque et remboursables à court terme ou même à terme moyen, capitaux qui ne peuvent être utilisés que pour des opérations susceptibles de se dénouer rapidement.

Au contraire, dans la production coopérative, il s'agit d'opérations qui ne peuvent se dénouer que dans un temps assez long.

Par conséquent, même la Banque des Coopératives de France ne pourra intervenir que dans une proportion relativement modeste, par exemple dans la proportion, actuellement, de deux ou trois millions peut-être, — d'autant plus qu'elle a des immobilisations à faire pour son propre compte.

Par conséquent, sous quelle forme, l'ensemble du mouvement coopératif pourrait-il s'intéresser à des participations dans les organisations capitalistes ?

Non pas sous la forme directe d'achats par les sociétés ou par les coopérateurs, mais il faut qu'une organisation, en l'espèce, la Banque des Coopératives de France, se charge, avec des capitaux spéciaux, de prendre ces participations.

Eh bien ! ces capitaux spéciaux, je crois qu'on pourrait les trouver également sous la forme d'obligations donnant à l'ensemble du mouvement coopératif les capitaux à long terme qui pourront lui servir de masse de manœuvre pour pénétrer dans les organisations capitalistes privées, sous la forme, par exemple, d'une société *hadding*, d'une société qui pourrait s'appeler, je suppose, la Société Générale pour la Production Coopérative, laquelle pourrait arriver, en faisant appel aux coopérateurs eux-mêmes, à trouver les capitaux à long terme dont elle disposerait ensuite sous le contrôle des organismes responsables du mouvement coopératif, pour participer dans les organisations capitalistes et pour donner à nos camarades des places dans les conseils d'administration de ces organisations, afin de les contrôler, afin de les incorporer peut-être, afin de les absorber finalement, en faveur de notre mouvement.

Par conséquent, vous voyez que toute la production coopérative repose en grande partie sur la question financière, et que cette question financière elle-même repose sur l'organisation de la Banque des Coopératives de France et sur la force qu'elle doit avoir.

Le problème qui se pose, par conséquent devant vous, c'est celui avant tout, avant même de songer à organiser la grande production coopérative, de songer à nous resserrer autour de la Banque des Coopératives de France, en vue de donner au mouvement coopératif les moyens de financer sa production coopérative, et par conséquent, de pousser jusqu'à sa fin logique, l'émancipation du consommateur.

Le Président. — La parole est à Gaston Lévy, rapporteur.

Réponse de Gaston LÉVY

Gaston Lévy, rapporteur. — Je remercie le Congrès de l'attention qu'il a bien voulu accorder à cette question que nous discutons depuis deux heures. Je remercie aussi les camarades qui sont venus à cette tribune, apporter leur approbation aux conclusions générales du rapport que j'ai eu l'honneur de vous présenter.

Je suis tout à fait heureux de constater, qu'aujourd'hui, il semble que sur les questions d'ordre pratique et intéressant la fidélité du mouvement coopératif, il n'y a plus dans ce Congrès qu'une approbation unanime, comme cela d'ailleurs a toujours été le cas dans le mouvement coopératif, quand il s'est agi d'action, au lieu de discussions plus ou moins stériles.

Paquereaux. — Cela ne veut pas dire que nous n'ayons pas quelques inquiétudes !

Gaston Lévy. — J'aurais bien voulu, mon cher ami, que vous veniez les développer ici. Je suis persuadé, d'ailleurs que la discussion courtoise que nous aurions eue certainement à ce propos, aurait donné les mêmes conséquences heureuses que celle qui s'est engagée hier entre Boyet et Ramadier, qui a abouti à un vote unanime du Congrès, en faveur de la loi organique sur la coopération.

Je suis bien persuadé que, dans une question comme celle-là, nous ne pouvons pas ne pas être d'accord.

Que vous ayez des inquiétudes, nous en avons aussi, parce que si nous étions certains de réussir par un moyen quelconque, nous n'aurions pas employé les formules de prudence auxquelles nous nous sommes tenus jusqu'à présent.

Nous sommes tout à fait persuadés que, chaque fois que l'on entreprend quelque chose, on court des risques. Le tout est de limiter ces risques et que la limite de ces risques soit atténuée à un tel point qu'ils ne puissent, en aucun cas, amoindrir la force du mouvement coopératif.

Paquereaux. — La première de ces inquiétudes, tu l'as formulée tout à l'heure, au cours de ton exposé, quand tu as posé le problème, qui me paraît tout à fait important, de savoir dans quelle mesure la production coopérative pourra concurrencer la production capitaliste. Ce point d'interrogation me paraît d'autant plus important que c'est celui qui agitera demain, j'en ai bien peur, la fidélité des coopératives, en ce qui concerne la production de ces mêmes usines.

La deuxième inquiétude que nous avons, c'est que j'entends poser à la tribune, d'une manière tout à fait adroite, je le reconnais, une autre question. C'est celle de la liaison. J'entends bien que nous ne perdrons pas notre indépendance, mais la liaison de notre propre action à celle de la production capitaliste elle-même, ne laisse pas de m'inquiéter, parce que je me demande si, à un moment donné, entre les intérêts de notre mouvement et les intérêts de ceux auxquels nous allons nous associer, il

: n'y aura pas un certain nombre de contradictions, parce que les intérêts capitalistes ne sont pas les mêmes que ceux de notre mouvement.

Voilà, à mon sens, les deux questions qui nous inquiètent dans cet exposé que tu as, permets-moi de te le dire, magnifiquement fait à cette tribune.

Nous ne pouvons pas être contre la production coopérative ; mais nous ne sommes pas très sûrs que, dans les cadres du régime, lorsqu'il faudra lutter contre les trusts et les cartels, lorsque cette production se heurtera à la production capitaliste, je ne suis pas très sûr que nous aurons des armes qui nous permettront de résister à l'offensive qu'on ne manquera pas d'ouvrir contre nous, dans l'intention de nous torpiller.

Vous comprenez bien que ces appréhensions sont justifiées. Je ne doute point, du reste, que tu n'y répondes, si nous avons gardé le silence jusqu'à maintenant, ce silence est fait de la prudence avec laquelle il convient de s'engager dans une question beaucoup trop importante pour l'avenir de notre mouvement, pour que nous prenions ici figure d'opposants irréductibles.

Gaston Lévy, *rapporteur*. — Je suis heureux d'avoir provoqué l'intervention de Paquereaux qui a marqué que, sur deux points, les hésitations que nous pouvons avoir nous-mêmes, sont les mêmes que les siennes.

Cependant, je voudrais indiquer qu'il y a une différence entre nous sur ces points, et j'espère que cette différence va s'atténuer rapidement. Je l'ai dit, en débutant, et je crois qu'il est tout indispensable de le redire et d'insister : pas de production coopérative, si cette production doit être inférieure à celle des usines capitalistes. Nous sommes tous d'accord sur ce point ; nous verrons comment nous pouvons et nous devons résoudre ce problème.

Puis, second point, la question de la participation. Paquereaux craint que nous n'y conservions pas suffisamment d'indépendance et que nous ne continuions pas à exercer notre contrôle. Question de force, question d'influence, question d'action.

A mon sens, nous ne devons entrer dans la voie des participations, que si nous avons la certitude d'être les maîtres dans les sociétés où nous prendrons ces participations.

Paquereaux. — D'accord.

Gaston Lévy. — Je savais que nous serions d'accord là-dessus.

Reste la question de la difficulté de concurrence avec les trusts et les cartels.

Evidemment, nous ne savons pas, nous ne pouvons pas savoir ce que l'avenir nous réserve. Tout à l'heure, notre camarade Dettweiler exposait, lui aussi, quelles étaient les difficultés qui se présenteraient sur le terrain de la répartition.

Mais, camarades, c'est toute votre action qui est en jeu. La bataille que vous avez entreprise contre le régime capitaliste, est-ce que vous vous sentez la force, par votre idéal, par votre action, par votre fidélité, de la gagner tout entière ?

Vouloir gagner une bataille, cela ne veut pas dire qu'on la gagnera ; mais c'est s'engager à forger les armes les plus fortes, pour essayer de vaincre.

Il ne faut jamais, même lorsqu'on veut, par des paroles de prudence, modérer ceux qui voudraient aller trop de l'avant, décourager les initiatives et énerver l'effort.

Or, quel est le rôle que nous avons à jouer, quel est l'intérêt de nos congrès, quel est l'intérêt de nos réunions coopératives, si ce n'est d'animer les coopérateurs ?

Nous avons confiance en notre mouvement, parce que nous savons que notre mouvement représente la justice dans la répartition. Nous avons confiance en notre mouvement, parce que nous savons que la réalité des faits justifie tous les jours les efforts que nous avons accomplis. Nous avons confiance en notre mouvement, parce que ce n'est pas seulement dans le cadre national qu'il se développe, mais parce que nous voyons autour de nous, grandir la coopération dans les autres pays et grandir aussi les organisations matérielles qui le dominent.

Comment ! Au moment où nous pouvons enregistrer dans tous les pays du monde, un accroissement formidable de notre idéal et de sa réalisation, nous qui avons la prétention, quelquefois un peu exagérée, de dire que nous représentons l'idéalisme et la foi de la coopération, nous n'aurions pas confiance en nous-mêmes et en notre action pour gagner la bataille que nous avons livrée et que nous voulons pousser jusqu'au bout, pour la conquête qui nous est nécessaire pour arriver à la transformation du mode de répartition, pour supprimer le profit, pour remplacer la production, en vue du profit par la production en vue de la satisfaction des besoins !

Cette action-là, il faut que, d'un cœur unanime, nous nous engagions à la faire. Ayons confiance ; mais, armons-nous. Prenons les armes nécessaires, n'allons pas à la bataille avec des discours qui sont des fusils de paille, avec des déclarations orales qui sont des pistolets de bois. Allons à la bataille avec de bonnes armes, avec l'argent concentré par les épargnes coopératives, avec la fidélité des sociétés coopératives à leurs organisations, avec la fidélité des coopérateurs, par l'appel à tous les coopérateurs sans exception, par-dessus les tendances politiques ou religieuses, afin qu'ils viennent renforcer nos rangs, grossir notre armée et constituer cette force qui, représentant le nombre et actionnée par une volonté résolue connaîtra la victoire.

Cela ne veut pas dire que nous devons marcher tête baissée. Non. Un pied devant l'autre peu à peu avançons sûrement. C'est le meilleur moyen de ne pas reculer.

Camarades, depuis cinq ans il y a eu une modification dans le mouvement coopératif français. Je vous demande de vous souvenir de certains de nos congrès comme celui de Marseille, comme celui de Bordeaux, comme ceux que nous avons tenus par la suite à Nancy et encore à Nîmes l'année dernière, en passant par celui de Lille. Il y a depuis cinq ans une modification heureuse. On a parlé tout à l'heure des bureaux d'achats. Je n'y reviendrai pas sinon pour saluer ce qu'a pu faire la fidélité des sociétés coopératives, qui ont accepté le principe des contrats d'achat.

Regardez les chiffres du Magasin de Gros, regardez sa situation matérielle et voyez le chemin qui a été parcouru ?

Il y a cinq ans que nous avons créé la Banque des Coopératives, à Marseille. Mouvement d'enthousiasme ? Il faut dire la vérité : mouvement de froide raison. Quand le mouvement coopératif a créé la Banque des Coopératives, ce n'est pas dans une minute d'enthousiasme, c'est parce qu'il avait compris de façon tout à fait froide qu'il était indispensable de créer cet organisme bancaire.

Je vous ai tracé, à cette époque, un programme très vaste de l'action que pouvait entreprendre la Banque. Naturellement, je n'ai pas la prétention de dire qu'en cinq ans, nous ayons abouti à réaliser ce programme ; j'aurais été un fou si je l'avais pensé.

Mais, si je viens maintenant, acceptant de présenter ce rapport, vous parler de la possibilité d'organiser la production coopérative, si, après avoir insité sur la bonne présentation des marchandises, sur la fidélité nécessaire des sociétés coopératives, j'ai peut-être un peu trop passé sous silence la question des capitaux, c'est parce que je suis sûr maintenant que, pour l'organisation de la production que nous pouvons réaliser, notre organisme bancaire né seulement il y a cinq ans, est capable d'apporter au mouvement coopératif le concours dont il a besoin.

Je ne vous aurais pas soumis le problème, ni l'année dernière, ni il y a deux ans, ni il y a trois ans. Je vous le pose maintenant, parce que vous pourrez voir, si vous allez à l'Exposition, les graphiques de la Banque ; je vous demande de les étudier de près. Vous y verrez, non seulement la progression — ce n'est rien — vous y verrez la lente accumulation des richesses collectives de la coopération, qui doivent naturellement être mises au service de la coopération, par l'organisation qui les a concentrées. Vous y verrez la possibilité d'un effort indéfini. Tout à l'heure, Yung vous a dit un mot auquel vous n'avez peut-être pas fait attention : le mois dernier, nous avons placé en cinq jours un emprunt d'obligations d'un million de francs. C'est peu de chose, c'est très peu, à côté des dix milliards que l'Etat a recueillis pour son dernier emprunt ; mais camarades, il y a cinq ans, est-ce que nous aurions pu espérer placer en cinq jours, un million d'obligations coopératives ? Allons donc !

Vous savez bien que nous ne pouvions pas le faire. Aujourd'hui, nous le pouvons. Pourquoi ? Parce que nous avons une organisation qui est marquée par son action, par sa prudence de gestion, dont je me glorifie, quels que soient les reproches que certains peuvent nous faire de ne pas nous engager, quelquefois, ou de ne pas aller assez vite au secours de sociétés que nous estimons ne pas devoir secourir.

Cette gestion de prudence nous a permis cette action et nous met à même d'envisager maintenant un pas de plus, ce pas dont je parlais tout à l'heure.

Sous quelle forme ? Je ne demande pas que l'on précise. Je crois, comme Clenet, que ce sont les occasions qui se présenteront, qui nous permettront d'envisager la meilleure forme d'organisation que nous devons vous proposer.

Ne nous engageons pas : mais ayons confiance en nous-mêmes, pour préparer la meilleure forme d'organisation.

Je voudrais maintenant répondre, non pas à des critiques, il n'y en a vraiment pas eu, mais à des observations qui ont été présentées, tout d'abord par Lavielle.

Je ne suis pas très bien placé pour répondre sur les relations théoriques entre producteurs ouvriers et consommateurs ouvriers.

Je veux simplement répondre par le bon sens, ainsi que je le conçois.

Camarades, quelle différence y a-t-il entre la situation qui est faite aux salariés de nos sociétés coopératives de consommation que vous administrez, et les salariés employés dans les usines de production coopérative ? Ce que vous faites pour vos salariés, pour les collaborateurs que vous employez, il n'y a pas de raison pour que les responsables de la production coopérative ne le fassent pas.

Mais quoi ! Champ d'expérience, a dit quelqu'un ! Ah ! non ; non ! Je vous en prie, si nous voulons avoir des armes fortes, ne nous amusons pas à faire des expériences de laboratoire. L'organisation d'une production coopérative n'est pas une expérience de laboratoire, pas plus en ce qui concerne les rapports des ouvriers producteurs, ou l'organisation de la production, qu'en ce qui concerne les conditions dans lesquelles on va présenter l'article qui est nécessaire. Ce qu'il faut, c'est que l'organisation de la production soit faite selon les méthodes rationnelles et techniques. Quant à la place qu'occupent dans l'organisation de la production coopérative, les travailleurs qui y sont occupés, c'est une place tout à fait analogue, tout à fait semblable à celle qui existe pour eux dans les sociétés coopératives de consommation, et je crois qu'il n'est pas possible de répondre autrement à cette question.

Notre ami Bricout a posé une question qui me laisse croire que, malgre sa relative étendue, mon rapport est encore incomplet. Je m'en excuse. Il est évident que je n'ai voulu traiter dans ce rapport que la production nationale centrale. Je n'ai pas fait allusion aux productions locales ou aux productions régionales. C'est peut-être une lacune, mais je crois qu'il y a là une autre question. Elle peut être envisagée, mais je ne crois pas que nous puissions nous en encombrer aujourd'hui.

Ce qui ne veut pas dire qu'on ne devra pas la reprendre.

Aussi bien, en ce qui concerne les moulins, qu'en ce qui concerne les laiteries, il me paraît qu'il s'agit là de productions régionales qui ne peuvent pas être examinées avec fruit dans ce congrès, où il s'agit d'organiser la production nationale coopérative.

Poisson. — Cela peut toujours faire l'objet d'un débat.

Gaston Lévy. — Cela peut faire l'objet d'un débat dans un prochain congrès ; mais nous ne pouvons pas nous en occuper aujourd'hui.

Notre camarade Bricout, a eu tout à fait raison d'envisager par contre qu'il fallait faire précéder l'organisation de la production, par l'organisation de la vente des produits d'une même marque.

Parler de rationalisation, c'est très bien. La pratiquer est beaucoup plus utile pour le mouvement coopératif.

A cet égard, nous avons déjà demandé, quand a été mise à l'ordre du jour du congrès, la question de la publicité, que toutes les sociétés coopératives aient des boutiques de même couleur, à la même enseigne autant que possible, de façon que le mouvement coopératif apparaisse avec toute sa force et que dans n'importe quelle région de France, on retrouve le type de la boutique coopérative.

C'est là une des forces des sociétés à succursales multiples, force qui est faite de la vision répétée du même objet. Cette espèce de suggestion, pourquoi ne voulons-nous pas la réaliser ? Pourquoi ne pas mettre le café de qualité déterminée dans des sacs qui seraient les mêmes dans toutes les sociétés, portant les mêmes lettres, sur papier de même couleur ? Il est indispensable que les produits coopératifs apparaissent avec leur marque, leur paquetage, leur étiquette.

Un effort de ce genre est-il si considérable ? Je ne le crois pas. En tout cas, il est évident que si vous voulez vous orienter vers l'organisation de la production, comme je le crois, la question de participation et l'écoulement de productions d'usines capitalistes ne peuvent être envisagées, que comme des situations provisoires qui ne peuvent pas être notre but définitif, et notre préoccupation principale doit être l'écoulement par nos organismes de notre propre production.

PAQUEREAUX. — Tout à fait d'accord.

Gaston LÉVY. — Je le savais bien.

Notre camarade Dettweiler a parlé de la grande difficulté que nous pourrions avoir, à un moment donné, à lutter contre les sociétés capitalistes à succursales multiples. Oui. Il faut nous y préparer ; mais nous avons la chance, sur ce point, d'être en avance sur elles.

Cette avance, il faut non seulement la conserver, mais il faut l'augmenter encore par notre fidélité toujours plus grande à nos propres organisations.

Nous avons la chance d'être en avance sur elles, car elles ne sont pas dans la possibilité de concentrer leurs achats, alors qu'elles ont entre elles des questions de concurrence qui les font agir, fort heureusement, les unes contre les autres.

Ne créons pas de concurrence entre nous et préoccupons-nous plutôt, dans les Fédérations régionales, de régler le plus possible les petits conflits qui pourraient se produire en ce qui concerne le champ de délimitation d'action de telle société régionale ou de telle société autonome.

DETTWEILER. — En ce qui concerne la concurrence entre les sociétés à succursales multiples, à Reims, il y a trois ans, une tentative a été faite en vue de constituer un bureau d'achats ; ce bureau a fonctionné six mois ; il a été mis par terre, à la suite de divergences de vues qui se sont produites entre les dirigeants des sociétés. Mais il pourra être reconstitué ; et s'il se reconstitue, il représentera un milliard d'achats.

Gaston LÉVY. — Je ne disconviens pas que c'est un danger ; mais nous avons une avance sur elles. D'abord, pas de concurrence entre nous ; en second lieu, notre organisation des bureaux d'achats est mieux faite que la leur.

J'ajoute, qu'il y a encore une autre question. C'est la question financière, dont parlait tout à l'heure Yung.

Vous croyez, Dettweiler, que les sociétés à succursales multiples ont entre leurs mains, sous leur contrôle, les organisations bancaires qui leur appartiennent ? Non. La meilleure preuve, c'est qu'elles essayent, comme nous l'avons essayé nous-mêmes au début, d'appeler dans leurs boutiques les consommateurs à prendre des titres de leurs sociétés, sous la forme de bons à trois mois, à six mois ou à un an. Elles ont besoin d'argent. Et le jour où ce sont les banquiers qui interviennent dans une entreprise de ce genre, il y a une diminution de la capacité technique de ces éléments, et nous n'avons pas à craindre cela.

Je ne veux pas exagérer l'importance de la concentration des coopératives ; mais enfin, elle existe et il faut indiquer tout de même les chiffres.

Camarades, il y a cinq ans que les sociétés coopératives ont créé leur Banque ; c'est à peine si les capitaux recueillis par cette Banque étaient suffisants pour satisfaire en partie aux besoins des sociétés coopératives. Je recommande à ceux qui auront l'occasion d'aller à l'Exposition, de prendre la petite brochure que nous faisons distribuer et je le recommanderai plus spécialement demain aux actionnaires de la Banque ; vous y verrez la différence qui existe entre tous nos postes qui sont en augmentation et la seule stagnation ou même le léger affaiblissement des prêts consentis par la Banque aux Sociétés coopératives, au cours de cette année.

Ce qui veut dire que cette année, pour la première fois, les capitaux dont disposait la Banque des Coopératives, ont été de beaucoup supérieurs aux besoins des sociétés.

Il s'agit, bien entendu, de capitaux à court terme. Mais, pour les capitaux à long terme, on vous a indiqué tout à l'heure un système qui pouvait également satisfaire les besoins des sociétés coopératives.

Donc, je n'ai aucune crainte actuellement et je pourrais, si je me préoccupais uniquement des intérêts matériels de la Banque, profiter de la circonstance pour faire l'article. Je ne le fais pas. Je crois, en effet, que ce serait dangereux.

Mais, malgré tout, je vous montre que nous sommes dans une position beaucoup plus favorable à cet égard que nous ne l'étions il y a quelques années.

Par conséquent, il n'y a pas de grandes inquiétudes à avoir de ce côté.

On a posé une question précise. On a dit : Si vous voulez organiser cette production coopérative, les capitaux à engager seront considérables.

Deux espèces de capitaux, ne l'oubliez pas : capital d'investissement, pour l'acquisition de terrains, construction d'immeubles ou d'usines, achat de matériel ; c'est là un capital à investir sans espoir de rémunération immédiate. Cet argent-là doit être trouvé par le concours des sociétés coopératives, et je ne doute pas que nous n'arrivions à le trouver.

Par exemple, pour la grande production de savons et d'huiles, quelle est la somme qu'il nous faudrait ? 5 à 6 millions. On les a.

Autre capital : le fonds de roulement. Pour le fonds de roulement, les capitaux que la Banque a recueillis auprès des coopérateurs, peuvent servir, aussi bien qu'ils servent déjà au Magasin de Gros pour son fonds de roulement nécessaire et même pour l'escompte que nous faisons fréquemment aux fournisseurs de sociétés coopératives. Par conséquent, en ce qui concerne le capital de roulement, capital qui, normalement doit supporter des charges d'intérêt — car il n'y a pas de grande industrie qui travaille uniquement avec ses capitaux propres pour son fonds de roulement — ce capital-là, nous l'avons aussi.

Bien entendu, il ne peut pas s'agir du jour au lendemain, d'organiser des productions exigeant chacune un chiffre respectable de millions. Un pas après l'autre, je le répète. Mais du moment où nous sommes disposés à ne faire qu'un pas après l'autre, nous avons la certitude de réussir, et ce n'est pas le point de vue financier qui me préoccupe le plus.

Ce qui me préoccupe le plus, c'est qu'il ne faut s'engager qu'à bon escient, c'est qu'il ne faut commencer la production qu'avec la certitude la plus grande possible de réussir, et pour cela, il faut que nous ayons le concours de tous.

Notre ami Buguet, parlant au nom de la *Fédération de la Région Parisienne*, nous demande d'accepter un amendement. Cet amendement consiste à donner notre préférence, parmi les différentes formes recommandées dans le rapport, au système des sociétés à buts spéciaux.

Il n'est pas douteux qu'il ressort du rapport, que mon opinion personnelle est favorable à cette thèse ; j'aurais donc mauvaise grâce à ne pas me rallier à cet amendement.

Cependant, je ne puis l'accepter et je l'ai déjà dit à Buguet, à la réunion de la Fédération de la Région Parisienne, que s'il est bien entendu que nous marquons seulement par là une préférence théorique, mais que cela ne saurait en aucun cas, empêcher d'employer les autres modes d'action, s'ils paraissent plus favorables.

E. Buguet. — Nous sommes d'accord. Si j'ai tenu à souligner ce point-là, c'est parce que je pense qu'il liera les sociétés coopératives pour l'écoulement de la production, et que c'est indispensable, si on veut tirer la leçon des expériences du passé.

Gaston Lévy. — Nous sommes d'accord. Nous sommes d'accord aussi que ceci ne doit pas empêcher les responsabilités que les sociétés doivent prendre ; il est entendu également que si, pour aller plus vite, nous nous engageons dans la voie qu'a si éloquemment recommandée Cleuet tout à l'heure, de participations qui peuvent être prises, nous pourrons y entrer.

E. Buguet. — Nous sommes d'accord.

Gaston Lévy. — Dans ces conditions, pas de difficulté à accepter l'amendement de Buguet.

Il reste, par conséquent, un point que notre camarade Bricout a posé.

Il a dit : Ne vous contentez pas de charger le Conseil Central de préparer l'organisation de la production.

Moi, je vous demande, au contraire, d'accepter sans modification le texte que nous avons présenté. Pourquoi ? Parce que le Conseil Central est encore à la tête des organismes centraux : Banque et Magasin de Gros, et représente par conséquent, de la façon la plus directe, le mouvement coopératif dont il a la responsabilité.

Ne croyez pas un seul instant que nous puissions songer à proposer l'organisation d'une production quelconque sans, au prélable, nous être entourés des études nécessaires dont vous avez parlé tout à l'heure. et de ces renseignements que les sociétés coopratives peuvent nous apporter.

Seulement, étant donné qu'il n'y a véritablement qu'au centre que nous pourrons avoir l'occasion de proposer une organisation de la production coopérative déterminée, sur un point spécial et après les enquêtes et les statistiques dont a parlé Bricout, laissez-nous le soin d'examiner quel sera le moment favorable et quelle sera la forme que nous aurons à vous proposer.

Vous pouvez être tranquilles que c'est dans ces conditions que vous avez indiquées vous-même de prudence et de circonspection, après avoir consulté des techniciens avertis et nous être entourés de tous les renseignements nécessaires, que nous pourrons faire un pas de plus vers la production.

Par conséquent, je vous demande d'accepter le texte proposé, avec l'amendement de Buguet.

Et pour terminer, laissez-moi vous remercier encore une fois de l'attention soutenue que vous avez apportée dans l'étude de cette question.

Mais je vous demande la permission de vous rappeler la fin de la résolution que vous allez sans doute voter dans un instant :

Le Congrès compte sur toutes les sociétés, sans exception, pour participer à cet effort ; laisse aux organismes centraux le soin de décider le moment et la forme d'organisation susceptibles de répondre le mieux aux besoins des consommateurs associés.

Il nous faut préparer l'examen ; mais si les sociétés ne sont pas unanimement prêtes et disposées à seconder cet effort, si elles ne font pas quelques sacrifices préalables, nous aurons beau essayer de réaliser ce programme, même pas à pas, nous ne réussirons pas.

Et comme nous ne voulons pas entreprendre quelque chose qui n'ait pas toutes les chances de réussite, je vous le déclare tout net : autant je me suis montré, ici à ce congrès, partisan de nous engager résolument dans la voie de la production coopérative, autant je serais l'adversaire le plus décidé de toute tentative d'organisation de la production qui n'aurait pas, au préalable, l'encouragement des effors faits par les sociétés coopératives.

LE PRÉSIDENT. — Camarades, comme conclusion, après le magnifique exposé de notre ami Gaston Lévy, je mets aux voix la résolution qui vous est proposée, page 58 du rapport, avec l'amendement Buguet, sous les réserves précisées par notre rapporteur.

Elle est adoptée à l'unanimité.

LA CLOTURE DU CONGRÈS

Maurice CAMIN. — Je voudrais, avant que fût prononcée la clôture du Congrès, dire un mot à propos de l'effort qui a été fait à son occasion. Hier, nous avions l'intention d'inaugurer solennellement l'Exposition ; nous n'avons pas pu le faire pour cette excellente raison que nombre de congressistes avaient le désir bien naturel de visiter l'Exposition et qu'ils n'avaient pas été prévenus de notre intention.

Je demande au Congrès d'enregistrer, avec toute l'attention qui convient, que pour la première fois, le Mouvement Coopératif Français a pu réaliser une Exposition qu'ont accueillie favorablement tous ceux qui l'ont visitée. Je suis convaincu notamment que la population grenobloise a vu avec beaucoup d'intérêt cette manifestation coopérative.

Je voudrais aussi remercier les sociétés qui ont participé à cette Exposition. Nous leur avons demandé de réaliser rapidement leur participation, nous leur avons demandé de précipiter leur action ; nous leur avons demandé de hâter leurs expéditions. Le temps était court, elles ont cependant fait l'effort nécessaire, et cela leur a coûté certainement beaucoup de temps et d'argent.

Nous avons pu, ainsi, grâce à des concours dont je dirai un mot tout à l'heure, transformer le vaste Hall mis à notre disposition et lui donner l'aspect que vous avez vu ; nous croyons lui avoir donné un caractère un peu artistique, alors que c'était, il y a quelques jours, le ciment armé tout sec et tout nu.

J'ai dit que nous avons obtenu des concours. La municipalité de Grenoble, a très aimablement facilité notre tâche et nous devons tout spécialement remercier M. Ricard, premier adjoint, qui nous a reçus ce matin à l'Hôtel de Ville. Chaque fois que nous avons eu besoin de quelque chose, il s'est empressé à nous donner satisfaction.

Je veux également rendre hommage à ceux qui, sous la direction de Vinsous, ont organisé notre Exposition ; l'architecte qui a conçu le plan et tous ceux qui, pendant deux nuits de suite, n'ont ménagé ni leurs efforts ni leur temps, pour que l'Exposition soit prête à l'heure voulue. Nous devons les remercier de cette collaboration et du service qu'ils nous ont rendu.

Ce premier effort ne doit pas être le dernier. La Commission Administrative de la Fédération Nationale et le Conseil Central ont décidé de créer une Commission qui sera composée à la fois des Comités Administratifs du Magasin de Gros, de la Banque et de la Fédération Nationale, pour permettre au mouvement coopératif de participer, quand l'occasion se présentera, aux Expositions Nationales ou Régionales qui nous seront ouvertes.

Nous pensons que le mouvement est aujourd'hui assez fort pour être présent partout où cela sera possible.

Une première possibilité s'offre à nous. Il y aura en juin, à Paris, une Exposition qui a une assez grosse importance, qui a pour titre : « Exposition de l'Habitation et du Progrès Social ». On nous y offre une place assez large ; nous l'avons réservée, et toute une partie de l'Exposition qui est ici, sera installée à Paris, dans cette Exposition du Progrès Social.

J'en ai fini. Je pense que nous pouvons être satisfaits de ce qui a été réalisé à l'occasion du Congrès de Grenoble ; mais il ne faut pas que nous le soyons trop et que nous nous en tenions là ; il faut que nous réalisions mieux encore dans l'avenir. L'Exposition de Grenoble doit être pour nous un enseignement. Elle a été très utile. Le Conseil Central avait demandé aux sociétés de faire quelque chose de vivant. Elles ont su répondre à cet appel ; l'Exposition était diverse et variée, elle permettait aux visiteurs de se rendre compte à la fois et des méthodes employées et des résultats obtenus.

Nous avons marqué une date dans l'histoire du mouvement coopératif. Elle ne sera pas sans lendemain.

Le Président. — Le Congrès ne peut que s'associer aux remerciements qui viennent d'être exprimés par Maurice Camin. Je pense qu'il nous faut aussi remercier la Fédération des Alpes et Savoie, qui s'est chargée de l'organisation du Congrès, et particulièrement notre ami Chiousse qui a bien voulu s'occuper de l'organisation matérielle.

Camarades, je vous donne rendez-vous à l'année prochaine et je forme avec vous des vœux pour le développement du mouvement coopératif.

La séance est levée à 18 heures et le Congrès est clos.

ANNEXES

RAPPORTS ET DOCUMENTS

PREMIERE PARTIE

DEUXIEME PARTIE

ANNEXE

PREMIÈRE PARTIE

RAPPORT DU CONSEIL CENTRAL
au Congrès de Grenoble

Le Conseil Central de la F. N. C. C. présente son Rapport annuel aux Sociétés Coopératives de Consommation adhérentes. Ce Rapport est un résumé de son action et de tout ce qui a été fait au cours de l'année 1927.

A ce Rapport sont joints les Rapports de Georges Yung et de Gaston Lévy qui traitent, le premier, l'Assurance contre les accidents du travail dans les sociétés coopératives et, le second Les méthodes propres à assurer la réalisation d'un programme de production coopérative.

Avant de rendre compte de l'exercice 1927 et de ses travaux, le Conseil Central croit devoir appeler l'attention des sociétés coopératives sur quelques faits assez importants qui touchent à la vie et au développement du Mouvement et qui ont trait soit à l'année 1927, soit à l'année 1928.

Tout d'abord le Conseil Central enregistre avec satisfaction le succès obtenu par la transformation de l'organe de la F. N. C. C. devenu depuis le 1er Janvier, Le Coopérateur de France. Sans doute, la périodicité est différente mais le format est agrandi et le tirage atteint 220.000 comprenant 185.000 envois individuels qui marquent l'effort fait par un assez grand nombre de sociétés. C'est là, pour la Coopération française, un événement heureux qui légitime les plus grandes espérances. Il reste à augmenter sensiblement le tirage de l'édition générale et le succès sera complet. Le Coopérateur de France pourra sans doute redevenir hebdomadaire dans un assez court délai si toutes les sociétés, ainsi que cela est désirable, lui apportent leur concours.

La forme nouvelle de l'organe de la F. N. C. C. a entraîné le Conseil Central à décider la publication d'un Bulletin de Renseignements contenant toutes les informations utiles d'ordre juridique, fiscal, travaux législatifs, commerciaux, financiers. bancaires, comptabilité, révision, notes sur les expériences particulières des sociétés; renseignements statistiques, etc. Ce

Bulletin de Renseignements *paraîtra au moins une fois par mois.*

Afin de permettre une connaissance mutuelle du Mouvement plus grande, le Conseil Central a décidé de créer un Service de Documentation qui réunira tous les renseignements concernant les sociétés, leurs méthodes particulières et — avec des chiffres — leurs résultats.

Déjà, dans un Congrès précédent, la question de la création d'une Ecole d'Apprentissage a été examinée. Des difficultés sérieuses ont empêché, jusqu'ici, cette création. Le Conseil Central est heureux de pouvoir annoncer aux sociétés que cette Ecole d'Apprentissage sera, à peu près certainement, ouverte en Mars ou Avril prochain, c'est-à-dire, un peu avant la date du Congrès National. On trouvera plus loin — à titre d'information — le programme de cette Ecole d'Apprentissage; il a été établi pour satisfaire à tous les besoins. Si l'on tient compte de l'importance des versements faits par les sociétés coopératives de consommation au titre de la taxe d'apprentissage on peut estimer, qu'en 1929 une très forte somme pourra être mise à la disposition de l'Ecole d'Apprentissage qui, ainsi, pourra jouer tout son rôle et accueillir tous ceux qui le désireront. Cette création peut être justement considérée comme un événement capital car le Mouvement a, chaque jour davantage, besoin d'augmenter ses moyens et sa technicité. Aussi bien, le Conseil Central attachera-t-il une attention soutenue au fonctionnement et au développement de l'Ecole d'apprentissage.

Une autre question, particulièrement intéressante, a retenu l'attention du Conseil Central. C'est celle des Assurances. A l'heure où ce rapport est rédigé des études sont faites pour permettre d'établir les conditions dans lesquelles les sociétés coopératives pourraient utilement jouer le rôle qui leur revient en cette matière en raison même de leur importance. Le problème est envisagé dans son ensemble et il est vraisemblable que dans un délai assez rapproché des propositions seront soumises aux sociétés qui tendront à les libérer des charges souvent excessives qui les frappent. A cette question est liée celle de la revision des impôts ; le Conseil Central pense que des sociétés — dans la confusion des textes — paient quelquefois des impôts qu'elles ne doivent pas ou qu'elles paient les impôts dûs à un taux trop élevé et, pour remédier à cette situation, il envisage la création d'un service qui assurerait la révision des feuilles d'impôts pour les sociétés qui le demanderaient. Ce service pourrait être étendu aux coopérateurs — en accord avec leur société.

D'autre part, en vue d'aider à intensifier la propagande générale, le Conseil Central a décidé la création d'un film national qui sera édité en plusieurs exemplaires et mis à la disposition des sociétés. Cette création sera le point de départ d'un service de prêt et d'échange de films entre les sociétés. Ce sera un moyen efficace d'aider l'action de propagande des sociétés.

D'autre part, une Semaine ou Mois de Recrutement est prévu pour 1928. Les sociétés seront naturellement informées assez tôt pour qu'un large effort soit entrepris dans tout le pays.

Les circonstances n'ont pas permis de faire une « Journée Parlementaire » en 1927, mais le Conseil Central pense qu'il ne faut pas abandonner ce moyen de contact et d'étude et il en a prévu une pour 1928.

Ainsi qu'on le verra plus loin, le Conseil Central demande aux sociétés de faire, cette année, un effort particulier pour participer à la Journée Coopérative Internationale qui a lieu en Juillet.

Ce sont là — nécessairement résumées — les quelques décisions qui ont été prises en vue de satisfaire aux besoins du Mouvement. Si, au cours de l'année 1928, des nécessités nouvelles se font sentir, le Conseil Central ne manquera pas de s'efforcer d'y satisfaire.

A l'occasion du Congrès de Grenoble, le Conseil Central a pris l'initiative d'organiser une Exposition Coopérative et il s'efforcera de lui donner toute l'ampleur et toute la valeur que doit avoir une semblable Exposition qui doit marquer les moyens d'action et de développement de la Coopération par la publicité, la propagande et la forme commerciale sous ses aspects divers.

Bureau permanent de la F. N. C. C.

Dans une séance tenue à Nîmes, le 28 Mai 1927, — à l'issue du Congrès National — le Conseil Central a désigné Ernest Poisson et Maurice Camin comme Secrétaires Généraux de la F. N. C. C.

En Novembre dernier, pour répondre aux besoins de l'organisation centrale, le Conseil Central a décidé de nommer un troisième Secrétaire Général et il a choisi Georges Yung, qui assure ces fonctions depuis le 1er Décembre.

Après le Congrès de Nîmes, le Conseil Central décida de nommer une Commission Administrative chargée d'examiner les questions intéressant le Mouvement entre les séances du Conseil Central. La Commission Administrative est composée de huit membres : Marcel Brot, Maurice Camin, A.-J. Cleuet, A. Fauconnet, Gaston Lévy, E. Poisson, Gaston Prache, Georges Yung. Elle se réunit au moins deux fois par mois ; elle a désigné Poisson comme Président.

La Commission Administrative assure en même temps le rôle de Commission des Finances.

Pour examiner les questions qui sont de nature à intéresser l'ensemble du mouvement, la Commission Administrative de la F. N. C. C. et les Comités Administratifs du M. D. G. et de la B. C. F. délibèrent en commun.

Les réunions du Conseil Central

Au cours de l'année 1927, le Conseil Central s'est réuni douze fois ; deux réunions ont eu lieu à Nîmes, la première avant le Congrès, la seconde à l'issue du Congrès. La réunion du mois d'Août n'a pas eu lieu en raison du Congrès de l'Alliance Coopérative Internationale qui s'est réuni à Stockolhm à peu près à la même date. Les réunions du Conseil Central ont eu lieu aux dates suivantes : 23 janvier, 27 février, 27 mars, 24 avril, 25 mai, 28 mai, 26 juin, 24 juillet, 25 septembre, 23 octobre, 27 novembre, 29 décembre.

Conformément à la décision prise par le Congrès National de 1917, le Conseil Central indique ci-après les absences de ses membres aux séances de janvier à décembre : Affre, 1 ; Berland, 4 ; Buguet, 1 ; Cayol, 10 ; Chiousse 4 ; Cleuet, 1 ; Cuminal, 1 ; Daudé-Bancel, 1 ; Garbado, 2 ; Charles Gide, 2 ; Lamothe, 1 : Lepouriel, 2 ; Passebosc, 2 ; Ponard, 2 ; Poulette, 2 ; Rielh, 1 ; W. Terrien, 8.

Renouvellement du tiers des membres du Conseil Central

Conformément à l'article 9 des statuts de la F. N. C. C., le Conseil Central est renouvelable par tiers chaque année. Les membres sortants sont les suivants :

1° Membres désignés par les Fédérations Régionales : Cayol (Fédération du Midi) ; Chiousse (Fédération des Alpes et Savoies) ; Daudé-Bancel (Fédération de l'Afrique du Nord); Berland (Fédération du Centre-Océan) : Bricout (Fédération du Nord et du Pas-de-Calais) : Marcel Brot (Fédération de Lorraine et des Ardennes) ; A. Fauconnet (Fédération de la Région Parisienne) ; E. Gaillard (Fédération de la Région Parisienne) ; Lepouriel (Fédération de l'Ouest) ; W. Terrien (Fédération du Sud-Ouest).

2° Membres désignés par le Congrès : Affre, Cleuet, Lebon, Lucas.

Le Conseil Central a examiné les conditions dans lesquelles ont lieu son renouvellement ; il résulte de cet examen que le nombre des membres pourrait augmenter chaque année de plusieurs unités et il apparaît au Conseil Central qu'il faut dès maintenant en limiter le nombre qui est de 37. A cet effet, il propose au Congrès de limiter l'article 9 des statuts dans les conditions suivantes :

Article 9. — (Paragraphe 2), remplacer : « Au-dessus de ce chiffre, un délégué supplémentaire par tranche complète de 50 millions », par « Au-dessus de ce chiffre, un délégué supplémentaire par tranche complète de 100 millions ».

Le Conseil Central demande en même temps au Congrès de décider que cette modification ne modifiera pas les représentations actuelles.

Commission de Contrôle

Le Congrès de Grenoble est appelé à désigner une Commission de Contrôle qui — conformément aux statuts — est renouvelable.

Les membres sortants, désignés en 1927, sont : David, Droneau, Ducrocq, Jevais et Tutin.

Le Mouvement des Sociétés

Le nombre des sociétés adhérentes à la F. N. C. C. au 31 Décembre 1926 était de 1.573 ; il est au 31 Décembre 1927, de 1.509, soit une différence en moins de 64 qui provient de 66 dissolutions ou disparitions et de 21 fusions compensées en partie par 23 adhésions nouvelles.

Comme les années précédentes, il y a lieu de tenir compte de l'ouverture de Magasins nouveaux par un grand nombre de sociétés.

	Nombre de Sociétés au 31/12/27	Sociétés fusionnées	Sociétés dissoutes ou disparues
Albi	90	5	10
Algérie	6	»	2
Amiens	14	»	»
Bordeaux	110	»	6
Bourges	91	5	1
Cameroun	1	»	»
Chine	1	»	»
Constantine	6	»	1
Corse	6	»	1
Dijon-Besançon	101	»	6
Grenoble	84	»	5
Lille	129	3	1
Limoges	97	3	3
Lyon	111	»	1
Madagascar	1	»	»
Maroc	2	»	»
Marseille	109	2	3
Martinique	1	»	»
Nancy	130	3	0
Nantes	62	»	4
Nouvelle-Calédonie	1	»	»
Oranie	7	»	1
Paris	82	»	7
Roanne	129	»	2
Rouen	36	»	2
Strasbourg	25	»	»
Tonkin	1	»	»
Troyes	74	»	»
Tunisie	2	»	1

Librairie

La Fédération Nationale a édité et assuré la vente des brochures et des livres suivants :

Congrès de Nîmes, le tirage avait été porté à 1.500 exemplaires, ce congrès contenant le texte des adresses figurant au Livre d'or remis au professeur Charles Gide.

Lettre à Pierre et à Françoise, par G. YUNG. — Ainsi qu'il avait été dit dans le précédent rapport, un nouveau tirage a dû être effectué, ce qui a porté à 70 mille le nombre total des exemplaires. Les sociétés ont continué à passer des commandes; cette brochure est du reste un excellent moyen de propagande, son texte facile le rend accessible à tous et fait parfaitement comprendre, en quelques pages, ce qu'est la coopération et son organisation actuelle. Les Sociétés ont intérêt à la répandre et à la distribuer dans les réunions faites, conférences de propagande, etc., etc...

Drapeaux, brassards et insignes arc-en-ciel. — De nombreuses coopératives ont déjà arboré le drapeau aux couleurs arc-en-ciel, il est à souhaiter que celui-ci paraisse dans toutes les manifestations, principalement au moment du mois de recrutement. Nous prions les Sociétés de ne pas attendre pour nous passer leurs commandes de drapeaux, de coupons d'étoffe ou d'insignes, pour éviter toute attente dans les livraisons, la confection du tissu étant assez longue à cause de son coloris.

Agendas de poche pour 1928. — Le succès de ces petits agendas de poche s'est particulièrement affirmé cette année, cinquante-cinq sociétés nous ont passé commande pour un nombre total de 150.900 exemplaires Le prix de revient assez modique (0 fr. 19 par unité pour le 1er mille et 0 fr. 15 pour les mille suivants) permet aux sociétés, en distribuant des agendas, de faire de la propagande; quatre pages leur sont en effet réservées pour y insérer le texte qu'elles désirent.

Le service de la Librairie a continué d'assurer la vente de l'*Histoire Générale de la Coopération,* par J. GAUMONT, ouvrage qui devrait se trouver dans toutes les sociétés et dans toutes les bibliothèques de secteur; ainsi que la vente des Cours du Professeur Charles Gide au Collège de France.

Statistique

La statistique des Sociétés Coopératives de Consommation adhérentes à la Fédération Nationale, ainsi que celle des Sociétés non adhérentes a paru dans l'Annuaire 1928.

Les renseignements portant sur l'année 1926 sont donc publiés une année plus tôt comparativement à l'Annuaire édité au début de 1927, qui ne contenait que les chiffres se rapportant à l'année 1924. Les difficultés pour obtenir des sociétés des réponses aux questionnaires sont toujours aussi grandes, il serait pourtant indispensable qu'elles les envoient rapidement et aussi complètement que possible.

L'Annuaire

L'Annuaire de la F. N. C. C. est paru avec un peu de retard. Les mesures utiles seront prises pour que sa parution soit plus rapide.

Cette année, l'Annuaire contient la statistique des sociétés avec les chiffres de 1926 et c'est là un progrès sur le précédent.

Une information sur chacune des Fédérations Régionales — due à la collaboration de leurs secrétaires — permet de se rendre compte de la vie coopérative dans chaque région.

Un article du Docteur Fauquet sur *L'extension mondiale du Mouvement Coopératif et les transactions coopératives internationales* permet de connaître ce qu'est la Coopération à travers le monde et cela, sous la forme la plus agréable.

Jean Gaumont a écrit un bel article sur Abel Davaud, qui joua un rôle important dans la Coopération et dans la presse, dès 1855.

La Concentration Bancaire en France fait l'objet d'un article fort intéressant de Gaston Lévy qui, en conclusion, montre la situation de la Banque des Coopératives de France.

Enfin, Paul Ramadier a traité *Le Fonctionnement Juridique des Sociétés Coopératives.* Cette étude permet aux sociétés de connaître exactement la question et elle sera poursuivie dans la prochaine édition.

Par cette courte énumération on se rend compte de l'intérêt qu'offre dans son ensemble *L'Annuaire* édité pour 1928.

Le Coopérateur de France

Depuis le 1er janvier 1928, l'organe de la F. N. C. C. a pris le nom de *Le Coopérateur de France,* son format est devenu celui d'un quotidien et il paraît chaque 15 jours. Dans deux Rapports précédents le Conseil Central avait appelé l'attention des sociétés sur le tirage très peu important de *L'Action Coopérative* et cette situation aurait entraîné l'augmentation du prix des abonnements. En réalité un très grand nombre de sociétés n'avaient pas souscrit d'abonnements et, ainsi, l'organe de la F. N. C. C. ne répondait pas à la force du Mouvement.

Le problème a été au moins partiellement résolu, grâce à la participation d'un assez grand nombre de sociétés qui ont décidé de faire des éditions spéciales pour leurs sociétaires. *Le Coopérateur de France* a un tirage qui atteint, en moyenne, 215.000. C'est là un résultat particulièrement appréciable. Mais il faut observer que l'édition générale — c'est-à-dire celle qui est faite pour les abonnés et les sociétés — a encore un tirage très faible. Il reste qu'un très grand nombre de sociétés n'ont pas encore souscrit d'abonnements et c'est une situation qui ne devrait pas durer.

Le Coopérateur de France ne ressemble pas à *L'Action Coopérative.* Sa présentation, son texte, sa facture générale sont tout à fait différents. Auprès des questions coopératives et économiques qui sont bien rarement traitées, ce qui touche le foyer, la campagne, la mode, les loisirs et la cuisine pratique est largement exposé par des collaboratrices et des collaborateurs particulièrement qualifiés ; des photographies et des dessins donnent au journal tout son caractère. *Le Coopérateur de France* est vivant ; il tente d'être populaire et de répondre à tous les besoins. Il faut que les sociétés souscrivent des abonnements. Le prix est extrêmement modique : 3 fr. 50 par an. Tous les Conseils d'Administration et tous les membres des Commissions devraient être abonnés par leur société. Ce serait un excellent moyen d'information et de propagande. Le Conseil Central formule l'espoir que les sociétés qui, déjà reçoivent *Le Coopérateur de France,* feront l'indispensable effort pour assurer son succès qui permettrait de le rendre — dans un assez court délai — hebdomadaire.

Ecole d'Apprentissage

Lorsque se tiendra le Congrès, il est vraisemblable que l'Ecole d'Apprentissage sera ouverte. La F. N. C. C. avait pensé pouvoir la créer plus tôt ; cela n'a pas été possible et la première année de fonctionnement ne donnera pas ce qu'on peut attendre de cette création. C'est l'année suivante, en 1929, que l'Ecole d'Apprentissage, qui disposera de moyens financiers importants, pourra donner son plein rendement; elle pourra, en effet, bénéficier des exonérations prévues par la loi.

Nous donnons ci-dessous, le Programme de l'Ecole d'Apprentissage, tel qu'il a été arrêté ; il sera, naturellement, susceptible d'être modifié si besoin est.

I. — PROGRAMME DES COURS.

A. — *Enseignement Théorique.*

1° *Cours de Marchandises.* — Données utiles à connaître par le personnel coopératif sur les marchandises réparties par les sociétés : alimentation, boulangerie, boucherie, vêtements, chaussures, chauffage.

Conditions d'achat et de vente propres aux coopératives. (Environ 30 leçons).

2° *Cours de Comptabilité et gestion financière.* — Eléments de comptabilité adaptée aux conditions spéciales des sociétés coopératives.

Notions sur les opérations de banque et de bourse qui les intéressent. (Environ 20 leçons).

3° *Eléments de droit civil, commercial et fiscal.* — Cadre juridique des coopératives. Législation française. Coup d'œil sur la législation étrangère. Régime fiscal, impôts qui concernent les sociétés coopératives. (Environ 20 leçons).

4° *Cours d'organisation et de gestion coopératives.* — La coopérative de consommation, origine, principes et développement. Ses diverses branches, ses diverses formes, sociétés de détail, sociétés de gros. Coup d'œil sur l'étranger.

Organisation : service des achats, service de ventes, service de transports, service comptable et financier, gestion économique : prix, bonis.

Rapports avec le personnel. Direction. Administration (Environ 40 leçons).

5° *Notions sur la production industrielle et agricole coopératives.* — La coopérative de production. La coopérative agricole. La production par les coopératives de consommation. Rapports entre ces diverses formes. (Environ 10 leçons).

B. — *Formation pratique.*

1° Un enseignement pratique serait réalisé par des *visites d'études* faites à des organisations coopératives des divers types ; un rapport serait demandé aux élèves sur ces visites.

2° Des *stages* seraient organisés avec le concours et sous la surveillance de sociétés spécialement désignées ; les directeurs de ces sociétés fourniraient un rapport sur chaque stagiaire.

II. — Organisation des Cours. — Recrutement. — Scolarité.

Les Cours comprendraient *deux degrés* :

1° *Un Cours préparatoire* pour des jeunes gens et jeunes filles pourvus d'une bonne instruction primaire, et se destinant aux services coopératifs ; les admissions seraient faites sur un concours entre tous les candidats.

2° *Un Cours supérieur* pour des vendeurs, gérants, employés, comptables, directeurs et administrateurs de sociétés, présentés par les sociétés ; entre ces candidats, les admissions seraient également faites sur un concours. Ces auditeurs pourraient être divisés en sections spécialisées et seraient, s'il y a lieu, convoqués à des dates différentes.

Dans les deux cours *l'enseignement* porterait sur les matières ci-dessus, mais à un degré plus élémentaire dans le premier, et à un niveau plus élevé et, s'il y a lieu, spécialisé, dans le second ; il comporterait également, dans les deux, des exercices pratiques et des stages, appropriés aux besoins et aux spécialités.

La *durée* de l'enseignement théorique et pratique serait d'une année : les cours pourraient être réunis sur une durée de trois mois pour le cours supérieur, et de quatre à six mois pour le cours préparatoire ; les stages pratiques s'étendraient sur le reste de l'année scolaire.

Un *examen* passé à la fin des cours et l'appréciation sur le stage, prévue ci-dessus, devraient comporter au moins la note *assez bien* pour donner droit au *Diplôme du Cours.*

III. — Personnel d'Enseignement. — Direction et Administration
des Cours.

Les Cours seraient institués sous l'autorité et la surveillance de la
Fédération des Coopératives de Consommation. Un *Conseil d'Administration* des Cours serait désigné par elle, muni des pouvoirs les plus
étendus.

La *direction* des Cours serait confiée par ce Conseil à un Directeur
et un Directeur-adjoint. Les *professeurs* seraient nommés par le
Conseil, sur la proposition du Directeur et Directeur-adjoint.

IV. — Siège des Cours.

Le siège central des Cours serait Paris. Il pourrait, ultérieurement,
être institué des sièges secondaires et au moins pour le Cours préparatoire, dans les villes de province désignées par le Conseil.

La Propagande

La F. N. C. C. a répondu aux demandes des sociétés qui se sont
adressées à elle pour l'organisation de Conférences et elle entend
apporter son concours le plus souvent possible. Le Conseil Central a
pris les mesures fiancières utiles à cet effet et, de plus, il a décidé de
recourir à un délégué permanent qui aura pour mission d'aller voir les
sociétés et d'apporter tous les renseignements dont elles peuvent avoir
besoin.

Crédits du Ministère du Travail

Depuis le Congrès de Nîmes, les avances ci-dessous ont été consenties
aux sociétés coopératives sur le fonds de dotation prévu par la loi
du 7 Mai 1917.

Biarritz-Coopérative, Biarritz	100.000
Union des Coopérateurs de la Creuse, Guéret	300.000
Union Coopérative du Laonnois, Laon	100.000
Union des Coopérateurs des Flandres, Coudekerque-Branche	250.000
La Laborieuse, Annonay	150.000
Les Presses Universitaires, Paris	200.000
L'Alliance des Travailleurs, Saint-Chamond	150.000
L'Action Ouvrière, Villeparisis	100.000
L'Amitié Syndicale, Fumel	15.000
La Fraternelle, Agny, par Achicourt	15.000
Le Réveil, Gérardmer	60.000
La Ruche Tourangelle, Tours	30.000
L'Union Chazelloise, Chazelles-sur-Lyon	80.000
Coopérative Revéloise, Revel	20.000
La Solidarité, Saintes	25.000
La Famille Ouvrière, Renage	25.000
L'Abeille Nîmoise et Solidarité, Nîmes	100.000
Union des Coopérateurs du Rouergue, Decazeville	150.000
L'Union des Travailleurs d'Estissac et Thuisy a obtenu un an de prolongation pour un remboursement.	
La Solidarité Ouvrière, Monchecourt (Nord)	20.000
Union des Coopérateurs des Bassins de la Selle et de la Sambre, Solesmes (Nord)	500.000

L'Union, Amiens (Somme) ....:.... 1.000.000
Coopérative du Rhône, Lyon (Rhône)..................... 60.000
Union des Coopérateurs, Paris (3°). 1.000.000
L'Avenir du Centre-Ouest, Limoges (Haute-Vienne) a obtenu
  6 mois de prolongation pour un remboursement.

Le Service Juridique

Le service juridique de la Fédération a fonctionné cette année dans les mêmes conditions que les années précédentes. Il a répondu à 1785 demandes de consultation. Ces diverses demandes ont, comme les années précédentes, principalement porté sur les statuts, les questions de loyer les différends avec les gérants, les fusions entre sociétés coopératives et les questions fiscales.

Notons l'importance particulière qu'ont prise au cours de l'année 1927 les questions relatives aux loyers. L'application de la loi sur la révision des baux et la loi sur la propriété commerciale a donné lieu à de très nombreuses difficultés. Celles qui concernent la révision des baux sont généralement simples et se réfèrent à peu près exclusivement au taux nouveau du bail, la jurisprudence, on le sait, tend à accorder aux propriétaires un loyer majoré de 150 à 200 % du prix prévu par le bail. Plus délicates, au contraire, sont les questions relatives à la propriété commerciale. La fixation du nouveau prix de location donne, sans doute, lieu à des discussions, les propriétaires exigeant cinq à six fois le loyer d'avant-guerre, les locataires offrant en général un loyer deux ou trois fois plus élevé que celui qui était payé en 1914. Mais la procédure qui a confié à des arbitres le soin de fixer le nouveau bail paraît avoir permis, en général, des solutions satisfaisantes pour toutes les parties.

C'est bien plutôt sur les conditions du droit à renouvellement que des litiges complexes se sont produits. On s'est demandé si les coopératives ne vendant qu'à leurs sociétaires pouvaient prétendre à la propriété commerciale, la négative semble certaine lorsqu'il s'agit de coopératives uniquement régies par les dispositions du Code civil, elle est au contraire très complexe lorsque la coopérative, civile par son objet limité à la vente aux sociétaires, est commerciale par l'adoption de la forme anonyme, sa commercialité fait supposer que son activité est commerciale et que les règles réservées aux commerçants s'appliquent à elles, mais d'autre part, la loi du 30 juin 1926 n'accorde le droit de renouvellement du bail que sur les locaux dans lequel un fonds de commerce est exploité depuis deux ans au moins ; or, une boutique dans laquelle on ne vend qu'aux sociétaires n'est pas par elle-même un fonds de commerce, il y a donc conflit entre l'objet de la coopérative qui est civil et sa forme qui est commerciale. La jurisprudence ne s'est pas encore prononcée sur cette importante difficulté.

Les questions fiscales ont joué, semble-t-il, un rôle moindre dans les préoccupations des sociétés, la perception de l'impôt sur le chiffre d'affaires ne semble plus donner lieu qu'à des difficultés de plus en plus rares ; au contraire, l'établissement de l'impôt sur les bénéfices commerciaux et les conditions dans lesquelles les coopératives y sont assujetties ou en sont exonérées ont provoqué d'assez nombreuses discussions avec les agents des contributions directes. L'exemption des ristournes admises par le Conseil d'Etat lorsqu'elles proviennent exclusivement des ventes à des sociétaires n'est pas facilement reconnue par l'Administration.

Nous tenons à souligner que les coopératives ont toujours intérêt à faire une déclaration de leurs bénéfices au contrôleur dans les deux premiers mois de chaque année, cette déclaration doit indiquer le montant du bénéfice imposable et être appuyée par le bilan et un résumé du compte de profits et pertes faisant nettement ressortir le bénéfice imposable, lequel ne comprend bien entendu pas les ristournes distribuées aux sociétaires et provenant des ventes qui leur sont faites.

Modification à la loi de 1917

Le Conseil Central a demandé au Parlement la modification suivante :

ARTICLE UNIQUE. — Le paragraphe suivant est ajouté à l'article 15 de la loi du 7 mai 1917 ayant pour objet l'organisation du crédit aux Sociétés Coopératives de Consommation :

« Elles bénéficieront en outre des avantages accordés aux sociétés de caution mutuelle par l'article 8 de la loi du 13 mars 1917, complétée par la loi du 7 août 1920 et aux banques coopératives ouvrières de production par l'article unique de la loi du 3 janvier 1924 ».

Ce projet n'a pas encore été voté, mais le Conseil Central s'efforcera d'obtenir une décision favorable.

La Loi sur la Coopération

La proposition de loi déposée par M. Frédéric Brunet et les membres du Groupe de la Coopération à la Chambre a été l'objet d'un examen approfondi par le Conseil supérieur de la Coopération où siégeaient dans une même session la Section de la consommation et la Section de la production.

Le Conseil Supérieur a approuvé l'esprit dans lequel le texte avait été préparé. Son objet est de définir la coopération et d'établir au profit des coopératives un régime juridique aussi simple et aussi souple que possible. Les auteurs de la proposition Brunet ont très justement indiqué qu'une législation coopérative devait avant tout être libérale et autoriser toutes les pratiques compatibles avec le but de la coopération.

S'inspirant des mêmes principes, le Conseil Supérieur s'est efforcé d'aller plus loin encore dans cette voie, il a notamment essayé d'assouplir encore le projet et de le rendre encore plus libéral, c'est ainsi qu'il a supprimé l'intervention dans la révision du Conseil Supérieur, intervention qui avait provoqué certaines critiques. On avait pensé que l'Etat pouvait par ce canal exercer une surveillance sur les coopératives, d'autres avaient craint que les coopératives d'une certaine forme essayent de se renseigner ou de contrôler des coopératives d'une autre forme.

Pour couper court à ces critiques, le Conseil Supérieur a adopté un régime analogue à celui que prévoit la loi allemande, les fédérations pourront librement choisir les réviseurs des sociétés, l'Etat n'interviendra que pour les sociétés qui ne sont adhérentes à aucune fédération.

Le texte du Conseil Supérieur a été soumis à la Commission de législation civile de la Chambre saisie du projet. Cette Commission a désigné son rapporteur, M. Eugène Frot, dont le rapport doit être incessamment déposé.

Élections au Conseil supérieur de la Coopération

Le Conseil Supérieur de la Coopération a été renouvelé en septembre 1927. La Section de Consommation est ainsi composée : Maurice Camin, C. Chiousse, Daudé-Bancel, Jean Gaumont, Jouhannet, Gaston Lévy, Alfred Nast, Passebosc, E. Poisson, Ponard, Ramadier, Rielh.

Nous croyons devoir ajouter que Charles Gide et A.-J. Cleuet font partie du Conseil Supérieur de la Coopération ; ils sont nommés directement par le Ministre du Travail.

Commission de l'Enseignement

Au cours de 1927, la Commission de l'Enseignement a mis en application le programme adopté par le Congrès de Nîmes.

Enseignement. — Pendant l'année scolaire 1926-27, les cours ont été repris dans les facultés de droit d'Aix, Grenoble, Lille et Lyon. — Ils ont été suivis, comme les années précédentes, par un nombreux public : étudiants, lycéens, normaliens, élèves des E. P. S. et des écoles professionnelles, des instituts commerciaux et des écoles de commerce; coopérateurs de consommation et de production.

Le Cours de la Faculté de Droit de Nancy, en 1925-26, a été publié à la Librairie Sirey. Cinq conférences ont été données à l'Ecole des Hautes Etudes Sociales par MM. Charles Gide, Poisson, G. Lévy, Bugnon et Cattier.

Nous avons simplement maintenu dans l'enseignement secondaire, dans l'enseignement primaire, et dans l'enseignement technique les cours organisés les années précédentes, les crédits nous faisant défaut pour étendre notre action. Mais un certain nombre de sociétés, parmi lesquelles l'*Union des Coopérateurs des Flandres*, l'*Union Coopérative du Laonnois*, l'*Union des Coopérateurs de Lorraine*, l'*Union des Coopérateurs du Sud de l'Aisne*, etc... ont subventionné directement des cours sur la coopération dans leur rayon d'action et ont distribué des bourses de voyage à titre de récompenses. D'autres, comme la *Coopérative Régionale de Saintes*, ont entretenu des boursiers dans les établissements d'enseignement public.

Bourses. — La Commission nationale a accordé 63 bourses, réparties ainsi qu'il suit :

Pour les jeunes gens :

à l'Ecole Normale de la rue d'Ulm	1
à l'Ecole Normale Supérieure de Saint-Cloud	1
à l'Institut Agronomique	2
dans les Universités	6
dans les lycées	4
dans les collèges	1
dans les écoles normales	15
dans les écoles primaires supérieures	4
dans les écoles techniques	4
dans les cours complémentaires	5

Pour les jeunes filles :

à l'Ecole normale supérieure de Sèvres	1
à l'Ecole Normale sup^re d'Enseignement technique	1
dans les lycées	2

    dans les écoles normales........................... 10
    dans les cours complémentaires.................. 4
    dans les écoles techniques...................... 2

Les voyages de ces boursiers se sont effectués en 3 groupes :

Le premier (33 jeunes gens) a été reçu à l'Université par le Professeur de la Faculté de Droit, M. Brocard, représentant M. le Recteur, et à l'Hôtel de Ville, par M. le Maire de Nancy; il a visité à Nancy, l'*Union des Coopérateurs de Lorraine;* à Thaon, la Coopérative et la Grande Blanchisserie; à Bâle, toutes les organisations coopératives locales et nationales; à Belfort, la coopérative des jardins ouvriers, et la Société Alsacienne de constructions métalliques. La Municipalité de Belfort a organisé en leur honneur une réception en présence de M. le Député Miellet, ancien secrétaire de la Fédération des Coopératives de Franche-Comté.

Le deuxième groupe (16 jeunes filles) a visité Rouen et l'entrepôt de la *Coopérative Régionale de Basse Normandie;* le Havre, où il a été reçu par l'*Union des Coopérateurs,* par *La Gerbe,* par M. le Maire, Léon Meyer, à l'Hôtel de Ville, et par le Secrétaire de la Chambre de Commerce pour la visite du port; Caen et Alençon, où il a visité les installations coopératives (entrepôt et succursales de la coopérative de Basse-Normandie), et où il a été reçu par la Municipalité à l'Hôtel de Ville; rentrées à Paris, les boursières ont visité les organisations centrales de la coopération française et l'*Union des Coopérateurs,* pour terminer leur voyage par une réception à l'Hôtel de Ville où M. Riotor, vice-président du Conseil municipal et M. le Chef de Cabinet du Préfet de la Seine leur ont adressé quelques paroles de bienvenue.

Le troisième groupe (10 jeunes gens et 4 jeunes filles) a visité à Bordeaux l'*Union des Coopératives du Sud-Ouest* et l'usine du M. D. G.; un remorqueur a été mis à leur disposition pour l'examen du port. M. le Maire de Bordeaux les a reçus à l'Hôtel de Ville. A Mont-de-Marsan, ils ont vu, en plus des installations coopératives (entrepôt et succursales) les industries locales de distillation de la résine. A Bayonne, ils ont été reçus par l'*Union des Coopérateurs de l'Adour* et à l'Hôtel de Ville par la Municipalité. Même réception à Biarritz par *Biarritz-Coopérative* et par le Maire, entouré de son conseil municipal.

Les comptes-rendus des boursiers, que nous espérons pouvoir publier cette année, montreront quel intérêt ils ont pris non seulement à la vie coopérative et à la vie économique, mais aussi à l'art et aux curiosités touristiques de nos provinces. Quant aux réceptions officielles elles ont toujours eu le caractère d'un encouragement direct à l'enseignement de la coopération et souvent celui d'une consécration des résultats obtenus par les coopératives locales ou régionales.

Organisation nouvelle pour 1927-28. — Les cours dans les Universités et les grandes écoles seront recommencés. On cherchera à reprendre ceux de Nancy et de Bordeaux, momentanément suspendus, et d'en créer un nouveau à Strasbourg.

Mlle Amieu, Directrice de l'Ecole normale supérieure de Sèvres nous a fait connaître l'initiative de quelques-unes de ses élèves qui ont créé un centre d'études coopératives; elle demande à notre Commission de leur fournir des directives et une documentation. Un programme sera établi pour les 3 années de scolarité. MM. Ch. Gide et Bernard Lavergne ont bien voulu accepter de donner des conférences à l'Ecole de Sèvres et de guider le groupe d'études.

Une demande du même ordre a été présentée par M. Bouglé, Directeur-adjoint de l'Ecole normale supérieure, mais en plus avec une invitation bienveillante à quelques coopérateurs de la Commission d'assister aux entretiens du Centre de documentation sociale de l'Ecole.

Nous proposerons l'exemple des écoles normales supérieures aux grandes écoles et nous fournirons tous les concours qui nous seront demandés.

Pour l'enseignement dans les diverses écoles de chaque Académie et de chaque département, la Commission a proposé aux Recteurs et aux Inspecteurs d'Académie, en même temps qu'aux secrétaires fédéraux des régions coopératives, la création de commissions départementales ou régionales ayant le programme suivant :

I. — ENSEIGNEMENT DE LA COOPÉRATION

Objet : dans les écoles des divers ordres d'enseignement : faire enseigner la Coopération sous toutes ses formes : consommation, crédit, production agricole, production industrielle, habitation, coopération intellectuelle :

Au programme de morale : application des principes d'économie, de probité, de solidarité et de justice.

Au programme d'histoire : une expérience sociale dont les conséquences sociales peuvent être considérables.

et pendant les vacances : voyages d'études où l'attention des élèves est attirée sur la vie économique et sur les institutions de progrès social.

Moyens : Une Commission départementale, constituée avec l'agrément de l'Inspecteur d'Académie (le Secrétaire de cette Commission étant accrédité auprès de tous les Inspecteurs, Chefs d'établissements scolaires, Groupements du Personnel enseignant, et Municipalités) encourage l'Enseignement de la Coopération dans les limites des programmes et instructions officiels. Cette Commission doit comprendre des délégués des divers enseignements et des délégués des différentes formes de la Coopération régionale.

Enseignement Secondaire : le Délégué départemental demande aux Professeurs de Philosophie et d'Histoire d'appeler l'attention des élèves sur la Coopération, au cours de leur enseignement. Il leur fournit la documentation.

Enseignements Primaire et Technique : Il fournit la même documentation aux Directeurs et Directrices des Ecoles Normales, Ecoles primaires supérieures et Ecoles techniques, écoles dans lesquelles la Coopération est inscrite aux programmes, et auxquelles une brochure de M. Ch. Gide a été adressée par les soins des Inspections Académiques.

Œuvres post-scolaires : Il invervient auprès des cours d'apprentissage, cours d'adultes, et œuvres post-scolaires pour faire consacrer quelques heures à des leçons ou à des conférences sur la Coopération, au besoin avec le concours du film.

Récompenses : D'accord avec les Professeurs, il choisit les sujets de compositions à proposer au concours, par établissement scolaire, pour l'attribution de récompenses et de bourses; il rassemble les copies retenues par les Professeurs; il en extrait les passages pouvant être publiés, et en assure la publication dans la presse locale, dans la presse coopérative, et dans les brochures de la Commission Nationale de l'Enseignement de la Coopération. Il organise, s'il y a lieu, de concert avec les Autorités scolaires, des fêtes pour la distribution des récompenses. Il organise les voyages des boursiers de son département et la réception des boursiers venus des autres départements. Il reçoit leurs comptes-rendus de voyages et en prépare la publication comme pour les compositions.

Ressources : La Commission Nationale de l'Enseignement de la Coopération fournira à chaque Commission départementale un minimum de ressources.

La Fédération régionale coopérative ou la Société coopérative locale lui assurera le service de toutes les publications coopératives nationales et régionales.

Le Délégué départemental recherchera les subventions des sociétés coopératives locales, des Municipalités et du Département, ainsi que tout autre concours qu'il serait possible d'obtenir. Les subventions qui auront été accordées dans un but déterminé (cours, bourses, récompenses diverses, etc.), seront strictement employées dans ce but.

Tous les fonds recueillis seront versés au compte de la Commission Nationale de l'Enseignement de la Coopération, à la Fédération des Coopératives de Consommation, chèque postal Paris n° 79-64, 85, rue Charlot (3ᵉ). Ils seront mis à la disposition de la Commission départementale par la Fédération régionale ou par l'Union Coopérative locale qui tiendra la comptabilité de cette Commission.

Le Délégué départemental réglera toutes les dépenses de la Commission.

Le contrôle de ces dépenses sera assuré par la Commission Nationale de l'Enseignement de la Coopération.

II. — COOPÉRATION SCOLAIRE

Objet : Créer des ressources à l'Ecole, grouper les familles autour d'elle, apprendre aux enfants à augmenter par leur propre effort les ressources de l'Ecole, à dépenser avec économie et dans l'intérêt général, les habituer à la responsabilité, les exercer à la solidarité, à la recherche en commun du bien et du beau.

Moyens : La Commission départementale d'Enseignement de la Coopération s'intéresse aux Coopératives scolaires existantes, encourage la création des coopératives nouvelles, et constitue une association régie par la loi de 1901, soit pour tout le département, soit pour une circonscription d'Inspection, afin d'assurer la gestion de ces Sociétés enfantines.

Elle facilite la liaison des coopératives scolaires avec les sociétés coopératives, apporte son concours, s'il y a lieu, aux Congrès ou Fêtes de Coopération scolaire qui pourront se tenir avec expositions de travaux d'enfants, de matériel scolaire, de livres, de cinématographie, de T. S. F., etc....

Elle intervient auprès des Maîtres, des Municipalités, des Sociétés coopératives, des Syndicats agricoles, des Mutuelles, pour propager le

Coopérateur Scolaire.

Elle se met en relations avec les autres départements de l'Académie pour l'organisation de voyages par caravanes, pour des échanges d'enfants pendant les vacances et, en général, pour toutes les manifestations de l'activité scolaire sous forme coopérative ayant un caractère régional..

Ressources : assurées comme il est indiqué aux statuts modèles figurant au n° 2 du *Coopérateur Scolaire* (Novembre 1927, page 21).

III. — Cinéma et T. S. F.

Objet : Mettre l'achat des appareils, la préparation des films, leur circulation, la rédaction des notices-conférences, l'établissement des programmes de fêtes et réunions, sous la discipline et l'administration des usagers.

Moyens : La Commission départementale d'Enseignement de la Coopération groupera les Usagers du Cinéma et de la T. S. F. en des Offices départementaux ou de préférence régionaux. Elle répandra dans les écoles les publications utiles, et fera les communications nécessaires dans la presse locale et dans la presse pédagogique et coopérative.

Elle donnera son concours moral, administratif et financier, aux Offices constitués. Elle leur assurera le concours des Sociétés coopératives locales ou régionales.

Ressources : Les ressources des Offices d'Enseignement par le Cinéma et la T. S. F. proviennent des subventions des Ministères, des Départements, des Communes, des redevances versées par les Usagers, des locations de programmes spéciaux, des bénéfices prélevés sur les fêtes.

D'après ce programme, des Commissions se sont constituées dans les Académies de Lille et de Nancy. Nous en poursuivons la création dans les autres Académies. La Commission Nationale n'aura plus qu'à leur donner des directives et à répartir entre elles les fonds recueillis.

C'est par l'activité des Commissions départementales ou régionales que s'assurera plus complètement et plus profondément l'Enseignement et l'Education coopérative. Il appartiendra aux Sociétés de les subventionner largement.

A titre d'indication, nous signalons la décision prise par l'Union des Coopérateurs de Lorraine d'affecter au budget de ces Commissions 0,01 % de son chiffre d'affaires, en dehors même des subventions directes qu'elle accorde à l'Office Régional d'Enseignement Cinématographique, aux cours professionnels, et que ses sections accorderont à l'Enseignement local de la Coopération, aux Coopératives scolaires, et à l'Enseignement par le Cinéma.

Le moment est venu pour la Coopération de prendre hardiment le patronage effectif de l'Enseignement post-scolaire.

Groupe Parlementaire de la Coopération

Le Groupe Parlementaire de la Coopération s'est réuni à maintes reprises pour examiner les questions intéressant le Mouvement Coopératif. Son concours a toujours été acquis aux demandes qui lui ont été adressées et son Bureau n'a jamais manqué de répondre favorablement aux sollicitations qui lui ont été adressées.

Le Conseil National Economique

Le Conseil National Economique a tenu deux sessions, les 10, 11 et 12 février et les 7, 8 et 9 juillet 1927.

Au cours de la première session deux questions furent examinées. La question de l'outillage national avait fait l'objet de nombreux et importants rapports. Les questions suivantes ont été examinées : Voies navigables; Production hydraulique; Lettres et colis postaux (extension à toutes les communes); Radiotélégraphie et radiotéléphonie; Cheptel vif; Chemins de fer; la vie rurale; Développement de la Coopération et du Crédit agricole; Electrification des campagnes; Main-d'œuvre coloniale; Possibilité immédiate d'utilisation de nos importations coloniales ; Prestations en nature. Tous les rapports concernant ces questions avaient pour objet de développer l'outillage et les moyens économiques du pays.

En outre, la question du chômage — qui se faisait sentir assez sérieusement à cette époque — a fait l'objet d'un important débat qui eut comme conclusion le vote des deux vœux suivants :

I. — *Le Conseil National Economique, invité à indiquer les travaux dont la mise en chantier rapide lui paraît de nature à atténuer les conséquences immédiates du chômage, croit devoir faire observer que leur exécution et leur financement comportent une série de mesures qu'il convient de prévoir et de préparer à l'avance; aussi bien pour assurer leur efficacité que pour aboutir au rétablissement d'une situation normale de l'activité industrielle et commerciale, il insiste sur la nécessité d'une monnaie saine et stable, sans toutefois préjuger des procédés pour y parvenir.*

Le Conseil National économique estime que ce n'est pas dans la seule distribution des secours de chômage, dont il a constaté d'ailleurs l'insuffisance, que doit être recherchée la solution efficace à la crise.

II. — *Le Conseil rappelle qu'il a, dès le mois de Février 1926, marqué la nécessité de la politique du logement et dressé un programme pour la réaliser. Il considère que, dans les circonstances actuelles, il conviendrait que cette politique fut envisagée et poursuivie sans délai, les conditions qui la rendaient urgente il y a un an déjà ne sont pas malheureusement modifiées et l'application des mesures préconisées fournirait du travail à un grand nombre de chômeurs, non seulement de l'industrie du bâtiment, mais à toutes celles qui s'y rattachent directement ou indirectement.*

Pendant la seconde session, qui se tint les 8 et 9 juillet, le Conseil National Economique continua l'examen de l'outillage national, notamment en ce qui concerne les chemins de fer, celle des ports maritimes et la marine marchande, l'utilisation du froid; les communications maritimes entre la Métropole, l'Afrique du Nord, les Protectorats, Colonies et pays sous mandats ; l'intensification de la production agricole ; les engrais, leur production et les recherches scientifiques dans leur application à l'agriculture : la crise de l'artisanat français ; l'agriculture en Algérie. Au cours de cette séance le Conseil Economique National fut informé que le vœu demandant la remise des colis postaux dans toutes les communes aurait satisfaction.

Le Conseil National Economique exprima le vœu que la documentation résultant de ses travaux reçoive une large publicité.

Il y avait également à l'ordre du jour, le compte rendu des travaux de la Conférence Economique Internationale qui a eu lieu à Genève. M. Cahen Salvador fit un exposé très complet de ces travaux et il demanda au Conseil de mettre à l'ordre du jour d'une prochaine session les questions ayant fait l'objet de résolutions à Genève ; il insista sur l'important problème de la rationalisation. L'assemblée accepta cette proposition.

Depuis ces deux sessions la Commission Permanente et les commissions examinent un certain nombre de questions qui feront l'objet des délibérations d'une prochaine session.

Le prix du Vin

Au cours de l'année 1927, le vin a atteint un prix très élevé et les consommateurs ont dû se restreindre. La F. N. C. C. est intervenue pour demander que des mesures soient prises en vue de remédier à cette situation. Le Conseil Central, dans sa séance du 24 avril, a voté l'ordre du jour ci-après qui fut publié par la presse :

Le Conseil Central de la Fédération Nationale des Coopératives de Consommation, considérant la hausse continue des prix du vin, qui atteignent des taux prohibitifs pour un grand nombre de consommateurs ;

Considérant, d'autre part, que cette situation exceptionnelle doit entraîner des mesures spéciales ;

Sollicite du Gouvernement,

1° La suppression des droits de douane pendant la période de hausse ;

2° L'importation des quantités de vin tunisien nécessaires pour satisfaire aux besoins du pays ; cette importation devant être organisée en raison même des disponibilités importantes existantes en Tunisie ;

Il apparaît au Conseil Central de la Fédération Nationale des Coopératives de Consommation qu'en égard à la situation présente il y a lieu, en tenant un juste compte des intérêts des viticulteurs, de régulariser le marché des vins.

En dehors de cette question, le problème s'est trouvé posé devant le Conseil Central à propos de la taxe de 0 fr. 30 qui frappe les vins en bouteilles — quelle que soit leur qualité — dans les villes qui ont un octroi. La F. N. C. C. est intervenue pour obtenir l'abrogation de cette loi dont le caractère est particulièrement arbitraire. Un projet de loi doit être déposé à cet effet.

La Suppression des Octrois

La F. N. C. C. s'est associée à l'action entreprise par la Ligue Populaire contre les octrois et le Mouvement a pris part au Congrès qui a eu lieu à Paris.

Dans l'*Action Coopérative*, la démonstration a été faite du caractère injuste de cette taxe, dont le coût de perception est très élevé eu égard au rendement ; ce coût atteint une moyenne de 20 %. Certaines villes dépassent 30 %. Le Congrès a décidé de demander au Gouvernement de nommer une Commission, chargée de préparer une loi supprimant tous les octrois de France ; en même temps, il a nommé des Commissions qui ont examiné le problème des taxes de remplacement. Celles-ci sont actuellement arrêtées et transmises au Gouvernement. Elles comprennent des taxes municipales et des taxes d'octroi, et elles permettent aux communes d'assurer le besoin quotidien de leur Trésorerie.

Les droits de douane

Le Congrès de Nîmes avait justement souligné l'importance de la question de l'augmentation des droits de douane. Le Conseil Central s'en est préoccupé. Un projet de révision avait été déposé à la Chambre des Députés ; il portait sur l'ensemble des produits et son applica-

tion aurait entraînée une augmentation très sensible du coût de la vie ;
elle a été chiffrée à 20 %.

La F. N.C. C. a remis un rapport à la Commission des Douanes de
la Chambre des Députés et elle avait préparé des amendements tou-
chant et la nature et le taux des augmentations de droits proposés.
L'ensemble du projet n'est pas encore venu devant le Parlement. Le
Conseil Central reste attentif sur cette question.

Comité consultatif des chemins de fer

Le Comité Consultatif des Chemins de fer s'est réuni très fréquemment et il a examiné les questions relatives aux tarifs. En janvier,
il a été saisi par le Comité des Houillères d'une proposition créant
une taxe pour le port de Rouen ; cette taxe avait pour résultat d'avan-
tager le Comité des Houillères. A la majorité d'une voix le Comité
Consultatif s'est prononcé contre. En février, le Comité a été appelé
à délibérer sur un tarif spécial dit « prix ferme » qui avait pour
but d'éliminer la concurrence extérieure. Cette proposition a été
repoussée par 15 voix contre 14.

Le Comité Consultatif des Chemins de fer est appelé à émettre son
opinion sur les questions de tarifs et apparaît que dans la généralité
des faits il est essentiel que les consommateurs y soient représentés.

Comité technique de l'Alimentation

Le Comité Technique de l'Alimentation a poursuivi ses travaux au
cours de 1927 et il a tenu de nombreuses réunions.

Il s'est occupé, en janvier, de la question des pâtes alimentaires
et des vins, à propos du renchérissement de ces produits et un rapport
a été fait sur cette question. Pour les pâtes alimentaires, des entrevues
ont eu lieu avec les fabricants ; le Comité Technique a demandé que
l'interdiction faite à l'Algérie d'exporter ses pâtes pour les semoules
soit définitivement levée.

Le Comité s'est occupé de la question de la standarisation des embal-
lages et de l'utilisation des produits coloniaux. Il a décidé qu'une
nouvelle enquête sur les prix, la production et les changes serait faite
et donnerait lieu à un rapport. Le rapport a été publié, il montre que
les prix sont soumis à la variabilité des changes et que les prix de
détail suivent les prix de gros.

Il y a lieu d'appeler l'attention des sociétés sur le fait que le Comité
Technique de l'Alimentation et le Bureau de documentation et des prix
publient, chaque 15 jours, un *Bulletin* contenant des informations particulièrement intéressantes. Ce *Bulletin* peut être envoyé aux sociétés
au prix d'un abonnement dont le prix leur sera indiqué sur leur
demande.

Office central des céréales panifiables

L'Office Central des Céréales panifiables a demandé la revision du
tarif du barème des moutures et elle a obtenu une enquête générale
auprès des moulins afin de connaître les frais réels de mouture. Ses
travaux se sont poursuivis au cours de l'année en vue de régulariser
le prix de la farine et du pain.

Commission de transformation de la taxe sur le chiffre d'affaires en taxe à la production

La Commission chargée d'examiner la transformation de la taxe sur le chiffre d'affaires en taxes à la production s'est réunie très fréquemment. Tous ses membres ont été d'accord pour demander la transformation et ils ont demandé que les produits importés soient frappés au moment du dédouanement ; que les produits provenant du sol soient frappés au moment du négoce.

La Commission avait demandé qu'une pré-taxe soit instituée, elle aurait permis de se rendre exactement compte de ce que la taxe à la production pouvait apporter au Trésor. Cette suggestion, en définitive, n'a pas été appliquée.

Les décrets du 5 Novembre et du 28 Décembre 1926

Deux décrets ont été pris par le Ministère de l'Intérieur, en date du 5 Novembre et du 28 Décembre 1926, aux fins de permettre aux Communes de participer à l'action entreprise contre la vie chère et de souscrire — pour des objets déterminés — des actions aux Coopératives de consommation. La Fédération des Coopératives de la Région Parisienne a organisé une « Journée Municipale », le 4 Mars 1927, et un examen très objectif de la question a eu lieu. Les décrets n'ayant pas été transformés en textes de loi, ils n'ont pas eu la suite attendue. Le Conseil Central suit cette question avec la plus grande attention.

Revision et Contrôle

En 1927, les demandes de revision comptable n'ont pas été plus nombreuses qu'en 1926, sauf dans les Fédérations du Nord, de Lorraine et de Lyon, où un effort particulier a été fait auprès des sociétés.

On peut dire toutefois que partout où des revisions ont été faites, elles ont rendu de multiples services aux sociétés. Lorsqu'une société a été revisée une fois, même pour une occasion exceptionnelle, elle conserve généralement la bonne habitude de faire appel au reviseur au moins une fois par an, et notre corps de reviseurs s'est toujours mis rapidement à la disposition des sociétés.

Rappelons que les frais de revision sont à la charge de la Fédération, la société n'assumant que les frais de séjour et de chemin de fer du reviseur. Celui-ci est choisi de façon à économiser au maximum les frais de déplacement.

Mais cette dépense minime est récupérée largement et est loin de représenter les avantages que les sociétés retirent de la revision : examen des méthodes comptables de façon à en tirer par le Conseil d'administration des indications claires et périodiques; examen du bilan du point de vue de la présentation des différents postes avec leur valeur réelle et à leur place normale, de la politique d'amortissements, de triage des bénéfices, de la présentation fiscale, de l'observation des statuts; examen de la situation financière générale de la société; étude des comptes d'exploitation; renseignements concernant les comptes de banques (revision des intérêts et agios); impôts, assurances, etc...

En fait, dans tous les pays où les revisions sont instituées, les services rendus sont considérables et les organisations les considèrent comme *indispensables.*

En France, nos amis de la Fédération d'Alsace, qui tiennent la revision des sociétés de la législation allemande, ont souci non seulement de conserver cette institution, mais de la rendre de plus en plus utile aux sociétés. Ils considèrent que c'est pour les coopératives une sécurité, et pour les administrateurs une une aide précieuse.

Nous pensons à faire connaître davantage et à développer notre Service de revision pour qu'il entre définitivement dans nos mœurs.

Délimitation des Fédérations Régionales

Le Conseil Central propose au Congrès les modifications ci-après aux délimitations actuelles des Fédérations régionales :.

Fédération Lyonnaise. — La partie du Jura, rattachée à la Fédération de Bourgogne et de Franche-Comté, est rattachée à la Fédération Lyonnaise.

Fédération de l'Ouest. — La partie de la Vendée, rattachée à la Fédération du Centre-Océan, est rattachée à la Fédération de l'Ouest.

Fédération de la Somme. — Supprimée.

Fédération du Nord et du Pas-de-Calais. — La partie du Nord de l'Aisne, rattachée à la Fédération de la Somme, est rattachée à la Fédération du Nord et du Pas-de-Calais.

Fédération de la Région Parisienne. — Le département de la Somme lui est rattaché.

Fédération de Lorraine et des Ardennes. — Les départements de la Haute-Saône et du Doubs, qui appartenaient à la Fédération de Bourgogne et de Franche-Comté, lui sont rattachés.

Le XIIe Congrès de l'Alliance Coopérative Internationale

L'Alliance Coopérative Internationale a tenu son Congrès à Stockholm du 15 au 18 août 1927. La F. N. C. C. était représentée par 24 délégués. En dehors du Rapport du Comité Central sur l'activité de l'A. C. I. depuis le Congrès de Gand, deux questions figuraient à l'ordre du jour :. *Les relations entre Coopératives de consommation et Coopératives agricoles,* rapportée par M. Bernhard Jaeggi (Suisse), et *Problèmes coopératifs actuels,* sur lesquels un rapport fut présenté par M. Johansson (Suède). Le Congrès examina un certain nombre de questions au nombre desquelles la révision des Statuts.

Ce fut E. Poisson qui ouvrit le Congrès, en raison de la démission de M. Gœdhart, président.

Le rapport du Comité Central donna lieu à un certain nombre d'observations et plus particulièrement à propos de la politique économique internationale. La résolution suivante fut, finalement, votée par le Congrès :

Le douzième Congrès de l'Alliance Coopérative Internationale, réuni à Stockholm, tient à exprimer son appréciation de la reconnaissance donnée par le Conseil de la Société des Nations à l'Organisation Internationale des coopérateurs, en désignant un représentant de l'Alliance Coopérative Internationale, comme membre de la Conférence Economique Internationale, qui vient d'avoir lieu à Genève ; il se félicite de la grande représentation de coopérateurs qui ont pris part à cette conférence, soit comme membres, soit comme experts désignés par les gouvernements de maints pays, où qui y ont apporté la preuve de l'acceptation universelle de l'utilité du principe coopératif, en tant que facteur susceptible de résoudre les problèmes économiques mondiaux et capable de restaurer la paix en accord avec les résolutions de la Conférence économique.

Le Congrès se déclare en outre d'accord, en principe, avec les résolutions de la Conférence, autant qu'elles se conforment à la politique de la Coopération internationale établie depuis longtemps, et plus spécialement avec les résolutions relatives à la suppression des barrières douanières et du système actuel des tarifs ; avec celles relatives aux relations entre les Coopératives agricoles et les Coopératives de consommation, et avec celles se rapportant à la création de traités commerciaux.

Le Congrès déclare que l'heure est venue — la stabilité monétaire étant aujourd'hui quasi générale — de mettre fin aux entraves si nombreuses, souvent si irritantes, créées depuis la guerre par le régime douanier, toujours préjudiciable aux consommateurs de tous les pays, et il proclame que c'est dans l'indépendance des nations, et non dans le nationalisme de chacun pour soi, que réside la paix féconde et durable, et que l'une des premières mesures qui s'impose est l'établissement de traités de commerce de longue durée.

Le Congrès déclare qu'il a l'intention de poursuivre de toutes ses forces ces buts économiques et tous buts similaires, et fait appel aux organisations nationales, affiliées à l'Alliance Coopérative Internationale, afin qu'elles usent de toute leur influence auprès de leurs gouvernements respectifs, en vue d'obtenir leur appui entier et efficace en faveur des résolutions de la Conférence Économique Internationale.

Enfin, le Congrès se déclare prêt à poursuivre énergiquement la collaboration pour l'organisation mondiale des problèmes économiques, qui a débuté sous de si excellents auspices à Genève.

A l'occasion du Rapport du Comité Central, la délégation du Centrosoyus demanda que les délégués russes soient autorisés à parler leur langue. Au nom de la délégation française, M. Charles Gide indiqua qu'on pouvait autoriser quelques-uns des délégués du Centrosoyus à parler en russe. M. H.-J. May, secrétaire général de l'A. C. I., ayant demandé le renvoi au Comité Central, la proposition de M. Gide ne fut pas soumise au vote, et la question fut renvoyée au Comité Central, par 420 voix contre 150.

Le rapport de M. Bernhard Jaeggi, sur les *Rapports entre les Coopératives de consommation et les Coopératives agricoles* a été peu discuté, et la résolution ci-après a été votée par le Congrès :

Le Congrès, ayant pris connaissance du rapport ainsi que des thèses et du programme annexés, prie les organes directeurs de l'Alliance Coopérative Internationale de continuer, à l'avenir, à vouer leur attention au problème des relations entre coopératives de consommation et coopératives agricoles et à prendre les mesures qui paraîtront favorables à la réalisation de cette idée.

M. Albin Johansson développa ensuite son rapport sur *les Problèmes de la Coopération moderne*, et il demanda le vote de la résolution suivante :

Le Congrès appelle l'attention des organisations groupées dans l'Alliance Coopérative Internationale sur l'importance du principe de Rochdale relatif au paiement au comptant en ce qui concerne les ventes effectuées par les Coopératives.

Les Sociétés Coopératives doivent s'efforcer de trouver parmi leurs membres le capital propre à leur exploitation et ne recourir au crédit que pour des périodes passagères ou pour leur fonds de roulement en utilisant de préférence les organismes créés à cet effet par le mouvement coopératif et concentrés.

Les Sociétés Coopératives doivent s'efforcer surtout d'augmenter leur capital collectif impartageable pour pouvoir, sans réduire les avantages qu'elles offrent à leur adhérents, effectuer leur développement et se perfectionner techniquement.

L'organisation du crédit coopératif doit fournir au mouvement des moyens financiers dans des conditions suffisantes qui ne doivent exclure ni la prudence ni la sécurité.

Cette résolution donna lieu à une discussion relative à la question du crédit. Gaston Lévy, au nom de la délégation française, montra que la Coopération, à peu près dans toutes les nations, a recours au crédit pour une part importante de ses opérations et il demanda le vote d'un amendement au texte du rapporteur. Celui-ci déclara, par la suite, que la résolution ne devait être considérée que comme un conseil et, prenant acte de cette déclaration, Gaston Lévy retira son amendement.

Après discussion et une modification la résolution ci-après, proposée par l'Union Coopérative Britannique fut votée par le Congrès :

Le XII° Congrès de l'Alliance Coopérative Internationale, reconnaissant que le but essentiel poursuivi par la coopération est l'établissement d'une communauté coopérative, sans distinction de couleur, de race ou de religion, dans laquelle l'industrie et le commerce seront établis sur une base excluant tout esprit de lucre, — insiste auprès des mouvements de tous les pays sur la nécessité de favoriser par tous les moyens en leur pouvoir les rapports entre les peuples de tous pays et l'établissement des relations économiques les plus suivies sur la base d'entr'aide préconisée par les Pionniers de Rochdale.

Conscient des effets destructifs de la guerre exercés sur de telles relations et de la haute nécessité pour les coopérateurs d'empêcher les guerres, et que les peuples déployeront toute leur influence pour faire régner la paix, le Congrès, conformément à la traditionnelle politique de paix mondiale de l'Alliance Coopérative Internationale, invite toute organisation coopérative à se déclarer résolument contre la guerre; de faire connaître au monde, et en particulier à son gouvernement national, son hostilité inflexible à toute politique économique ou militariste, qui pourrait provoquer la guerre ou dresser des obstacles à la réalisation du programme coopératif.

La délégation russe présenta une résolution demandant au Congrès de nommer directement une commission chargée d'établir un programme pour l'A. C. I. Après une discussion à laquelle plusieurs nations prirent part, Albert Thomas intervint en indiquant que l'Alliance Coopérative Internationale devrait avoir son propre programme et il fit voter le texte suivant :

Le Congrès charge le Comité Central de nommer une commission pour l'étude du programme pour l'action future de l'A. C. I.

La question de la représentation des organisations nationales au Comité Central de l'A. C. I. donna lieu à une discussion. Le texte proposé au Congrès permettait de penser que les petites nations ne seraient pas représentées dans des conditions justes. Après une modification apportée au texte primitif, H.-J. May, secrétaire général de l'A. C. I., proposa le texte ci-après :

Les représentants nommés par les organisations nationales adhérentes des différents pays ou l'Union des pays et élus par le Congrès constitueront le Comité Central.

Chaque organisation nationale qui aura accompli toutes ses obligations envers l'Alliance Coopérative Internationale, aura le droit d'avoir un représentant à titre de membre et un représentant pour la première somme complète de 100 livres sterling de cotisation. Elle aura le droit d'avoir encore un représentant pour chaque somme additionnelle de 100 livres sterling de cotisation, à condition que la représentation d'aucun pays ou Union de pays ne dépasse 14 délégués.

Tout nombre de représentants de tous pays ou Union de pays, n'excédant pas le maximum auquel il a droit pourra exercer le pouvoir de vote total de son pays ou de son Union de pays.

Dans le cas ou plus d'une organisation nationale dans un pays serait admise à l'Alliance, la répartition du Comité Central sera déterminée en tenant compte de la cotisation totale dans le pays en question. Dans de tels cas, la représentation sera répartie proportionnellement parmi les organisations nationales. Tout différend se rapportant à la répartition des représentations, sera réglé par le Bureau directeur et sera susceptible d'appel au Comité central.

Le Comité central décidera s'il sera accordé à un Etat ou à un pays une représentation séparée dans l'Alliance.

A chaque congrès, les membres du Comité central sont sortants et rééligibles.

Gaston Lévy, au nom de la délégation française, déclara être prêt à maintenir le *statu quo*, mais en raison de la proposition nouvelle il proposa le texte suivant :

Chaque organisation nationale qui aura accompli toutes ses obligations envers l'Alliance Coopérative Internationale aura le droit d'avoir un représentant à titre de membre et un représentant pour la première somme de 50 livres sterling de cotisation. Elle aura le droit d'avoir encore un représentant pour chaque somme additionnelle de 50 livres sterling de cotisation. Toutefois, la représentation d'aucun pays ne dépassera pas quatorze délégués.

Le Congrès adopta le texte présenté par H.-J. May, après que celui-ci eut déclaré que les petites nations seraient représentées normalement.

Le Comité Central fut ensuite nommé. La F. N. C. C. y est représentée par Charles Gide, Albert Thomas, A.-J. Cleuet et E. Poisson.

Il y a lieu de noter que depuis le Congrès, en raison de la cotisation due et payée à l'A. I. C., le Mouvement a deux représentants de plus au Comité Central; ce sont Gaston Lévy et Maurice Camin.

Le Congrès fut clos après avoir décidé — sur la demande du docteur Renner — que le prochain Congrès aurait lieu à Vienne.

Journée Internationale

Le Mouvement français n'a pas, jusqu'à présent, participé activement à la Journée Coopérative Internationale, et cela alors qu'à travers le Monde de très grandes manifestations ont eu lieu. Le Conseil Central pense qu'il y a un grand intérêt à associer la Coopération française à cette manifestation. Il demande aux sociétés de prendre toutes les dispositions utiles pour répondre à l'appel qui leur sera adressé. Le Conseil Central s'efforcera d'aider les sociétés en mettant à leur disposition les moyens de publicité utiles et il organisera, à travers la France, un certain nombre de réunions.

Rapport de la Commission de Contrôle

Chers Coopérateurs,

Conformément au mandat que nous a confié le Congrès tenu à Nîmes en Mai dernier, nous avons procédé au contrôle de la comptabilité de la Fédération Nationale des Coopératives, à la vérification des comptes d'Exploitation et à l'examen de tous les postes du Bilan.

L'Action Coopérative, en déficit de Fcs 10.589,79 en 1926, donne cette année un bénéfice de Fcs 3.640,79.

La Librairie, sans grand changement de bénéfice, Fcs 4.800,80 au lieu de Fcs 4.031,50 en 1926.

Le montant des cotisations diverses s'élève à Fcs 491.270,17 contre Fcs 438.760,70 l'année dernière.

Le compte Résultats donne un excédent net de Fcs 21.967,39 pour l'exercice 1927 au lieu du déficit constaté l'année précédente.

La Commission, constatant la bonne gestion de la F. N. C. C. et la sincérité du Bilan qui vous est soumis, vous demande de l'approuver et de le sanctionner par votre vote.

La Commission :

DAVID, DRONEAU, DUCROCQ, JEVAIS, TUTIN.

Le Rapporteur :

E. DRONEAU.

Bilan au 31 Décembre 1927

ACTIF		VALEURS DISPONIBLES	PASSIF	
		Caisse :		
	40.448 75	Espèces en Caisse.		
	13.341 12	Chèques Postaux : en dépôt.		
	383.852 13	Banque des Coopératives, Compte courant.		
	100.239 65	Banque des Coopératives, Compte spécial.		
537.881 65		**VALEURS RÉALISABLES**		
	5.000 »	Titres et Valeurs.		
	2.730 »	Stock Librairie.		
	4.880 25	— Action Coopérative		
	23.879 24	— Histoire générale de la Coopération.		
	320.885 30	Débiteurs divers.		
357.374.79		**VALEURS EXIGIBLES**		
		Comité des Régions libérées	3.631 34	
		Créditeurs divers . . .	109.243 15	
		Frais et factures à payer.	162.708 75	
		Orphelins	95.038 15	
				370.621 39
		VALEURS IMMOBILISÉES		
86.772 50		Matériel Action Coopérative.		
		Matériel Action Coopérative sur amortissement		24.035 »
		EXCÉDENTS		
		Excédents des Exercices précédents	565.405 16	
		Excédents de l'exercice.	21.967 39	
				587.372 55
982.028 94				982.028 94

Compte d'exploitation - Exercice 1927

Action Coopérative

RECETTES

Montant des abonnements reçus..........	402.458 48	
Publicité	40.116 60	
Vente de Bouillons	1.457 »	
		444.032 08
Stocks au 31 Décembre 1927.........................		4.880 25
		448.912 33

DÉPENSES

Frais généraux communs et amortissem^{ts}.	28.921 50	
Impression journal et collaborations.	156.449 20	
Frais d'expédition	67.992 60	
Papier journal	88.984 40	
Impression et confection des bandes.....	28.769 60	
Affranchissements	26.949 89	
Salaires, pointages et gratifications, pourboires	17.436 05	
Comptabilité M. D. G.	321 50	
Impôt sur chiffre d'affaires	194 25	
Page de la famille.....................	3.902 »	
Dessins	300 »	
Commission sur Publicité	12.036 »	
	432.256 99	

PERTES ET PROFITS

Débiteurs irrécouvrables	3.000 »		
Dépréciation sur le stock........	3.904 25		
		6.904 25	
Stock : reprise du stock au 31 Décembre 1926		6.110 30	
		13.014 55	
			445.271 54
Résultat 1927 : BÉNÉFICE NET....................			3.640 79

Librairie

Stocks au 1er Janvier 1927.............................	4.288 40
Montant des Achats de l'Exercice......................	101.856 80
Ensemble..................	106.145.20
A *déduire* : Stocks au 31 Décembre 1927............	2.730 »»»
Prix de revient des marchandises vendues..............	103.415 20
Total des ventes de l'Exercice........................	113.271 25
Bénéfice brut..........	9.856 05

Frais généraux 4.694 10
Pertes et Profits : clients irrécouvrables.   361 15
                                                        5.055 25

                                     Bénéfice net........   4.800 80

Créditeurs divers

Créditeurs divers, Service Librairie................... 24.484 75
Dû pour Almanachs, à divers........................ 67.881 40
Cotisations dûes aux Fédérations Régionales..........   5.385 »»
Dû au Sculpteur ....   3.000 »»

            Total du Compte Créditeur Divers.......... 100.751 15
Association pour Enseignement Coopération (Brochures
       dûes par la Librairie) ....   8.492 »»

                                                      109.243 15

Débiteurs divers

Débiteurs divers, Service Librairie...... 16.300 25
Dû par Municipalité de Levallois (Propa-
     gande art, XI) ....   500 »»
Cotisations dûes par les sociétés ......   4.950 »»
Dû par divers, pour Almanachs........ 52.000 80
Débiteurs divers, Action Coopérative..... 154.134 25
                                                      227.885 30

Prêt à l'Association pour Enseignement de la Coopé-
     ration .... 43.000 »»
Prêt à l'Enfance Coopérative........................... 50.000 »»

                                                      320.885 30

Stocks

Stock Librairie, au 31 Décembre 1927...............   2.730 »»
Stock Action Coopérative, au 31 Décembre 1927.......   4.880 25
Stock Histoire Générale de la Coopération........... 23.879 24

                                     Total........ 31.489 49

Cotisations

Sociétés Coopératives de Consommation 437.964 27
Sociétés Coopératives de Production 3.315 90
Cotisations des Cercles 62 20
Cotisations M. D. G. 44.927 80
Cotisation Banque des Coopératives...................   5.000 »»

                                                      491.270 17

Comité des Régions libérées

Solde créditeur, sans changement.....................   3.631 34

Dépenses de l'exercice 1927

Frais généraux. — Chapitre I.

ART. 1. — Loyer et frais accessoires......	10.957 25	
ART. 2. — Assurances et contributions....	1.704 25	
ART. 3. — Entretien	841 10	
ART. 4. — Salaire personnel Standard....	1.819 »»	
		15.321 60

Frais administratifs. — Chapitre II.

ART. 5. — Appointements des Secrétaires généraux	75.000 »»	
Appointements du Personnel .	68.449 70	
Indemnité Comptabilité M.D.G.	1.064 75	
Assurances accidents	689 70	
Frais de réunion des membres du Conseil Central	27.201 15	
		172.405 30

Frais de bureau. — Chapitre III.

ART. 6. — Imprimés, circulaires, papeterie, registres, etc.	8.284 90	
ART. 7. — Frais de poste et télégraphe..	27.361 75	
		35.646 65

Propagande. — Chapitre IV.

ART. 8. — Frais de délégation du Secrétariat et membres du Conseil Central, tournées, conférences, etc.	72.607 15	
ART. 9. — Congrès National et International	43.625 60	
ART. 11. — Subvention à la Commission de l'Enseignement	4.090 20	
ART. 12. — Service de Renseignements commerciaux et administratifs (abonnements)	3.467 80	
ART. 13. — Service de Renseignements juridiques	18.000 »»	
ART. 14. — Service gratuit de l'*Action Coopérative* aux sociétés adhérentes	12.345 »»	
ART. 15. — Cotisations A. C. I.............	24.775 60	
ART. 16. — Frais de traduction..........	70 »»	
		178.981 35

Statistiques. — Chapitre V.

ART. 17. — Service de statistique........	17.400 »»	17.400 »»

Propagande spéciale. — Chapitre VI.

ART. 18. —	23.424 75	23.424 75

Dépenses extraordinaires. — Chapitre VII.

ART. 19. — Achat de matériel. Agencement. 4 944 95 4.944 95

Service Union de revision et de contrôle. — Chapitre VIII.

ART. 20. — Subvention à l'Union de Révision 2.514 62 2.514 62

Retraites. — Chapitre IX.

ART. 21. — Retraites .... 13.254 »» 13.254 »»

Réserve pour imprévu. — Chapitre X.

ART. 22. — Réserve pour imprévu .... 6.325 »» 6.325 »»

470.218 22

Résultats

	DOIT	AVOIR
Frais généraux : Chapitre I..............	15.321 60	
Frais administratifs : Chapitre II........	172.405 30	
Frais de bureau : Chapitre III............	35.646 65	
Propagande : Chapitre IV.................	178.981 35	
Statistiques : Chapitre V.................	17.400 »	
Propagande spéciale : Chapitre VI........	23.424 75	
Dépenses extraordinaires : Chapitre VII..	4.944 95	
Service Union de Révision : Chapitre VIII.	2.514 62	
Retraites : Chapitre IX..................	13.254 »	
Réserve pour imprévu : Chapitre IX....	6.325 »	
Office de Documentation	16.925 60	
Pertes et Profits F. N. C. C............		9.399 45
Cotisations		491.270 17
Action Coopérative		3.640 79
Librairie		4.800 80
Résultat : Excédent de l'Exercice........	21.967 30	
	509.111 21	509.111 21

Association pour l'Enseignement de la Coopération

Bilan au 31 Décembre 1927

Actif		Valeurs disponibles		Passif
	1.076 »	Caisse : Espèces en caisse		
	42.485 01	Banque des Coopératives, Compte courant		
43.561 01				
		Valeurs réalisables		
	14.084 70	Stocks au 31 déc. 1927.		
	8.442 »	Débiteurs divers		
22.526 70				
		Valeurs exigibles *à long terme*		
		Fédération Nationale des Coopératives, son prêt.	43.000 »	43.000 »
		Résultats		
		Résultats antérieurs	22.357 14	
		Résultat de l'Exercice...	730 57	23.087 71
66.087 71				66.087 71

Compte Brochures

Stocks au 1er Janvier 1927............................	16.465 50
Montant des achats de l'Exercice......................	5.850 »
Ensemble..........	22.315 50
A *déduire* : Stocks au 31 Décembre 1926.............	14.084 70
Prix de revient des marchandises vendues...........	8.230 80
Total des ventes de l'Exercice.......................	8.442 »
Résultat	211.20

Pertes et Profits.

	DOIT	AVOIR
Résultat brochures : bénéfice............		211 20
Intérêts Banque des Coop. au 30 Juin....		540 13
Souscriptions		33.050 »
Frais généraux	33.070 76	
Résultat : bénéfice net	730 57	
	33.801 33	33.801 33

DEUXIÈME PARTIE

L'Assurance
contre les Accidents du Travail
dans les Sociétés Coopératives

Rapporteur : Georges YUNG

Depuis longtemps la F. N. C. C. est sollicitée par les militants en vue de réaliser une société nationale d'assurances à l'usage de nos organisations.

C'est une entreprise souhaitable et qui a donné, dans les mouvements coopératifs étrangers, des résultats appréciables, mais c'est une entreprise délicate, dont les responsabilités sont considérables, dont les risques sont divers, et qui exige, par conséquent, la plus grande prudence.

Nous ne sommes pas obligés de faire tout à la fois et d'engager ainsi les sociétés dans la constitution d'un organisme qui exigerait de gros capitaux et qui ne donnerait peut-être pas immédiatement les résultats espérés. Il vaut peut-être mieux étudier les risques un par un, et engager la solidarité coopérative peu à peu, au fur et à mesure que des résultats sérieux et que la fidélité accrue des sociétés permettront d'ajouter de nouvelles branches à notre activité.

Car les résultats de l'assurance sont fonction entre autres du grand nombre des assurés, et de la surveillance des risques. Or, ce n'est que peu à peu qu'une entreprise d'assurances obtient satisfaction sur ces deux points.

L'assurance qui nous a paru la plus réalisable pour nos débuts, et pour laquelle les deux conditions citées plus haut ne sont pas impossibles à atteindre, est l'assurance contre les accidents du travail.

Ce n'est pas un petit risque. Si nous prenons le chiffre d'affaires publié par la F. N. C. C. dans son Annuaire 1928, et qui correspond à l'exercice 1926, on a 2.911.747.066 francs pour les sociétés établies en France. Ce chiffre dépassera largement 3 milliards pour l'exercice 1927.

La proportion des salaires comprise dans ce chiffre est variable selon l'importance des sociétés. Les petites, qui ne font que le détail, n'ont que 5 et parfois 4 % de frais de salaires. Les grosses, qui se substituent non seulement aux détaillants, mais aux grossistes et parfois même aux fabricants, ont une proportion de salaires qui dépasse souvent 8 %. Enfin, cette proportion dépend également de la nature des marchandises vendues et, parfois, fabriquées. Par exemple, la boulangerie entraîne des salaires importants par rapport au chiffre d'affaires.

Il ne semble pas exagéré de dire que 6 % du chiffre représentent du salaire. Ce qui porte à 200 millions environ le montant des salaires payés par les sociétés coopératives.

Les primes payées par les sociétés sont aussi extrêmement variables. Les plus faibles, exceptionnelles, sont de 0,80 à 1 %. Il y a des primes qui atteignent 3,50, 4 et même 4,50 %. On peut donc fixer le tribut payé aux compagnies d'assurances par les sociétés coopératives à 1,50 % en moyenne, soit environ 3 millions 600.000 francs par an *au minimum*.

En fait, il n'y a pas de tarifs proprement dits en ce qui concerne les accidents du travail. Les primes sont fixées par la discussion entre les parties. C'est affaire aux administrateurs d'obtenir le meilleur chiffre et d'être convenablement couverts pour leurs risques. C'est leur affaire aussi d'examiner la police pour éviter les difficultés avec les compagnies. Les moindres erreurs de comptabilité risquent d'être interprétées dans un mauvais sens, surtout lorsqu'approche la date d'expiration du contrat.

En admettant même que les risques soient bien couverts et sans difficultés, il ne nous est pas possible de savoir si le mouvement coopératif paie trop cher. Il ne nous est même pas possible de nous servir du barème annexé à l'arrêté ministériel du 31 décembre 1920, car nous n'avons pas de données statistiques qui nous permettraient d'en apprécier la justesse. D'autre part, les risques assurés par les sociétés coopératives sont divers. Ils entrent dans quatre groupes au moins de la nomenclature ministérielle, sans compter la banque et les industries coopératives. Les compagnies, la plupart du temps, assurent globalement, sans différencier les risques.

Ce que nous pouvons dire sans crainte, toutefois, c'est que le risque coopératif est considéré comme *bon* par les compagnies, et que celles-ci ont réalisé dans l'ensemble (bons et mauvais risques mélangés) des bénéfices dont nous examinerons l'importance ci-après.

Ainsi, sans pouvoir chiffrer mathématiquement les bénéfices que le mouvement poura en retirer, il apparaît que nous pouvons envisager, en évaluant judicieusement les primes, une organisation nationale d'assurances contre les accidents.

Il y aura, entre autres avantages :

1° Une police uniforme, couvrant bien les risques, et ne donnant pas lieu à des difficultés d'interprétation ;

2° La nécessité pour notre assurance après quelques temps de fonctionnement, d'étudier tous nos risques coopératifs afin d'améliorer le plus possible les conditions de sécurité de nos employés et ouvriers dans le double but de protection du travail et d'économie de frais généraux.

La Responsabilité des employeurs

La loi du 9 Avril 1898 indique les responsabilités des employeurs en matière d'accidents du travail.

Nos sociétés doivent, en cas d'incapacité temporaire de l'employé, une indemnité journalière — en cas d'incapacité permanente, partielle ou absolue, une rente viagère — en cas de mort, une pension au conjoint survivant, aux enfants ou aux ascendants et descendants qui étaient à sa charge.

De plus, le chef d'entreprise supporte les frais médicaux et pharmaceutiques, selon des barèmes établis par les soins du Ministère du Travail et les frais funéraires.

Les chefs d'entreprise peuvent se garantir contre leurs responsabilités, soit par une société mutuelle, soit par une société anonyme, soit par un syndicat de garantie.

Dans les deux premiers cas, il y a lieu de constituer un capital et de déposer, en valeurs spécifiées par le décret du 28 février 1899, un cautionnement à la Caisse des Dépôts et Consignations, au cas où la société entendrait assurer le service des rentes en cas de mort ou d'incapacité permanente.

Ce cautionnement est fixé à 2 % des salaires annuels. Il est au minimum de 400.000 francs. Ce minimum est abaissé à 200.000 francs dans des conditions que le Mouvement Coopératif ne peut remplir.

Il n'est pas impossible de réunir un minimum de 20 millions de salaires assurés en cas de constitution d'une mutuelle. Mais il faut songer qu'il nous faudrait avoir également un fonds de roulement destiné à attendre les premières rentrées de primes et quelque réserve en cas d'imprévu.

C'est donc, au cas d'une mutuelle, un appel de capital correspondant à 3 % ou, *au minimum*, à 2,50 % des salaires qu'il faudrait faire aux sociétés.

Ce pourcentage ne serait pas considérable s'il s'agissait d'entreprises à gros risques, par exemple d'industries, mais l'arrêté ministériel du 28 Novembre 1923 ne distingue pas et réclame un cautionnement aussi élevé, qu'il s'agisse de risques importants ou faibles. En l'espèce, on peut dire que le capital représenterait environ deux années de primes, ce qui est excessif.

D'autre part, le cautionnement est constitué uniquement en valeurs. et ne peut être employé pour un tiers en hypothèques sur immeubles, comme c'est le cas pour la réserve mathématique.

La Cotisation et les Primes du Syndicat

Il nous apparaît donc que c'est le syndicat de garantie qui correspondrait le mieux à nos besoins et à la forme de notre action.

Il a été institué par le décret du 28 février 1899 (titre II) par exécution de l'article 27 de la loi du 9 Avril 1898.

Le syndicat lie solidairement tous les adhérents pour le paiement des rentes et indemnités. La solidarité ne prend fin que lorsque le syndicat a liquidé entièrement ses opérations.

Le syndicat de garantie ne peut être créé que s'il groupe 5.000 ouvriers assurés et 10 chefs d'entreprise dont 5 ayant au moins 300 ouvriers, ou bien 2.000 ouvriers assurés et 300 chefs d'entreprise dont 30 ayant au moins chacun 3 ouvriers.

On voit que la loi facilite les entreprises aux risques divisés et qu'elle considère comme viable une assurance pour 2.000 ouvriers dispersés dans 300 entreprises. Le mouvement coopératif a précisément des risques divisés par suite de son organisation en sociétés petites ou moyennes et en grandes sociétés à succursales multiples.

Le syndicat n'a pas de cautionnement à verser.

Toutefois, il sera nécessaire de prévoir une réserve pour parer aux sinistres qui pourraient survenir dans le premier trimestre de fonctionnement et pour le fonds de roulement. Cette réserve pourrait être constituée par un droit d'admission de 50 francs par employé assuré, droit qui serait modifié à toute augmentation du nombre des employés et ristourné en cas de résiliation, après apurement des comptes du groupe d'exercices pendant lequel la solidarité est engagée. Ce droit d'admision est par conséquent un véritable capital, quoique sans intérêts, et peut figurer à l'actif du bilan des sociétés adhérentes.

La cotisation doit-elle être globale et uniforme pour toutes les sociétés?

Elle doit être uniforme, c'est-à-dire de même taux pour le même risque. Mais il serait injuste qu'elle fût globale, les risques des sociétés étant fort différents selon la nature de leurs opérations.

Pour fixer les idées, voici le tableau des différents risques de nos sociétés, avec la prime prévue au barême annexé à l'arrêté du 31 Décembre 1920.

PREMIER GROUPE

I. — 6. Mines de sel...............................	2.80

DEUXIÈME GROUPE

III. — 1. Minoterie avec transport......................	3.50
2. Minoterie sans transport	2.80
4. Boulangerie à la main avec transport........	2.10
6. Boulangerie mécanique avec transport........	2.50
VI. — 1. Brasserie et malterie avec transport...........	3.»»
2. Brasserie et malterie sans transport...........	2.50
5. Cidrerie avec transport	3 »
6. Cidrerie sans transport	2.50
VII. — 5. Confiserie et confitures sans fabrique d'emballages	0.75
7. Conserves sans fabrique de boîtes.............	1.50
10. Fabrication de chocolat	0.80
11. Torréfaction du café	1.05
14. Charcuterie (fabrique avec moteurs)...........	2.10
22. Abatage sans transport	3.80

CINQUIÈME GROUPE

XVI. — 1. Imprimerie et litho avec moteurs.............	0.70
XVII. — 5. Librairie avec imprimerie, brochage, reliure (moteurs)	1.05

NEUVIÈME GROUPE

XXVIII. — Fabrique de chaussures et atelier de réparation avec outillage mécanique	1.05

DIXIÈME GROUPE

XXIX. — 4. Petit camionnage	2.95

DOUZIÈME GROUPE

XXXIII. — 5. Vins, liqueurs (chais et entrepôts) avec transport.	2.80
6. Vins, liqueurs (chais et entrepôts) sans transport.	1.40
13. Alimentation (gros) avec transport	2.10
14. Alimentation (gros) sans transport	1.25
20. Boucherie avec abattoirs sans transport........	3.10
30. Grands Magasins, détail, sans transport..........	0.30
31. Meubles avec transport	2.75
37. Bois, Charbons avec transport.................	5. »
42. Garage, réparations autos	2.50
46. Cinéma	1.15

TREIZIÈME GROUPE

XXXIV.— 1. Commerce de détail, 1re classe : bonneterie, chaussures, etc., avec livraison	1.05

Commerce de détail, 1re classe (bonnèterie, chaussures, etc.), sans livraison 0.25
3. Détail, 2° classe (vaisselle, bazars, pharmacies,
etc.), avec livraison 1.15
Détail, 2° classe (vaisselle, bazars, pharmacies,
etc.), sans livraison 0.35
5. Cafés, restaurants 0.70
7. Comestibles, lait, vins, etc., avec livraison......   1.55
Comestibles, lait, vins, etc., sans livraison...... 0.70
9. Détail, 5° classe (boucheries, triperies) avec livraison) 1.70
Détail, 5° classe (boucheries, triperies) sans livraison) 1.40
13. Détail, 7° classe (quincaillerie) avec livraison....   1.50
Détail, 5° classe (quincaillerie) sans livraison...   0.70

QUATORZIÈME GROUPE

1. Banques, assurances, avec encaisseurs.........   0.25
2. Banques, assurances, sans encaisseurs 0.20
11. Bureaux 0.25

Ce tableau n'est pas donné pour fixer définitivement les primes (car il n'est pas sûr que les pourcentages indiqués soient suffisants) mais pour faire comprendre la diversité des risques accidents dans les sociétés.

Il s'agira pour nous d'établir des groupes peu nombreux et assez simples, tenant compte des risques apportés par les sociétés et fixant les cotisations en conséquence. Ces cotisations sont fixées sur l'acte d'adhésion et revisées chaque année par l'assemblée générale, de telle façon qu'un exercice puisse se liquider avec ses propres ressources.

L'Administration

Je ne veux pas entrer dans les détails de l'administration. Ils sont précisés dans les statuts-type annexés au décret du 9 Mai 1923 et n'offrent pas de difficultés particulières.

Le Conseil doit être, au plus, de 9 membres, et doit se réunir une fois par mois. Il y aura intérêt à choisir pour le Conseil des membres du Conseil Central.

Pour le contrôle, il suffira de désigner un commissaire, une personne connaissant bien l'assurance accidents. Ce serait créer des difficultés d'en nommer plusieurs, l'empêchement de l'un d'eux entraînant le remplacement par ordonnance du président du tribunal de première instance.

Les actes d'adhésion tiennent lieu de police. La tacite reconduction ne peut être supérieure à une année.

Un règlement intérieur détermine le mode et les conditions des déclarations, ainsi que le mode de paiement des sinistres.

La Surveillance des risques

Le point le plus important sur lequel il y a lieu d'attirer l'attention, sera la surveillance des risques.

Il est évident que les sociétés sentiront l'intérêt qu'il y a pour elles, à faire les déclarations régulières et à signaler et ne pas tolérer les abus qui pourraient se produire. Mais cet intérêt peut encore être augmenté en laissant à la charge des intéressées une partie du risque.

Plus la société est importante, moins il y a de difficultés pour elle à garder du risque. On peut même dire que les grandes sociétés de développement pourraient, sans grand inconvénient, assurer la totalité de leurs responsabilités si elles ne songeaient en même temps à entrer dans le syndicat, dans un but de solidarité. Mais la participation au syndicat peut porter sur 20 ou 30 % seulement de leurs risques, tandis que pour les autres sociétés, selon leur importance, il faudra prendre 50, 80 ou même 90 %.

Il peut être également convenu que la société prend la responsabilité de l'incapacité temporaire et le syndicat celle de l'incapacité permanente et de la mort.

C'est le Conseil d'Administration du Syndicat qui doit régler les partages de risques, et c'est lui qui doit les suivre, car il est subrogé dans tous les droits et actions des souscripteurs contre tous les auteurs responsables de l'accident (art. 26 des statuts-type).

Enfin, les petites sociétés adhérentes qui auraient quelques difficultés pour les déclarations et la surveillance, seront rattachées, en ce qui concerne les accidents du travail, à un représentant du syndicat le plus près possible de leur siège — soit un membre de la Fédération régionale, soit un employé d'une grande société.

Organisation financière

L'organisation financière du syndicat comporte, d'une part la perception des cotisations et des droits d'admission et, d'autre part, les frais d'administration, le paiement des indemnités journalières, des frais médicaux et pharmaceutiques, la constitution de réserves mathématiques et de réserves supplémentaires. Les frais généraux, les paiements des indemnités et des soins ne donnent lieu à aucune difficulté financière. Nous en verrons plus loin les pourcentages.

En ce qui concerne les différentes rentes qui sont dues pour incapacité permanente ou mort, le syndicat a le choix entre deux procédés. Ou bien le versement des capitaux constitutifs à la Caisse Nationale des Retraites au plus tard dans les deux mois qui suivent la décision judiciaire définitive ou l'ordonnance de conciliation — ou bien la constitution d'une réserve mathématique.

Si le syndicat constitue une réserve mathématique, ses opérations doivent néanmoins être réglées par groupe d'exercices (trois à cinq exercices). Cette réserve est alors calculée selon un barème déterminé par le Ministre du Travail. Elle reste entre les mains de la société et doit être représentée, pour les deux tiers au moins de la fixation annuelle, en certaines valeurs énumérées dans l'art. 8 du décret du 23 Février 1899 — pour le tiers restant en premières hypothèques sur immeubles, pour la moitié au maximum de leur valeur — pour le dixième (dans le tiers précédent) en prêts à des sociétés d'habitations à bon marché, à des dispensaires, etc.

Si, par conséquent, nous voulons conserver la faculté de gérer, dans ces conditions, les capitaux constitutifs des rentes de nos accidentés, nous pouvons choisir le système de la réserve mathématique, par groupe de cinq exercices. A l'expiration du groupe, le groupe suivant prend à sa charge toutes les rentes en cours, moyennant le versement à son actif des valeurs affectées à la réserve mathématique, évaluées à la date de cession.

En dehors de la réserve mathématique, le syndicat constitue un fonds de réserve au moyen d'un prélèvement sur les excédents bénéficiaires et d'un pourcentage sur le montant de toutes les cotisations. Ce fonds est destiné à parer aux insuffisances éventuelles de ressources de tous les groupes indistinctement. Il est représenté dans les conditions déterminées par l'art. 57 du décret du 8 Mars 1922, c'est-à-dire pour les trois quarts au moins en certaines valeurs ou en *prêts sur immeubles* et pour l'autre quart en placements décidés par l'Assemblée générale.

Le surplus des excédents bénéficiaires peut être ristourné aux adhérents.

Toutefois, il nous paraîtra plus sage, bien que ce ne soit pas prévu par la loi, d'en faire une réserve libre, que le Conseil d'Administration placera comme il l'entendra et mise à sa disposition pour étude des améliorations à apporter à la sécurité des travailleurs employés dans nos organisations.

En cas de dissolution volontaire, l'actif restant disponible peut être dévolu par les liquidateurs à une œuvre de prévoyance sociale.

Renseignements sur les Assurances Accidents-Loi

Les derniers renseignements officiels que nous pouvons avoir sur les sociétés d'assurances placées sous le contrôle du Ministère du Travail, datent déjà de 1924.

Il y avait à ce moment 7 mutuelles françaises assurant le service des rentes, pour 4.149.656.000 francs de salaires ; 18 mutuelles françaises constituant à la Caisse Nationale des Retraites et assurant 914.443.000 francs de salaires ; 6 sociétés professionnelles assurant 442.868.000 francs de salaires ; 13 mutuelles agricoles (chiffre de salaires non porté à l'*Officiel*) ; 22 sociétés anonymes assurant le service des rentes pour 17.913.346.000 francs de salaires ; 19 sociétés anonymes constituant à la Caisse Nationale des Retraites et assurant 2.379.053.000 francs de salaires ; 10 sociétés étrangères assurant 3.978.610.000 francs de salaires ; enfin 11 syndicats de garantie dont nous n'avons pas le chiffre de salaires, mais dont le principal, celui des chambres syndicales du bâtiment et des travaux publics, assure un chiffre égal à celui des plus importantes sociétés anonymes.

L'ensemble de ces organismes avait réalisé en 1924 un bénéfice net, pour cet exercice, de 66.148.468 francs, contre 92.010.813 francs en 1913. Sans compter 14.767.038 francs provenant des opérations de révision, c'est-à-dire les diminutions de rentes pour amélioration dans l'état du rentier ou remariages de veuves.

Dans ces chiffres, les syndicats de garantie figurent pour 1.799.644 francs, plus 721.490 francs pour révision.

A vrai dire, les syndicats de garantie n'ont pas tous donné de bons résultats. Depuis la promulgation de la loi, on a dû en liquider quelques-uns. Les causes qui m'ont été données sont, pour la plupart des cas, faiblesse des cotisations exigées et dérobade des adhérents au moment d'appliquer la solidarité ; dans les autres cas, manque d'homogénéité des entreprises adhérentes.

Par rapport à 100 francs de primes encaissées, les paiements effectués ou les capitaux constitués pour des règlements de sinistres, ont été les suivants :

Sociétés mutuelles	57,96
Sociétés anonymes	56,09
Sociétés étrangères	54,82
Syndicats de garantie	71,25

La proportion est plus importante pour les syndicats. Cela provient de la tendance de ces organismes à ne réclamer que des cotisations peu élevées. Leur équilibre s'obtient quand même en raison de la faiblesse de leurs frais généraux, comme nous allons voir tout à l'heure.

Ces paiements globaux doivent être divisés en deux catégories de dépenses : mort et incapacité permanente (capitaux constitutifs, indemnités, frais funéraires, soins, frais judiciaires) et incapacité temporaire (indemnités, soins et frais judiciaires).

Nous avons pour ces paiements, les chiffres suivants :

	I. Permanente et mort	I. Temporaire
Mutuelles	52.000.000	56.000.000
Anonymes	131.000.000	185.000.000
Etrangères	28.000.000	34.000.000
Syndicats	11.000.000	9.000.000
	222.000.000	284.000.000

Ainsi, dans l'ensemble, on peut dire que l'invalidité temporaire coûte environ 30 % plus cher que l'invalidité permanente, et je pense que c'est cette relation qu'il faudrait prendre comme point de départ de nos calculs, et non les chiffres des syndicats, lesquels donnent une proportion inverse, mais sont très fortement influencés par le syndicat du bâtiment et des travaux publics où les risques graves sont très importants.

Toujours par 100 francs de cotisations encaissées, voici le tableau des paiements par nature de dépenses :

	Mutuelles	Anonymes	Etrangères	Syndicats
Capitaux constitutifs	20,68	17,51	16,75	14,22
Indemnités journalières ...	22,56	23,36	22,55	29,30
Frais funéraires	0,05	0,03	0,04	0,09
Soins	13,57	14,26	14,36	15,52
Frais judiciaires	1,10	0,93	1,12	2,12

Je pense que les chiffres des sociétés anonymes s'approchent plus de notre cas que tous les autres, et en particulier que ceux des syndicats, en raison, comme nous l'avons vu plus haut, de l'influence du bâtiment, et aussi parce que ces moyennes, obtenues sur des chiffres plus considérables et des risques plus divers, sont plus certaines.

Enfin, il n'y a aucune raison pour que la Coopération ne paie pas des cotisations équivalentes à celles qui sont généralement demandées pour les sociétés anonymes, du moins tant qu'elle n'aura pas constitué des réserves importantes et qu'elle ne connaîtra pas exactement, par son expérience particulière, les chiffres certains qui doivent couvrir ses risques.

Les frais généraux, si on ajoute les affectations statutaires, les intérêts payés aux obligataires, les amortissements et les pertes sur valeurs, sont les suivants (par 100 francs de cotisation) :

Mutuelles	....	20,41
Anonymes	....	26,82
Etrangères	....	29,80
Syndicats	....	12,09

Il est évident que les syndicats sont très avantagés, du fait qu'ils n'ont pas à rémunérer de capital, à payer de gros frais d'administration et des primes aux courtiers. La formation syndicale, la surveillance des risques par les groupements régionaux, l'intérêt des adhérents, permettent évidemment d'obtenir le rendement maximum, c'est-à-dire utilisant le mieux les cotisations pour les prestations efficaces.

Les réponses des Sociétés Coopératives

Les sociétés coopératives avaient été saisies par la Fédération Nationale, d'un questionnaire auquel 155 ont répondu. Ce n'est pas une proportion considérable, mais nous n'avons pas encore acquis en France la sûreté et l'abondance d'informations des Fédérations étrangères.

Sur ces 155 sociétés, 142 sont favorables à la constitution d'un organisme national, quelques-unes même avec enthousiasme.

Nous sommes loin d'avoir toutes les sociétés de développement dans nos réponses et, par conséquent, les chiffres que nous allons commenter, et qui sont les seuls que nous ayons, ne représentent que le minimum de ce qu'il est possible de faire.

Le total des primes payées par ces 142 sociétés (encore 5 de ces sociétés n'en ont pas donné le montant, mais le pourcentage), est de 553.517 francs.

Il ne faudrait pas compter sur la totalité de ces primes car les sociétés sont liées par des contrats dont les échéances s'échelonnent sur 10 ans. Voici le tableau de ces échéances à partir de 1927 :

1928........	23 Sociétés	285.126 francs de prime		
1929........	13 »	21.199	»	»
1930........	8 »	2.582	»	»
1931........	8 »	10.595	»	»
1932........	17 »	38.645	»	»
1933........	9 »	35.924	»	»
1934........	7 »	34.135	»	»
1935........	11 »	43.704	»	»
1936........	3 »	592	»	»
1937........	31 »	42.179	»	»
X........	12 »			

Ainsi, nous pourrions compter sur 285.126 francs de primes, plus les primes afférentes aux sociétés que nous avons classées en 1937 ou X parce qu'elles n'ont pas donné d'échéance.

Est-ce que ce serait suffisant ?

Nous avons vu que l'article 6 de la loi du 9 Avril 1898 nous impose 2.000 assurés avec 300 chefs d'entreprise ou 5.000 assurés avec 10 chefs d'entreprise.

Il nous sera difficile d'obtenir 300 sociétés la première année, puisque 23 seulement ont répondu sur lesquelles nous pouvons tabler. Nous aurons très certainement des adhésions plus nombreuses quand nous passerons à l'application, mais ce serait faire preuve de trop d'optimisme que de voir le chiffre passer de 23 à 300.

Reste la combinaison : 5.000 assurés, 10 entreprises. Je crois que c'est celle-là qui est la bonne et que les sociétés de développement, dont l'échéance est à moins d'un an, réunissent un nombre d'assurés suffisant pour le fonctionnement.

Il y aura lieu de prévoir une période transitoire, assez courte entre l'expiration du contrat et le début du fonctionnement du syndicat, pendant laquelle les sociétés ne seront pas assurées. Pour les grandes sociétés de développement, il leur suffira de s'assurer elles-mêmes dans cette période, ce qui n'est pas un gros inconvénient. Pour les petites sociétés, il sera préférable de renouveler les contrats pour un an; la constitution d'une caisse commune provisoire n'offrant pas suffisamment de sécurité, tant au point de vue légal qu'au point de vue du fonctionnement.

Finalement, pour le moment de l'embrayage, nous n'aurons à compter que sur les sociétés de développement et sur le Magasin de Gros. Les autres sociétés viendront peu à peu grossir le syndicat au fur et à mesure de l'expiration des contrats.

Il n'a pas été possible de savoir exactement combien les compagnies ont eu à payer pour les sociétés. Beaucoup ont pu indiquer le montant des indemnités payées, mais très peu le montant des soins et des frais judiciaires. Seules, quelques grandes sociétés de développement ont des données précises, que nous gardons d'ailleurs pour y puiser les éléments nécessaires à la détermination de nos primes quand la constitution du syndicat aura été décidée.

En ce qui concerne le capital, les sociétés sont prêtes, dans la plupart des cas, à une souscription. Lorsqu'elles l'ont fixée elle correspond souvent à une année de primes. Le droit d'admisssion de 50 francs par travailleur assuré, est donc inférieur à l'effort que les sociétés se déclarent prêtes à faire.

Enfin, à part les toutes petites, les sociétés ont généralement un employé ou un administrateur capable de faire les déclarations nécessaires et de suivre les risques.

En résumé, il paraît possible de décider la création d'un syndicat de garantie contre les accidents du travail, entre les sociétés coopératives, en laissant le soin au Conseil Central de faire rédiger les statuts (qui doivent être conformes aux statuts-type du décret du 9 Mai 1923) et le règlement intérieur, et de faire les démarches nécessaires à la fondation.

Résolution

Nous vous proposons donc la résolution suivante :

« *Le Congrès de la Fédération Nationale des Coopératives de Consommation, réuni en 1928 à Grenoble, décide la création d'un syndicat de garantie contre les accidents du travail dans les sociétés coopératives de consommation.*

« *Le Conseil Central de la Fédération est chargé de la rédaction des statuts et du règlement intérieur à présenter à l'assemblée constitutive du syndicat.*

« *A cette Assemblée constitutive seront convoquées : 1° les sociétés fondatrices, c'est-à-dire qui pourraient entrer dans le syndicat dès sa constitution, et elles auront voix délibérative ; 2° les sociétés qui déclareront adhérer dès l'expiration de leur contrat en cours, et elles auront voix consultative ».*

Des Méthodes propres
à assurer
la production Coopérative

Rapporteur : Gaston LÉVY

La production coopérative est un des éléments du programme coopératif de consommation. Il est bien évident en effet que la coopération de consommation, qui a pour but la satisfaction des besoins des consommateurs, tend à remplacer les répartiteurs privés et, par conséquence naturelle, à se substituer à tous les degrés à l'économie privée. Après avoir remplacé l'intermédiaire de détail, elle remplace l'intermédiaire de gros et elle a intérêt à organiser sa production propre, tant pour se substituer à l'industrie privée dont elle économiserait ainsi les prélèvements illicites que pour satisfaire les consommateurs en organisant une production adéquate à leurs besoins.

Mais si la coopération de consommation doit assurer l'exécution de ce programme, il ne faut pas que la production qu'elle organise soit une régression sur la production privée. Il lui faut même s'efforcer d'aboutir à un progrès économique par rapport à la production privée.

Un deuxième critère est absolument indispensable. La coopération de consommation ne peut agir efficacement que lorsque le besoin est créé. Ce doit être là sa grande supériorité sur l'économie productrice quelle qu'elle soit ; elle doit connaître les marchés susceptibles d'écouler sa production et les marchandises qu'elle entend répartir.

Importance de la Production Coopérative
en France et à l'étranger

Si nous examinons les conditions actuelles de la production coopérative en France et à l'étranger, nous constaterons tout d'abord une disproportion entre la production relative de la France et la production relative étrangère tout au moins en ce qui concerne les grands pays coopératifs.

Pour simplifier les termes du problème, nous n'examinerons que les productions nationales, c'est-à-dire celles qui sont entreprises par des organismes nationaux : Magasins de Gros, Sociétés nationales, Sociétés à buts spéciaux, etc... et ne tiendrons pas compte des productions régionales malgré leur importance parfois intéressante comme celles des minoteries dans les pays producteurs de blé.

Nous n'avons pas tenu compte non plus des coopératives de production ou des organismes de production dont le capital est contrôlé par les coopératives, mais dont l'écoulement n'est pas effectué par les coopératives de consommation, en tout ou partie. Nous faisons allusion ici au groupe de Gand ou à la combinaison Bell en Suisse qui, d'ailleurs, ne figurent pas à la statistique de l'Alliance Coopérative Internationale.

Par contre, nous tenons compte, contrairement à la statistique de l'Alliance Coopérative Internationale, des sociétés à buts spéciaux, même quand leur chiffre d'affaires n'est pas inclus dans le chiffre d'affaires des Magasins de Gros.

Sous ces réserves, nous pouvons déjà aboutir au tableau suivant :

PAYS	ANNÉE	Chiffre d'affaires	Production	%
France	1926	£ 3.007.050	£ 155.210	5.16
Autriche	1925	2.072.336	322.063	15.54
Belgique	1926	1.154.393	86.230	7.46
Bulgarie	—	1.828.961	64.748	3.54
Tchécoslovaquie, Praha-Karlin	—	3.237.805	731.707	22.59
Tchécoslov., Prag. II...	—	1.560.152	129.329	8.28
Danemark, Copenhagen.	1925	5.810.928	19 61.833.778	31.55
Esthonie		946.905	11.471	1.21
Finlande, Helsinki (S.O.K.).		7.187.873	178.098	2.47
Helsinki (O.T.K.).		3.411.917	139.375	4.09
Allemagne	1926	14.420.293	2.239.000	15.52
Grande-Bretagne, Wholesale	—	75.292.233	25.830.293	34.30
Glasgow	—	16.717.023	5.745.866	34.30
Pays-Bas	—	1.099.498		
Lithanie	1925	258.856	60.082	23.21
Norvège	1926	1.273.502	255.980	20.10
Pologne	—	1.222.991	52.197	4.26
Hongrie	—	2.400.882	272.723	11.31
Japon	—	351.304		
Lettonie	—	1.639.612	347.888	21.21
Pologne	—	143.310		
Suède	1926	5.722.958	2.089.280	36.50
Suisse		5.021.990	1.130.000	22.50
Russie	1926	44.360.420	7.905.398	17.82

De ce tableau, nous avons écarté les organisations coopératives de gros qui n'ont pas entrepris la production.

Ce tableau est en livres sterling, ce qui n'a pas une grande importance au point de vue de la comparaison proportionnelle entre la production et le chiffre d'affaires, mais si l'on voulait en déduire les conséquences en ce qui concerne le chiffre d'affaires proprement dit, il y aurait forcément des inexactitudes provenant du fait que les prix des marchandises intérieurs ne sont pas du tout semblables ni comparables. C'est ainsi, par exemple, qu'en ce qui concerne la France, le chiffre d'affaires parait en 1926 en diminution alors qu'il est en réalité en augmentation. Les résultats de l'année 1927 en fournissent la démonstration surabondante.

Il n'en est pas moins vrai que l'examen comparatif que l'on peut faire dans ce tableau, montre un état d'infériorité de la production française, arrivant avec 5,16 % de son chiffre d'affaires, par rapport à

l'Allemagne 15,52, l'Angleterre 34,30, l'Ecosse 34,36, la Suisse 22,50, la
Suède 36,50, le Danemark 31,55, la Tchécoslovaquie 22,59, l'Autriche
15,54, la Russie 17,82.

Il n'y a pas lieu cependant de s'étonner outre mesure de cet écart.
A une ou deux exceptions près, il faut en effet tenir compte de la date
de création des différents Magasins de Gros et examiner à quel moment
ils ont commencé à s'intéresser à la production, tout au moins pour
les plus importants d'entre eux.

Un annuaire de l'Alliance Coopérative Internationale, publié en 1911,
donne à cet égard des renseignements typiques.

La Coopérative Wholesale Society de Manchester a été créée en 1864.
Ce n'est guère qu'en 1870 qu'on a commencé à organiser la production
coopérative. A peu près à la même date, la Coopération Ecossaise a
commencé la sienne. Le M. D. G. danois, créé en 1884, n'a commencé
à s'occuper de production que dans l'année 1890, mais pour les autres,
c'est beaucoup plus tard après leur création que la production a été
commencée.

Ainsi, le M. D. G. allemand, créé en 1894, n'a commencé sa production qu'en 1910.

Le M. D. G. suédois, créé en 1904, n'a commencé sa production qu'en
1918, mais les débuts ont été tout de suite marqués pour ces deux
dernières organisations par un chiffre important, car elles se sont préoccupées de rechercher toutes les meilleures méthodes propres à assurer
l'écoulement de la production.

Les Méthodes employées

Les organisations coopératives de gros qui ont pu assurer la production directement, c'est-à-dire en comprenant dans leur bilan les résultats
de leurs usines de production, sont des organisations où l'on n'a jamais
marchandé l'importance du capital à investir dans les organisations
de gros. Au contraire, dans beaucoup de cas, les sociétés de gros ont
été amenées à organiser leur production sous une forme spéciale, soit
par la création de sociétés à buts spéciaux, soit par la création de
sociétés distinctes de leur organisation de gros.

Même dans les vieux pays, comme la Grande-Bretagne et l'Ecosse,
il semble que l'on ne soit pas entièrement satisfait des conditions dans
lesquelles la production a été organisée jusqu'à présent. C'est ainsi
qu'en Grande-Bretagne, en exécution d'une décision du Congrès Coopératif Britannique de 1915, une commission générale d'enquête fut constituée qui comprenait des représentants de l'Union Coopérative, des
Magasins de Gros, de la Fédération des Coopératives Ouvrières de
production et de la Guilde des Coopératrices d'Ecosse.

Cette Commission fit porter ses recherches sur toutes les parties du
mouvement. Elle présenta trois rapports partiels aux Congrès de 1916,
1917 et 1918, et un rapport final au Congrès de 1919.

Le rapport final contient un chapitre sur « La Concentration et la
Spécialisation », qui conclut à une certaine subdivision des Magasins
de Gros par branches d'industrie. Aucune suite pratique n'a été donnée
à cette recommandation. Cependant, l'idée a été reprise et défendue dans
une série d'articles de William Neville, secrétaire de la Royal Arsenal
Co-operative Society, articles publiés par le Cooperative News en 1924,
et réunis par la suite en brochure.

M. Neville va d'ailleurs plus loin que la recommandation de la
Commission Générale d'Enquête. Il suggère que chaque branche spécialisée, groupant les établissements d'une même industrie ou d'indus-

tries connexes soit, autant que possible, une unité économique autonome et responsable à un certain degré vis-à-vis du Comité Financier
du Magasin de Gros, du rendement convenable du capital qui lui sera
attribué. Les opérations des différentes branches seraient publiées dans
des bilans séparés pour que les sociétés adhérentes puissent avoir une
connaissance plus précise des succès et des insuccès concernant les
entreprises de chaque branche.

Le rapport déposé au Congrès de 1919 contient des passages assez
intéressants pour qu'ils soient reproduits :

« Les opérations effectuées sur une grande échelle, tout au moins dans
certaines limites, conduisent à une plus grande économie dans la production et le mouvement coopératif lui aussi produit en général sur
une grande échelle. Mais il est significatif que les firmes dont l'influence
est prépondérante aujourd'hui dans l'industrie ont atteint leurs dimen-
sions non pas en augmentant la diversité de leurs entreprises, mais en
se spécialisant. Dans le domaine de la production, qu'il s'agisse du
charbon, du savon, de la margarine ou d'autres articles, c'est en se
spécialisant dans la production d'un article ou d'un petit groupe d'articles similaires que les grandes firmes se sont édifiées.

« Le mouvement coopératif a cherché à développer par le moyen
d'organisations uniques la distribution de la production d'une grande
diversité d'articles. Il en est résulté que, d'une manière générale, il ne
s'est développé pour aucun article aussi rapidement que les firmes
qui se sont spécialisées et qui ont concentré leur attention sur un seul
article ou un petit groupe d'articles similaires...

« Il est significatif également qu'au Danemark, où la coopération
s'est développée rapidement et a atteint un degré de succès sans doute
inégalé, c'est l'habitude de créer pour chaque objet particulier une
société spéciale. Si le mouvement coopératif se propose de satisfaire
à tous les besoins de l'ensemble de la collectivité, il devra être prêt
à offrir des services d'une valeur égale aux services qui peuvent être
obtenus en dehors du mouvement et cela pourra rendre nécessaire à
la fois dans la production et dans la distribution une spécialisation beaucoup plus grande que celle qui a été jusqu'ici envisagée...

« Il faut craindre aussi que par une centralisation excessive l'administration ne devienne bureaucratique et que les méthodes ne deviennent stéréotypées...

« Une organisation rationnelle est essentielle au succès et, à notre
avis, l'organisation la plus rationnelle ne peut pas être atteinte par
les Magasins de Gros qui dispersent leur activité dans un trop grand
nombre de domaines ou qui maintiennent d'une manière immuable une
forme d'organisation et d'administration qui peut convenir à un certain
stade de développement et ne pas convenir au fur et à mesure que
les sociétés grandissent. C'est pour la première de ces raisons que nous
recommandons que les affaires bancaires soient réservées à des sociétés
spéciales, et c'est l'une des raisons qui nous font recommander que
les opérations de révision actuellement effectuées par les Magasins de
Gros soient transférées à l'Union Coopérative... »

Ainsi que nous l'avons dit plus haut, aucune suite n'a été donnée
en Angleterre à ces suggestions.

Mais si le mouvement coopératif anglais semble être resté fidèle à
ses pratiques anciennes, il n'en est pas de même d'autres mouvements
coopératifs dans le monde.

Il y aurait lieu cependant de signaler en Angleterre même l'*United
Co-operative Baking Society*, société fédérale à but spécial pour la four-

.niture du pain et de la biscuiterie de 230 sociétés locales qui lui sont affiliées, et la société nationale à but spécial *National Cooperative Publishing Society*, société qui est l'entreprise d'édition du Cooperative News, Scottish Coopérator, du Magazine « Millgate Monthly », du Women's Outlook et du Our Circle. Elle groupe 577 sociétés. Il y a deux ans des pourparlers ont été engagés en vue de confier à cette société l'édition des périodiques que la Cooperative Union et les Magasins de Gros éditent par leurs propres moyens. Ce projet souleva une très vive opposition et ne fut pas réalisé.

En Suisse, l'Union Suisse des Coopératives de consommation a maintenant adopté comme règle l'organisation de la production coopérative par des sociétés à buts spéciaux dont elle possède une partie des parts sociales, les autres parts étant souscrites par les sociétés locales intéressées et éventuellement par des communes, institutions et autres personnes morales.

C'est d'après cette règle qu'ont été constituées les sociétés suivantes :

En 1912, la Minoterie Coopérative de Zurich.

En 1916, la Coopérative Laitière des Sociétés Suisses de Consommation.

En 1917, la Minoterie Coopérative du Léman.

En 1918, la Société Coopérative Suisse pour la culture maraîchère.

En 1919, la Société Coopérative pour la fourniture de meubles.

En 1925, Chaussure-Coop.

En 1912, les Coopératives de consommation furent aux prises avec les exigences du Syndicat de la Minoterie qui, sous la pression du Syndicat de la Boulangerie, rendait difficile leur approvisionnement en farine. L'U. S. C. réussit a acheter pour la somme de 1.700.000 francs la Minoterie de Zurich qui appartenait au président du Syndicat de la Minoterie. La minoterie rachetée fut constituée non pas comme un service de l'Union Suisse, mais en société distincte. Parmi les raisons qui ont fait préférer cette forme, la principale était qu'il appartenait plus particulièrement aux sociétés se trouvant dans le rayon géographique du centre d'approvisionnement d'assumer les risques et l'*obligation* de s'y fournir exclusivement.

Cette dernière obligation en effet était très importante et constituait en quelque sorte une condition *sine qua non*.

Ultérieurement, la minoterie du Léman fut constituée sur les mêmes bases pour les sociétés de la Suisse romande.

La fabrique de chaussures a été, tout d'abord, lors de sa création en 1912, un service de l'Union. Elle n'a été transformée en société à but spécial qu'en 1925. Durant les premières années de son existence, et pendant la guerre, la fabrique de chaussures fut occupée d'une façon satisfaisante. Mais au cours de la période d'après-guerre, la crise survenue dans l'industrie de la chaussure en général se fit particulièrement sentir dans les fabriques de chaussures de l'U. S. C. C'est ainsi que la constitution d'une société à but spécial fut envisagée comme un moyen pouvant conduire à un assainissement de la situation.

Une pareille coopérative à but spécial, ainsi que l'exposait le rapport adressé aux sociétés adhérentes à l'U. S. C. présenterait différents avantages : organisation plus simple que ce n'est le cas avec le système actuel (ancien) où la fabrication et la répartition de la chaussure constituent deux services distincts de l'U. S. C. et où, en outre, toutes les questions de n'importe quelle importance doivent suivre toute la voie des instances de l'U. S. C. jusqu'à l'Assemblée des délégués.

Dans les statuts de la société, l'article 14 oblige les sociétaires d'acheter à la société toutes les chaussures dont ils ont besoin, pour autant que celle-ci est en état de les leur livrer.

Belgique. — La Coopération Belge a organisé maintenant sa production sous forme d'une société spéciale appelée « Société Générale Coopérative » qui a été créée en 1924 dans le but :

1° De grouper en un seul organisme toutes les productions coopératives existant en Belgique et notamment les établissements de production de l'Union Coopérative de Liège, l'Union des Coopératives du Centre et les Socialistes Gantois.

2° De créer par la suite tous autres établissements de production répondant aux besoins de la consommation coopérative.

La Société Générale Coopérative a été définitivement constituée en 1926 par la Fédération des Coopératives Belges (Magasin de Gros), l'Office Coopératif Belge, la Banque du Travail, la Caisse de Dépôts et de Prêts, en 28 sociétés locales et régionales.

En créant cette société, on a donc écarté en Belgique la solution qui aurait consisté à faire reprendre les établissements de production par la Fédération des Sociétés Coopératives Belges. En outre, on a donné à la nouvelle société une constitution très particulière qui en fait, sous une même raison sociale, un groupement d'entreprises largement autonomes, financièrement et techniquement.

Le capital social est en effet subdivisé en capital initial, souscrit en vue de l'organisation générale et de l'administration centrale de la société, et en capitaux spéciaux, souscrits en vue de la création et de l'exploitation de services déterminés.

L'article 14 prévoit que les sociétaires sont tenus de se fournir des articles fabriqués dans les départements de la société auxquels se rattachent leurs souscriptions. L'engagement de se fournir sera pris dans les proportions suivantes :

Au cours des deux premières années sociales qui suivront leur admission à la société, les sociétés coopératives devront se fournir de quantités représentant au moins 25 % de leur consommation des articles ou produits concernés. Au cours des années suivantes, elles devront se fournir de quantités représentant au moins 50 % de leur consommation.

Les sociétaires doivent également s'engager à payer éventuellement dans les trois mois de la notification qui leur sera faite par lettre recommandée, une somme égale à 6 % de la valeur des produits ou articles enregistrés comme manquant dans leur consommation, conformément aux dispositions précédentes.

En Allemagne, la production fédérale des coopératives de consommation est assurée :

1° Par le M. D. G.

2° Par deux sociétés à buts spéciaux : la Verlagsgesellschaft deutscher Konsumvereine et la Sâchsiches Bekleidungswerk.

La Sâchsiches Bekleidungswerk (fabrique de vêtements) a été créée en 1922 avec, comme seuls actionnaires, le G. E. G. et l'Etat Saxon.

Son chiffre d'affaires s'est élevé en 1925 à 2.304.537 reichmarks. Entreprise qui occupe 395 ouvriers.

La Verlagsgesellschaft, imprimerie et entreprise d'édition des coopératives adhérentes au Zentral Verband, a été constituée comme société à but spécial en 1904 sous la raison sociale : Kaufmann et Cⁱᵃ, puis réorganisée en 1912. Fin 1925, ses parts sociales étaient réparties entre 858 sociétés. Son chiffre d'affaires était de 9.762.727 reichmarks en 1926.

Mais le Mouvement Coopératif, s'il a entrepris la plupart de ses productions directement, semble, comme nous l'avons dit plus haut, n'avoir avancé qu'au fur et à mesure des besoins connus des sociétés coopératives de consommation. C'est peut-être un des exemples les plus notables de l'organisation rationnelle de la production selon les besoins qui a été réalisé en Allemagne.

Les usines coopératives allemandes sont toujours des grandes usines, et nous rappelons que le G. E. G. a attendu 16 ans avant de créer sa première usine qui était une fabrique de savon et qui, dès la première année, aboutissait à un chiffre d'affaires de 3.600.000 francs sur un chiffre d'affaires total de 110 millions effectuées cette année là par le M. D. G. allemand.

En Finlande, il y a deux mouvements coopératifs.

S. O. K. qui groupe surtout les coopératives de consommation rurales qui sont presque toutes en même temps des sociétés coopératives d'approvisionnement en engrais, outillage et machines agricoles.

S. O. K. a ses principaux établissements groupés dans le même endroit (fabrique d'allumettes, scierie et fabrique de meubles, fabrique de brosses, fabrique de confiseries et eaux gazeuses. En construction : une usine de margarine.

S. O. K. n'approvisionne les sociétés qui le composent qu'en objets et denrées nécessaires à la vie domestique. L'approvisionnement des sociétés locales en produits, machines, nécessaires à l'agriculture, est assuré par un autre magasin de gros qui groupe en plus des sociétés adhérentes à S. O. K. des coopératives agricoles proprement dites.

L'autre mouvement coopératif K. K. groupe principalement des coopératives de consommation urbaines.

La production coopérative dans ce mouvement a été jusqu'à présent presque exclusivement organisée par les grandes sociétés urbaines.

Toutefois K. K. possède une fabrique d'allumettes.

Un effort est tenté à l'heure actuelle qui aurait pour conséquence la création d'entreprises de production appartenant en commun aux deux M. D. G. Il est probable que si cet effort aboutissait chacune de ces entreprises communes correspondrait vraisemblablement à une société distincte.

Suède. — Le mouvement coopératif suédois concentre bien sa production financièrement dans le bilan de Cooperative Forbundet, mais on a jugé utile d'organiser la plupart des entreprises industrielles de l'Union en sociétés indépendantes dont les actions sont cependant toutes entre les mains de l'Union.

La coopération suédoise possède deux moulins, une fabrique de margarine, une fabrique de chaussures et 5 sociétés immobilières qui sont toutes constituées en sociétés distinctes.

Une dernière, fabrique de galoches en caoutchouc, a été décidée, constituant également une société distincte.

En France, la production coopérative a été, jusqu'à présent, déterminée davantage par le désir de satisfaire à des demandes des sociétés coopératives que celui de réaliser la satisfaction de besoins connus.

Les premières productions coopératives ont été faites uniquement par le système de reprise de sociétés coopératives de production existantes.

Un certain nombre de sociétés coopératives de production s'étaient en effet engagées à ne pas liquider leurs entreprises sans les offrir au Magasin de Gros des Coopératives de Consommation, qui devait assurer l'écoulement de ces productions.

C'est aussi très peu de temps après sa création que le Magasin de Gros des Coopératives, en France, a possédé sa première usine de production en reprenant la Coopérative de production de chaussures de Lillers.

Les usines d'Amiens et de Fougères ont été constituées dans les mêmes conditions.

Il en a été de même de l'usine de conserves que le M. D. G. exploite à Nantes.

Lorsque l'usine Bordeaux-Conserves a été constituée, la production de Nantes était tout à fait insuffisante pour les besoins des sociétés coopératives.

Lorsqu'on adjoignit la fabrication du chocolat, une tentative fut faite pour amener les sociétés à pratiquer le système de l'obligation de fourniture. Mais on avait peut-être trop escompté les besoins des sociétés coopératives en chocolat parce qu'on était encore à une période où la consommation avait été fortement accrue en raison de la guerre. Différentes entreprises de production qui avaient été tentées comme productions annexes, soit fabrique de caisses pour les besoins de nos usines, etc., durent être abandonnées.

L'usine d'Audierne, pour la fabrication des conserves de poissons, répond à peine aux besoins des sociétés coopératives et son exploitation se trouve d'autant plus assurée que la production en conserves de légumes dans les deux usines existantes, étant encore insuffisante, l'usine d'Audierne est utilisée à ces fins.

Mais il s'agit là d'industries saisonnières, et il a toujours été difficile d'assurer à ces différentes usines de conserves de légumes une production constante dans les articles accessoires en raison du peu de besoins qu'ont les sociétés coopératives.

La seule organisation de production rationnelle qui ait été faite par le mouvement coopératif a été l'acquisition par la Banque des Coopératives, le Magasin de Gros, et les sociétés coopératives, de la Saline d'Einville.

Le capital a en effet été constitué proportionnellement aux besoins des sociétés et les sociétés coopératives qui ont participé à la constitution ont assuré très facilement jusqu'à présent l'écoulement de la production possible.

On peut dire que le mouvement coopératif français, à part ce dernier exemple, n'avait su obtenir en ce qui concerne sa production, ni l'obligation des sociétés de se fournir pour des quantités suffisantes pour assurer un écoulement normal, ni attendre suffisamment longtemps pour employer dans le capital d'investissement nécessaire pour les usines de production, des capitaux constitués par des réserves qui lui soient propres et non chargés d'intérêts trop élevés.

Résultats de la Production

Si nous examinons la situation des différentes usines de production coopérative, tant en France qu'à l'étranger, nous pouvons faire une première constatation immédiate : c'est que, presque partout où les sociétés coopératives ne sont pas directement intéressées à l'écoulement de la production coopérative, les organes de production sont obligés de rechercher au dehors du mouvement coopératif de leur pays l'écoulement de leur production, ou bien en s'adressant ou en s'efforçant de s'adresser au commerce privé ou aux particuliers, ou bien en essayant d'écouler une partie de leur production dans les autres pays que le leur.

Le mouvement coopératif anglais, que nous devons toujours prendre comme exemple, étant donné sa très grande importance, s'est souvent préoccupé de la nécessité de trouver de nouveaux débouchés pour sa production coopérative.

Dans un rapport publié au mois d'Avril 1926 dans la Guilde Nationale des Coopérateurs, Mr. T. W. Mercer discute la question suivante : « De nouveaux débouchés pour la production coopérative. Où peut-on les trouver ? »

Les statistiques sur lesquelles il s'appuie montrent que de 1900 à 1925, la valeur de la production coopérative par rapport à la vente au détail des sociétés coopératives, a passé de 21.92 % à 40.28 (1).

Le fait qui ressort de cette statistique est que la production coopérative augmente plus rapidement que la vente coopérative au détail et que malgé cela une très grande proportion des articles vendus dans les magasins coopératifs ne sont pas de la production coopérative.

D'autre part, le nombre des membres des coopératives employés dans les productions coopératives ne représente que 1.89 % des coopérateurs.

M. Mercer conclut : « Bien que les sociétés coopératives continuent à répartir les articles des fabricants privés pour la valeur de 90 à 100 millions de livres sterling, il n'y a pour ainsi dire pas d'articles produits par les organisations coopératives qui soient vendus dans les magasins des commerçants privés.

Il en résulterait que si la fidélité coopérative n'est pas suffisante pour assurer l'écoulement de la production coopérative, il y aurait nécessité pour la production de pénétrer dans le commerce privé en écoulant une partie de la production coopérative dans le commerce privé.

En fait, ce système peut paraître anormal si on reste sur le terrain national, mais si l'on veut bien constater que le marché est devenu international pour beaucoup d'articles, on constatera en même temps que beaucoup de commerçants privés et de sociétés à succursales multiples, de Grande-Bretagne comme d'ailleurs, vendent déjà de grandes quantités de produits coopératifs, mais ces produits proviennent de mouvements coopératifs étrangers, soit pour l'Angleterre, les produits coopératifs Danois, Canadiens, Australiens et Américains.

En outre, un certain nombre d'articles fabriqués par des coopératives ouvrières de production sont vendus à des commerçants privés.

Cette thèse montre la nécessité dans laquelle semble se trouver l'organisation coopérative de production anglaise de rechercher des débouchés pour sa production.

En Suède comme en Suisse, les Magasins de gros ont organisé la vente directe aux consommateurs par l'installation de magasins de détail.

En Belgique, la Société Générale Coopérative peut trouver, en dehors du mouvement coopératif, l'écoulement de sa production.

En France même, la Saline d'Einville, par sa constitution, n'est aucunement gênée pour vendre au commerce privé.

Il ne semble pas que le mouvement de production coopérative en Allemagne ait eu besoin de chercher des débouchés en dehors du mouvement coopératif. Il n'en est pas moins vrai que presque toutes les organisations coopératives qui possèdent des usines de production cher-

---

(1) M. Mercer doit tenir compte dans ses chiffres des productions régionales et des productions faites par les sociétés agricoles et ouvrières.

chent actuellement à développer leur rayon d'exportations pour assurer cet écoulement de production.

On doit conclure que si les résultats de la production coopérative sont intéressants, même au point de vue du rapport d'intérêt, les conditions de développement du mouvement coopératif dans chaque pays ne sont peut-être pas toujours suffisantes pour absorber la totalité de la production d'une usine conçue dans les meilleures conditions modernes.

En tout cas, il semble bien que l'on ne puisse attendre des résultats positifs de la production coopérative que sous la triple condition suivante :

1° Production dans les meilleures conditions possibles du marché ;

2° Ecoulement assuré, sous quelque forme que ce soit ;

3° Investissement de capitaux pouvant attendre leur rémunération.

Les formes organiques

Il resterait à déterminer quelles sont les formes juridiques qui sont les plus propres à réaliser cette triple condition.

Devons-nous rechercher par l'établissement d'une production faite dans les meilleures conditions possibles un écoulement de l'excédent de notre production au dehors ? Je ne pense pas que ce soit là un but à atteindre. Si l'on peut admettre que dans une production réalisée les besoins coopératifs soient momentanément insuffisants et que l'on recherche à l'extérieur du mouvement coopératif des débouchés pour cette production, ceci ne doit être considéré que passagèrement et jusqu'au moment où les besoins des sociétés seront suffisants pour écouler la totalité de la production. Mais il semble préférable de beaucoup de ne s'engager dans la production d'un article que lorsque le besoin est connu et suffisant.

Si l'on veut réussir dans la production, il est absolument indispensable de ne s'engager que pour assurer des besoins connus.

Une deuxième condition paraît immédiatement indispensable : c'est que, ces besoins étant connus, ils soient effectivement servis par l'usine constituée pour la production et que, par conséquent, les sociétés coopératives appelées à satisfaire leurs besoins s'engagent à les satisfaire. Cet engagement ne peut effectivement se réaliser que si les sociétés sont intéressées directement à l'écoulement de la production.

Si on accepte ce principe, il aboutira presque certainement comme organisation juridique à la constitution de sociétés spéciales dans lesquelles les sociétés coopératives seront parties prenantes et le Magasin de Gros représentant des sociétés qui n'auraient pas pu participer à la constitution du capital et en tout cas agent commercial pour l'écoulement des marchandises produites.

Les capitaux nécessaires à la réalisation d'entreprises de production de ce genre, devront être des capitaux investis sans recherche immédiate de profits et l'on devra écarter, d'une façon absolue, tous capitaux d'emprunt, qui ne seraient pas destinés uniquement au fonds de roulement de l'entreprise.

Naturellement, des conditions aussi sévères pour l'organisation de la production, doivent nous conduire à rechercher quel est l'effort préalable et nécessaire à réaliser.

Il ne peut pas être question d'entreprendre n'importe quelle production, sous prétexte que les sociétés coopératives vendent n'importe quel produit.

Il ne peut s'agir que d'organiser la production de certain produit pour lequel un effort préalable aura été fait aussi bien en ce qui concerne la possibilité d'écoulement que l'unification d'un type.

Si nous voulons réussir cette organisation rationnelle de la producduction coopérative, il nous faut donc procéder par étape et concentrer notre effort sur un seul produit.

L'effort à entreprendre

Sur quel article, pouvons-nous faire porter notre effort ?

Deux systèmes peuvent être envisagés : 1° Prendre immédiatement un article à forte consommation et organiser la production de cet article. Le deuxième système consisterait à prendre un article de consommation faible, dont la production peut être réalisée à moins de frais, si les conditions de cette consommation, relativement faible, deviennent suffisamment fortes par un effort d'écoulement préalable. Si nous prenons un article de forte consommation, c'est-à-dire un article dont le besoin est journalier, comme par exemple, le savon et l'huile, nous pouvons déjà nous rendre compte de la possibilité d'écoulement de ces articles dans nos sociétés coopératives.

Mais, nous nous heurterons immédiatement à un obstacle d'importance ; c'est que, plus l'article est de forte consommation, plus les conditions de production exigent un écoulement considérable.

Si nous prenons l'exemple du savon et de l'huile, où nous avons déjà fait un effort d'unification par la vente d'un produit à la marque coopérative : le M. D. G. fournit actuellement aux coopératives, annuellement environ 6.000 tonnes d'huile et autant de savon. Or, les grandes usines de savon et d'huile qui veulent avoir une exploitation saine, doivent être assurées d'un écoulement minimum de 30 tonnes d'huile et de 30 tonnes de savon, par jour ouvrable, soit environ 9.000 tonnes par an d'huile et 9.000 tonnes de savon.

Ce chiffre semblerait indiquer que l'effort à faire est relativement faible, quoi qu'il se marque encore par un accroissement d'écoulement de 33 %, mais si l'on veut tenir compte des conditions générales de vente et des frais de transport, étant donné l'étendue de notre mouvement et du territoire national, l'écoulement qu'a le M. D. G.., d'environ 6.000 tonnes de savon et autant d'huile, ne peut se faire que parce que le M. D. G. s'adresse à des sources localement différentes. Environ la moitié de cet écoulement provient d'usines situées dans le Nord de la France, et l'autre moitié, d'usines du Midi. C'est donc, en réalité, un besoin d'écoulement de 18.000 tonnes de chacun des deux produits qui serait nécessaire, avant de s'engager dans l'organisation de cette production.

Est-ce là un effort impossible ? Nous ne pouvons pas le dire actuellement, mais il est incontestable qu'il serait dangereux de s'engager dans la voie de la grande production d'un article de forte consommation, sans être beaucoup plus près du chiffre d'écoulement nécessaire.

Si l'on examine un article de faible consommation, comme par exemple : la biscuiterie, l'effort à réaliser serait peut-être moins important au point de vue des quantités à produire, quoi qu'il faille compter sur une production minimum de 5.000 kilos de biscuits par jour. Cette production peut ne pas paraître extrêmement forte ; la question de transport joue là beaucoup moins, car il s'agit d'un article moins lourd, comparativement à son prix, mais nous nous trouvons en présence, pour un article de ce genre, d'une quautié considérable de marques qui sont vendues par nos sociétés coopératives.

Le premier effort consisterait donc à tenter une unification des marques vendues, de façon à envisager à quel moment la production pourrait être faite.

Mais il ne suffit pas de trouver l'écoulement de la production. Il faut aussi que les capitaux investis dans la production soient suffisamment rémunérés, pour que le mouvement coopératif qui aura entrepris cette production, y trouve un avantage réel, en plus de celui qui consiste à produire des marchandises de bonne qualité, destinées à la consommation.

Ces deux exemples montrent, en tout cas, la nécessité à la fois de sérier les problèmes et, d'autre part, de faire un gros effort préalable.

Si le mouvement coopératif français veut réellement entrer dans la voie de la production, il est indispensable que l'on choisisse un article, un seul, et que pendant le nombre d'années nécessaire, l'effort d'écoulement d'un produit à marque unique, soit entrepris, jusqu'à ce que l'on ait réussi à atteindre les quantités minima nécessaires à l'organisation de la production.

Peut-être cet effort préalable paraitra-t-il trop long aux coopérateurs? Peut-être craindront-ils de ne voir aboutir que très tardivement leur désir d'organiser la production de tous les articles nécessaires aux consommateurs ?

Mais c'est souvent la voie la plus longue qui est la plus sûre.

Toutefois, il serait possible d'envisager une autre méthode plus rapide, mais qui ne permettrait pas de donner à la production coopérative son caractère propre. Cette méthode est celle qui a été employée, en particulier, par l'Union Suisse des Sociétés de Consommation, lors de son entente avec la Maison Bell, pour la vente de la viande. C'est la méthode des participations.

Le mouvement coopératif français possède maintenant un organisme qui a su inspirer suffisamment de confiance aux coopérateurs, pour que ceux-ci lui confient leurs épargnes, mais nous n'avons jamais pensé que les épargnes des coopérateurs puissent être utilisées dans des entreprises, même industrielles. Il n'en est pas moins vrai que la *Banque des Coopératives de France* est maintenant un organisme suffisamment puissant pour pouvoir, le cas échéant, investir ses capitaux propres ou ceux qui lui seraient confiés, dans ce but, par des coopérateurs avertis ou les sociétés coopératives, dans des entreprises industrielles de produits qui sont écoulés par les sociétés coopératives.

Si nous reprenons l'exemple du savon et de l'huile, dont nous parlions tout à l'heure, on peut envisager la participation du mouvement coopératif dans des entreprises de production privées, pour une part proportionnelle à l'importance de l'écoulement déjà existant. Cette participation s'accroîtra au fur et à mesure de la possibilité d'écoulement, jusqu'à une participation totale, lorsque l'écoulement serait suffisant.

Cette hypothèse n'est pas à rejeter, mais elle ne doit pas empêcher l'effort des sociétés coopératives pour écouler les produits des usines coopératives.

En effet, la force du mouvement coopératif ne réside pas dans les capitaux dont celui-ci peut disposer, mais beaucoup plus dans la consommation des produits fabriqués.

Quelle que soit, par conséquent, la méthode que l'on employera, et aucune n'est à rejeter, la première mesure à prendre est de décider que le mouvement coopératif portera son principal effort de développement de vente sur un article qu'il aura choisi, en s'efforçant d'en unifier le type et d'aboutir par un engagement d'achat, d'autant plus facile à prendre que l'écoulement sera assuré par les sociétés coopératives elles-mêmes, à réaliser l'organisation de la production de cet article.

En conséquence, nous proposons au Congrès la résolution suivante :

Constatant le désir du mouvement coopératif de s'orienter vers une production rationnelle ;

Charge le Conseil Central de la F. N. C. C., en accord avec les organismes centraux, commercial et bancaire, de déterminer sur quel produit devra porter l'effort des sociétés, en vue de préparer l'organisation de sa fabrication ;

Compte sur toutes les Sociétés, sans exception, pour participer à cet effort, et laisse aux organismes centraux le soin de décider le moment et la forme d'organisation, susceptibles de répondre au mieux, aux besoins des consommateurs associés.

ANNEXE

La Caisse Fédérale des Retraites

Sa Situation. — Son Fonctionnement.

Son Développement.

L'Assemblée Générale de la Caisse Fédérale des Retraites, se tiendra à Grenoble, le 19 Mai prochain. Les Sociétés seront informées, en temps voulu, de l'heure et du lieu.

Nous donnons, ci-dessous, une analyse de la situation de la Caisse Fédérale des Retraites, en appelant l'attention de toutes les sociétés sur le très gros intérêt qu'il y a — pour elles et d'un point de vue général — à faire adhérer tout le personnel à la Caisse Fédérale des Retraites qui est une œuvre coopérative, que le Mouvement doit non seulement maintenir, mais aussi, et surtout, développer.

Créée en 1911, sous les auspices de la F. N. C. C., la Caisse Fédérale était en pleine période de développement, quand survinrent les hostilités. Elle végéta difficilement pendant la guerre, avec quelques centaines d'adhérents. La situation, sans avoir jamais été compromise, était peu brillante. Aussi, peut-on dire que la Caisse ne fonctionna véritablement que depuis 1919. Les résultats obtenus, au cours de ces dernières années sont des plus satisfaisants et permettent d'avoir la plus entière confiance dans l'avenir.

Voici d'ailleurs, quelques chiffres qui permettront de mieux se rendre compte des progrès obtenus. Au 30 Septembre 1927, le compte assurés, c'est-à-dire l'ensemble des cotisations versées par nos adhérents, s'élevait au chiffre de 1.572.411 fr. Au 31 Décembre 1926, il n'atteignait que 1.311.911 francs, soit, en 9 mois, une augmentation de 260.530 francs. L'année précédente, nous dépassions à peine le million (1.033.400 francs).

Ainsi, il avait fallu 12 ans pour arriver au premier million. Au rythme actuel, d'environ 300.000 francs de versements par an, il faudra environ 3 ans pour parvenir au deuxième.

Les revenus de ces capitaux ont suivi naturellement la même progression. Ils étaient de 62.212 francs en 1925, et de 84.217 francs, soit 22.000 francs de plus, en 1927.

Les Assurés. — Fin 1925, 6.000 comptes de retraites étaient ouverts. En 1926, il y en avait 7.046.

Il faut remercier toutes les organisations dont les efforts de propagande ont contribué à assurer le développement, en particulier l'*Union des Coopérateurs*, le *Magasin de Gros*, la *F. N. C. C.*, *La Pipe de Saint-Claude*, les Coopératives de Saintes, Annonay, les Abrets, Sainte-Savine, qui ont fait adhérer tout leur personnel à la Caisse Fédérale.

Recettes. — Les recettes proviennent de deux sources, et constituent deux comptes absolument distincts :

1° Le compte assurés, provenant des versements effectués par les sociétaires et dont le revenu ne peut être affecté qu'à la constitution et au paiement des retraites ;

2° Le compte frais de gestion, alimenté par l'Etat, à raison de 2 francs par carte d'entrée, et destiné à couvrir toutes les dépenses de la Caisse.

Retraites. — En 1925, les 296 retraités ont touché 20.500 francs de pension, tant en principal qu'en allocations de l'Etat. En 1926, la Caisse Fédérale a réparti 47.100 francs à 322 retraités.

La pension est acquise à 60 ans, mais elle peut être obtenue à tout âge en cas d'invalidité.

Les arrérages sont payables par trimestres, sur simple production d'un certificat de vie délivré gratuitement par les Mairies, au moyen de mandats de retraite, payables à domicile. Les listes de mandats sont établies par nous et déposées à la Banque des Coopératives de France, qui se charge de leur transmission. A Paris, les intéressés peuvent toucher directement aux Caisses de la Banque.

Même facilité leur est accordée à Saint-Claude et à Annonay, par l'intermédiaire de la Coopérative.

La Caisse Fédérale se promet d'étendre ces dispositions dans tous les centres où ses sociétaires sont nombreux, ceci pour éviter les formalités et les retards qui se produisent souvent par la Poste.

Fonctionnement. — La Caisse Fédérale, comme toutes les autres Caisses de Retraites, fonctionne sous le contrôle et la garantie de l'Etat, par l'intermédiaire de la Recette Centrale des Finances, Ministère du Travail et des Finances. C'est la Caisse des Dépôts et Consignations, qui porte au crédit de son compte, toutes les sommes provenant des versements des assurés et effectue tous les ordres d'achat et de vente de valeurs qui nous sont donnés.

Calcul des Retraites. — Elles sont calculées d'après des barèmes établis par les Actuaires du Ministère du Travail.

Le taux auquel elles sont capitalisées est variable. Il est basé sur le taux moyen de nos capitaux placés dans l'année. Il était de 5 % l'an dernier, il a été élevé à 5,80 % pour 1927 et comme la situation est prospère (l'excédent d'actif qui était de 39.000 francs, fin Décembre, atteindra probablement 100.000 francs en fin d'année), il sera possible de le porter à 6 %. Le taux a toujours été égal, sinon supérieur, à celui des autres caisses. On peut dire, avec une légitime fierté, que les placements faits à la Caisse Fédérale, garantissent les retraites les plus élevées.

Capitaux employés. — Les fonds sont placés conformément aux dispositions de la loi du 5 Avril 1910, qui régit le fonctionnement des Caisses de Retraites, soit en rentes sur l'Etat, obligations Chemins de Fer, Crédit Foncier, Ville de Paris, soit en prêts aux communes ou aux Offices publics de constructions à bon marché.

La Caisse Fédérale a consenti cette année, à la ville de Bagneux, un prêt de 50.000 francs, remboursable en 30 annuités, au taux de 9,30 % à des conditions par conséquent bien plus intéressantes que celles que lui auraient faites le Crédit Foncier de France (10 %). Ce n'est qu'un essai. Maintenant que les difficultés que présente ce genre d'opérations ont été résolues, de semblables demandes pourront être accueillies plus favorablement, en exigeant les garanties les plus sérieuses, car nous ne pouvons engager à la légère les capitaux qui nous sont confiés.

L'avenir de la Caisse Fédérale. — Le développement qu'a pris la Caisse Fédérale lui assure donc une place très honorable parmi les organismes similaires. Mais, il ne faut pas nous arrêter à ces résultats. D'abord, il faut songer que le projet de loi sur les Assurances Sociales va être prochainement voté. La nouvelle Chambre doit l'inscrire au premier rang de ses travaux. La Caisse ne pourra continuer à fonctionner que si elle compte au moins 10.000 membres. Il faut donc atteindre, au plus vite, ce chiffre, et nous comptons pour cela sur la propagande que pourront faire tous les militants des sociétés. Il faut songer que nous rayonnons dans toute la France. Dans des petites villes, comme Saint-Claude, la Caisse Fédérale a près d'un millier de sociétaires. Jugez, par là, de l'expansion possible.

La Caisse Fédérale peut et doit devenir très puissante. Il suffit pour cela que tous fassent la propagande dans nos milieux.

TABLE DES MATIÈRES

TROISIEME SEANCE

QUATRIEME SEANCE